JN046009

日本の近世

杉森哲也

日本の近世（'20）

装丁・ブックデザイン：畑中　猛

m-11

まえがき

日本の歴史は古代・中世・近世・近代という四つの時代に区分して捉えるのが一般的であり、本科目『日本の近世』は、このうち近世について講じる授業科目である。「近世」という言葉は、元来は「現在に近い世の中」という意味で用いられていたが、現在はほぼ近世という時代を表す学術用語としてのみ用いられている。このため近世は、一般にはあまりなじみのない言葉で表された、具体的なイメージを捉えにくい時代であるといえよう。しかし、おおよそ一六世紀後半から一九世紀後半までの約三百年間、安土桃山時代および江戸時代と言い換えると、逆に容易にこの時代のイメージを思い浮かべることができるのではないだろうか。

本科目『日本の近世』は、二〇一三年度から二〇一八年度まで開講していた『日本近世史』（主任講師は本科目と同じ杉森哲也）の後継科目として、開設するものである。前科目『日本近世史』では、近世という時代について、政治史を中心とする通史ではなく、社会の全体史として描くことを基本的な視点とした。そして、近世社会を構成する町や村などさまざまな社会集団の具体的な事例を取り上げながら、近世という時代について講じたのである。本科目では、こうした前科目の視点と方法を引き継ぎつつ、前科目ではほとんど取り上げることができなかった文化について考えることを主要な課題として設定した。

日本史における通史の標準的な叙述方法は、各時代の主要な時期ごとに、政治・対外関係・経済・文化の順に配列して、それぞれを論じるというものである。これは多くの事象をバランス良く盛り込むのに適した叙述方法であるが、政治・対外関係・経済に比べて、文化の比重は低く付随的に扱われる傾向があることが指摘されよう。本科目では、文化について考えることを主要な課題とするが、いわゆる文化史として取り上げようとするものではない。社会＝文化構造論という方法を用いて、政治・対外関係・経済などと密接に関連させながら、文化を社会の全体史の一環として位置づけ、近世という時代について論じることを試みるものである。

本科目の各講義では、具体的には出版・園芸・医学・芸能・西洋文化など、実にさまざまな内容が取り上げられており、それらが専門的に深く掘り下げられたものとなっている。さらに文化が展開する場としての都市に着目し、江戸・京都・大坂の三都と長崎を中心に、都市の社会構造や社会関係などを丁寧に明らかにしながら、文化について講じている。

本科目での学習を通して、皆さんがこれまで小学校・中学校・高等学校の日本史の授業で繰り返し学んで来た通史とは異なる視点で、近世という時代について学んでいただければ幸いである。なお、余裕のある方は、閉講科目ではあるが前科目『日本近世史』も改めて学習することをお勧めしたい。本科目と前科目をあわせて学習することによって、より多面的に近世という時代についての理解を深めることができると考えるからである。

二〇二〇年一月

杉森　哲也

目次

まえがき　杉森　哲也　3

1 近世の都市と文化　杉森　哲也　11
1．本科目の視点と課題　11
2．三都と文化　15
3．幕府の直轄都市　21

2 戦国期京都の名所　杉森　哲也　27
1．京都の名所と洛中洛外図屛風　27
2．ルイス・フロイスと京都　31
3．ルイス・フロイスの記した名所　37

3 近世京都の名所と文化　杉森　哲也　43
1．名所記から名所図会へ　43
2．京都見聞記の登場　48
3．戯作と京都　53

4 氾濫する江戸の名所　岩淵　令治　61

1. 江戸における名所の誕生　62
2. 「自然」の発見と神仏の創出　64
3. 名所めぐりの実情　70

5 江戸の園芸文化　岩淵　令治　81

1. 江戸の園芸文化　82
2. 日本における朝顔　87
3. 変化朝顔の世界　89
4. 変化朝顔の展開　94

6 庶民信仰と社会・文化　海原　亮　101

1. 都市社会の遊興・娯楽　101
2. 京都嵯峨清凉寺の江戸出開帳　106
3. 出開帳を支えた人びと　113

7 医学・医療の発展　海原　亮　119

1. 曲直瀬家「啓迪院」の学則　119
2. 「観臓」という画期　123
3. 牛痘種痘普及の歴史的意義　128

8 都市大坂と異国　海原　亮　135

1. 異国人を迎える作法　135
2. 参府オランダ人と銅吹屋　143
3. 異国観を創りあげた書籍　147

9 近世都市と芸能　神田　由築　153

1. 江戸の芸能　154
2. 大坂の芸能　160
3. 京都の芸能　165

10 芸能文化の浸透　神田　由築　169

1. 芸能者の序列化　169
2. 地域間の格差　174
3. 芸能文化の多様化　178

11 芸能文化の再編　神田　由築　183

1. 新たな芸能作品　183
2. 『仮名手本忠臣蔵』　187
3. 身分的周縁　193

12 「鎖国」と都市長崎　木村　直樹　199

1. 長崎の人口からみる都市の姿　199
2. 近代に広がった「鎖国」　201
3. 鎖国令は法令か　204
4. 長崎に持ち込まれた異国船間紛争　208

13 都市長崎と長崎奉行 木村 直樹 213

1. 都市長崎の姿 214
2. 長崎奉行の時期区分と課題 216

14 天草・島原一揆から考える近世都市 木村 直樹 227

1. 天草・島原一揆とは 227
2. 史料からみた天草・島原一揆 229
3. 幕府軍の構成 231

15 近世の社会と文化 杉森 哲也・岩淵 令治・海原 亮・神田 由築・木村 直樹 241

1. 出版業にみる近世の社会＝文化構造 241
2. 江戸の文化と社会 244
3. 文化・学問の担い手について 247
4. 芸能文化にみる長崎 250
5. 対外関係からみる長崎 252

索引 260

1 近世の都市と文化

杉森　哲也

《目標&ポイント》 本章では、まず最初に本科目の視点と課題について述べる。本科目は、文化を社会構造史の不可欠な一環として位置づけようとする社会＝文化構造論の視点・方法を用いることにより、日本の近世について論じる。さらに文化が展開する場としての都市に着目し、その社会構造や社会関係などを丁寧に明らかにすることを基本的な課題とする。

次に本章のテーマとして、文化が展開する場である都市を取り上げる。具体的には、数多くの都市の中から、江戸・京都・大坂の三都、さらに幕府の直轄都市について検討する。

《キーワード》 社会＝文化構造、三都、幕府の直轄都市、遠国奉行

1．本科目の視点と課題

社会＝文化構造論

本科目『日本の近世』は、前科目『日本近世史』（主任講師は杉森哲也）（二〇一三―一八年度開講）の後継科目として開設したものである。前科目と同様に、日本史のなかの近世という時代を対象とする。

前科目では、日本の近世史を政治史的通史ではなく社会の全体史として叙述することを基本的な

視点とした。すなわち国家レベルの政治史を中軸に据えるのではなく、近世の地域社会の実態に深く分け入り、その社会構造や社会関係を丁寧に明らかにするという方法に基づき具体的な事例を挙げながら、日本の近世史の講義を行ったのである。これは近世史研究者である吉田伸之が、「そもそも通史とは何だろうか」という基本的な問いを発し、「通史とは、国家レベルの政治史を中軸に、対外関係史をこれに絡め、背景に経済的様相を加味するというのが標準的な叙述方法となっている」とまとめ、政治史的通史ではなく社会の全体史の必要性を提起した（吉田伸之『日本の歴史17 成熟する江戸』講談社、二〇〇二年、九頁）ことを受けての試みであった。

本科目では、そうした視点と方法を引き継ぎつつ、さらに文化について考えてみたい。前科目では、文化の問題をほとんど取り上げることができなかったからである。高等学校の地理歴史科の科目「日本史B」は、古代から現代までの日本の歴史を学習するものであり、教科書は通史で叙述されている。例えば、ある「日本史B」の教科書では、近世を幕藩体制の確立期・展開期・動揺期と三つの時期に区分し、それぞれの時期についてほぼ政治・対外関係・経済・文化の順で叙述している。これは現在の標準的な通史の叙述方法であり、多くの事象をバランス良く盛り込むのに適している方法であると評せられよう。一方問題点としては、政治・対外関係・経済に比べて、どうしても文化の比重が小さく、付随的に扱われていることが挙げられる。そして学問・建築・絵画・文学などに関して、時代や社会との関係への言及は少なく、単に人名や作品名が羅列される傾向があることを指摘しておきたい。

そこで本科目では、近世の文化について考える際に、同じく吉田が提起した社会＝文化構造論という方法を用いることを試みたい。吉田はこの社会＝文化構造論について、次のように述べている。

まだ熟した議論ではないが、とりあえずは、文化を社会構造史の不可欠な一環として位置づけようとする視点・方法であるといえようか。たとえば、歌舞伎などの芸能史研究についていえば、作品や作者論、または役者論などに議論を終始させるのではなく、素材による拘束から解放されて、歴史における社会的背景や文脈にも目配りするような視座に立つことが重要だ、というようなことである。歌舞伎についていえば、それが営まれる芝居地という社会＝空間構造の特質、囃子方（はやしかた）を構成する多様で相互に異種的な芸能者集団から、帳場、茶屋、出入り関係など、また金主（きんしゅ）＝スポンサーや顧客など興行・経営を存立させる芸能興行の基盤構造、さらにひとたび生み出された芸能の「質」が喚起する、都市から在地社会へと及ぶ文化的・消費的なレベルでの周辺諸社会・諸層への影響など、これらを多面的かつ重層的に解明する必要があるということである。そしてこうした社会＝文化構造史的な視角と方法によって、新たなスポットを当てることのできる、いわゆる文化史や芸能史という領域における素材は、実は手つかずのまま厖大に存在するのではなかろうか。

（吉田伸之『身分的周縁と社会＝文化構造』六—七頁）

社会＝文化構造論とは、文化を社会構造史の不可欠な一環として位置づけようとする視点・方法であることがわかるであろう。そしてこれは、前科目で用いた近世の地域社会の実態に深く分け入りその社会構造や社会関係を丁寧に明らかにするという方法とも、極めて密接に関連しているのである。

本科目のねらい

本科目のねらいは、前科目の視点を引く継ぐとともに、新たに社会＝文化構造論の方法を用いて、文化の問題を中心に置きつつ、日本の近世史について論じることにある。具体的には、私を含む五名の講師が担当する、次の五つの基本テーマによって構成されている。

第一章—第三章　杉森哲也「都市の文化と京都」
第四章・第五章　岩淵令治「江戸の文化と社会」
第六章—第八章　海原　亮「三都の文化・学問」
第九章—第一一章　神田由築「芸能と文化」
第一二章—第一四章　木村直樹「長崎の文化と社会」
第一五章　講師五名によるまとめ

各講師が担当する講義は、具体的には出版・園芸・医学・芸能・西洋文化など、実にさまざまな内容が取り上げられ、それらが専門的に深く掘り下げられたものとなっている。講義で扱う対象はさまざまであるが、各講師が共有している視点として、次の二点を挙げておきたい。まず第一点は、社会＝文化構造論の方法に対する理解である。文化を社会構造史の不可欠な一環として位置づけようとするものであり、いわゆる文化史として捉えるものではない。第二点は、文化が展開した場である都市への着目である。江戸・京都・大坂の三都と長崎を中心に、都市の社会構造や社会関係などを丁寧に明らかにすることによって、文化を評価しようというものである。各講師の講義を受けて、第一五章ではまとめを行う。

2. 三都と文化

本章のテーマは、「近世の都市と文化」である。文化が展開する場である近世の都市について、三都と幕府の直轄都市という切り口から総括的に論じることとする。

巨大都市・三都

近世における三都とは、江戸・京都・大坂を意味する。これら三都市に共通するのは、いずれも幕府直轄の都市であり、人口や面積など都市の規模が他に抜きん出た巨大都市であったことである。例えば人口は、江戸が約一〇〇万人、京都と大坂が約三〇—四〇万人であった。全国最大の一〇〇万石の領国を有する加賀藩の城下町金沢が約一〇万人であったのと比較すると、三都の規模の大きさがわかるであろう。これら三都市は、政治・経済・文化など多くの点において、幕藩制国家の中枢的機能を担っていた。本科目との関連で言えば、三都は近世のさまざまな文化が生み出され展開した場であり、文化のあり方と密接な関連を有している。まさに社会=文化構造論の視点からの分析が有効であると考えられるのである。

近世における三都の特別な機能と地位は、近代以降も継承された。明治四(一八七一)年の廃藩置県により、三都とその周辺地域が三府(東京府・京都府・大阪府)、その他の地方が三〇二県となった。そして明治二一(一八八八)年には三府四二県となり、近世には幕藩制国家の直接の支配下にはなく独自の歴史を有する北海道と沖縄県とともに現代の四七都道府県、すなわち一都一道二府四三県へと継承されているのである。なお東京府は、昭和一八(一九四三)年の戦時体制下で東京市と統合し、東京都へと改編された。

以下においては、江戸・京都・大坂の三つの都市をそれぞれ取り上げ、各都市が持つ機能の特質の一端について検討する。

江戸

江戸は、将軍が居住し幕府が所在する、幕藩制国家の首都である。天皇と朝廷が所在する京都とともに、近世日本の首都としての機能を果たしていた。都市類型としては城下町であり、その発展段階の頂点に位置する巨大城下町である。人口と面積の規模は、三都の中でも飛び抜けて大きく、特に人口は約一〇〇万人と推定されており、近世日本最大の都市であるのみならず、当時世界でも最大級の都市であった。

城下町の都市的要素という観点から捉えるならば、①将軍の居館であり幕府の政庁が所在する江戸城、②将軍および幕府直属の旗本(はたもと)・御家人(ごけにん)の屋敷と全国の大名の藩邸からなる武家地、③幕府直属の足軽などの居住地、④寛永寺(かんえいじ)・増上寺(ぞうじょうじ)・浅草寺(せんそうじ)などの寺社地、⑤日本橋(にほんばし)・京橋(きょうばし)などの町人地などから構成されている。このうち①②③が占める割合が圧倒的に多く、面積では約七割、人口では約五割にも及んでいた。この点が、江戸という都市の社会＝空間構造を規定する最も基本的な点である。

江戸の地は、中世から水運や流通の拠点であり、品川や浅草寺の周辺には町場が展開するなど、決して未開の地域であったわけではない。しかし江戸が本格的に都市として整備され始めるのは、天正一八（一五九〇）年の徳川家康の入部後である。そして明暦三（一六五七）年の明暦大火を契機とする大規模な都市改造を経て、ほぼその骨格が形成された。現代の東京は、基本的にこの時期以降の江戸の構造を継承している。

江戸は都市類型としては城下町であり、城下町の都市的要素を備えている。しかし他の城下町と大きく異なる点は、将軍と幕府が所在するということに加え、全国の大名の藩邸が設けられていた点にある。すなわち城下町の都市的要素という観点からすると、武家地が非常に大きな比重を占めていたことになる。幕府直属の家臣団である旗本・御家人の屋敷と大名の藩邸とからなる武家地は、江戸の面積の約七割を占めていた。そしてそこに居住する武家方人口は、江戸の人口約一〇〇万人のうちの半数にあたる約五〇万人にも達していたのである。

江戸で注目すべきは、都市インフラの充実という点である。一〇〇万人もの人口を擁する都市として、食糧・水・燃料の供給、ごみや屎尿の処理、衛生の保持、警察および防火のシステムなどが整えられていたことは、驚くべきことであるといえよう。この点に関しては、京都と大坂も同様である。

明治維新を経て、江戸は近代日本の首都・東京となった。江戸城は天皇が居住する皇居となり、江戸城周辺の武家地の多くは官庁、大名藩邸の多くは学校・公園・病院などの公共施設となった。これら広大な武家地の存在は、近代国家の首都を建設する上で、江戸が最も適していると判断された理由の一つであると考えられる。また日本橋・銀座などの町人地は、近代以降も商業地として発展し、現代においても東京の繁華街として継続している。

京都

京都の歴史は、古代の都城（とじょう）・平安京（へいあんきょう）に始まる。延暦一三（七九四）年の桓武天皇による遷都以来、現代に至るまで一二〇〇年余の歴史を有している。とりわけ古代から近世までの前近代において、一貫して天皇が居住し朝廷が所在するという国家の中枢的機能を担い続けたことは、日本都市史の中で非常に重要な事実であると考えられる。

古代では律令国家（りつりょうこっか）の衰退に伴う都城の変質、中世では武家政権の登場と商工業の発展による新たな都市としての展開、戦国期の荒廃と復興というおよそ八〇〇年の長い歴史を経て、近世へと至るのである。近世の京都は、一五世紀後期の応仁・文明の乱による荒廃からの復興後に形成された町並みを直接の起点とし、一六世紀末の豊臣秀吉による大規模な京都改造＝城下町化を経て、一七世紀前期の徳川政権下で成立した。

幕藩制国家において、京都は重要な多くの機能を担っていた。その主要なものとして、①政治的機能、②宗教的機能、③経済的機能を挙げることができる。まず①政治的機能としては、平安京遷都以来一貫して天皇と朝廷が所在し続けており、将軍と幕府が所在する江戸とともに、幕藩制国家の首都として位置づけることができる。さらに幕府の存在も決して小さくはなく、拠点としての二条城や幕府重職である京都所司代（きょうとしょしだい）の存在が挙げられよう。また多くの藩では、京都での情報収集、呉服や奢侈品の購入、商人からの借銀などを目的として、京都藩邸を設けていた。次に②宗教的機能としては、京都とその周辺には仏教諸派の総本山や神社の総本宮が集中していること、東西両本願寺の大規模な寺内町（じないまち）を包含していることなどから、宗教都市としての側面も有していることが挙げられる。僧侶や神主、寺社出入りの関係者の人口も多く、京都の都市社会の中で重きをなしているといえよう。最後に③経済的機能については、京都が近世において全国最大の手工業都市であったことを指摘しておく必要がある。西陣織をはじめとして、現代において京都の「伝統産業」とされているものは、いずれも当時の手工業である。中世以来の技術を受け継いでいるものも多く、特に高級品の生産においては他の産地の追随を許さなかった。そしてこれに伴い、原材料および製品を扱う多様で複雑な流通が展開し、商業も発展していた。近世の京都は、全国の中心的な商工業都市という側面も有していたのである。このため近世京都の人口の多くが商工業の従事者によって占められるとともに、都市空間の多くの部分も町人地、すなわち町（ちょう）が展開する地域が占めることになったのである。

明治維新を経て、天皇と公家は東京に移住することになる。ここに京都は、平安京遷都以来一貫して有していた①政治的機能を失うことになるのである。しかし、②宗教的機能は引き続き継承するとともに、③経済的機能は「伝統産業」として残ることになる。著名寺社をはじめとする名所旧跡の多くは観光地として継承され、観光業が主要な産業の一つとなる。さらに近代の京都に新たに加わる機能として、文化的機能を挙げなくてはならないだろう。明治三〇（一八九七）年に京都帝国大学（現・京都大学）、帝室（ていしつ）京都博物館（現・京都国立博物館）が創設されるなど、京都は学術・教育・文化おいて重要な役割を果たすことになるのである。

大坂

大坂は、畿内のほぼ中央、かつ瀬戸内海の東端に位置するという地理的条件により、交通・経済・軍事の要衝として、その基本的な性格が規定されてきた都市である。古代以来、南北に延びる上町（うえまち）台地を中心に町並みが展開した。古代の難波津（なにわつ）・難波宮（なにわのみや）・四天王寺（してんのうじ）、中世末の大坂（石山（いしやま））本願寺、近世の大坂城は、いずれも上町台地上に位置する。

近世の大坂は、豊臣秀吉が天正一一（一五八三）年に大坂本願寺跡に建設した大坂城とその城下町に始まる。慶長一九―二〇（一六一四―一五）年の大坂の陣による荒廃、陣後に入部した松平忠明による大規模な復興を経て、元和五（一六一九）年に大坂城代が設置され、以後幕府直轄都市となった。

中世以来の先進地域である畿内は、領主経済にとって不可欠の存在であった。全国の諸大名は、年貢米と特産品を換金し、国元と江戸藩邸の維持経費を得るとともに、武具や呉服など畿内諸都市の手工業製品を購入する必要があったからである。日本海沿岸諸藩の年貢米は、一七世紀中期までは、日本海海運と琵琶湖舟運によって、大津や京都に運ばれていた。しかし、寛文一二（一六七二）年、河村瑞賢により西廻海運が開かれると、全国各地の年貢米と特産品が大坂に集荷され、再び全国各地へと出荷されるようになる。ここに大坂は幕藩制国家において、商品流通の中央市場として位置づけられることになるのである。

蔵屋敷は、全国の諸大名が年貢米と特産品を換金することを目的として、大坂に設けた施設である。水運の便がよい中之島を中心とする大川沿岸に分布しており、その数は近世を通しておよそ一〇〇前後にも達していた。こうして蔵屋敷は、近世大坂の代表的な都市景観を形成していたのである。

蔵屋敷の運営は、国許から派遣された留守居以下の蔵役人と、出入りの商人が勤める蔵元・掛屋などによって行われていた。蔵元は蔵物の販売管理、掛屋は蔵物の販売代金の管理などの実務を行った。また蔵屋敷は、町人名義で購入されており、名代と呼ばれる名義人が存在した。これは京都に設けられた大名藩邸も同様であった。

蔵屋敷は、年貢米と特産品の換金を基本としつつも、それにはとどまらないさまざまな機能を有していた。その第一は、借銀の調達である。特に近世後期には、大坂商人からの借銀の比重が増しており、年貢米と特産品の換金以上に重要な機能となっていた藩も存在した。第二は、情報収集である。各藩の蔵役人の首座である留守居は、留守居同士の組合を作り、定期的に会合を行っていた。また大坂町奉行などの幕府役人との接触も、その任務の一つであった。第三は、西国大名の参勤交代時の滞在施設である。蔵屋敷の中には、藩主滞在時の御殿が設けられているものもあった。

3. 幕府の直轄都市

幕領と直轄都市

幕府の直轄都市は、必ずしも周知の概念ではなく、文字通りに解釈すれば三都も含まれることになる。しかし、ここでは幕府直轄領（幕領・御料）に所在する、三都以外の都市を取り上げることとする。幕府直轄領はほぼ全国に広がっており、幕府職制上は幕府所在地である江戸の町奉行、老中支配下の遠国奉行、勘定奉行支配下の郡代・代官、預所とされた大名によって支配されていた。このため幕府直轄領に所在する都市が、厳密な意味での幕府の直轄都市ということになる。また幕府職制上は、あくまでも将軍が居住し幕府が所在する江戸が特別な存在であり、三都という枠組みがあるわけではないことに留意する必要がある。本節では、遠国奉行の支配下にあった都市に限定して、幕府の直轄都市について考えてみることとしたい。

遠国奉行は、京都・大坂・駿府の町奉行、長崎・佐渡・日光・山田・奈良・伏見・堺・浦賀・下田・新潟・箱館・神奈川・兵庫の奉行の総称である。ただし、遠国奉行という職名が存在したわけ

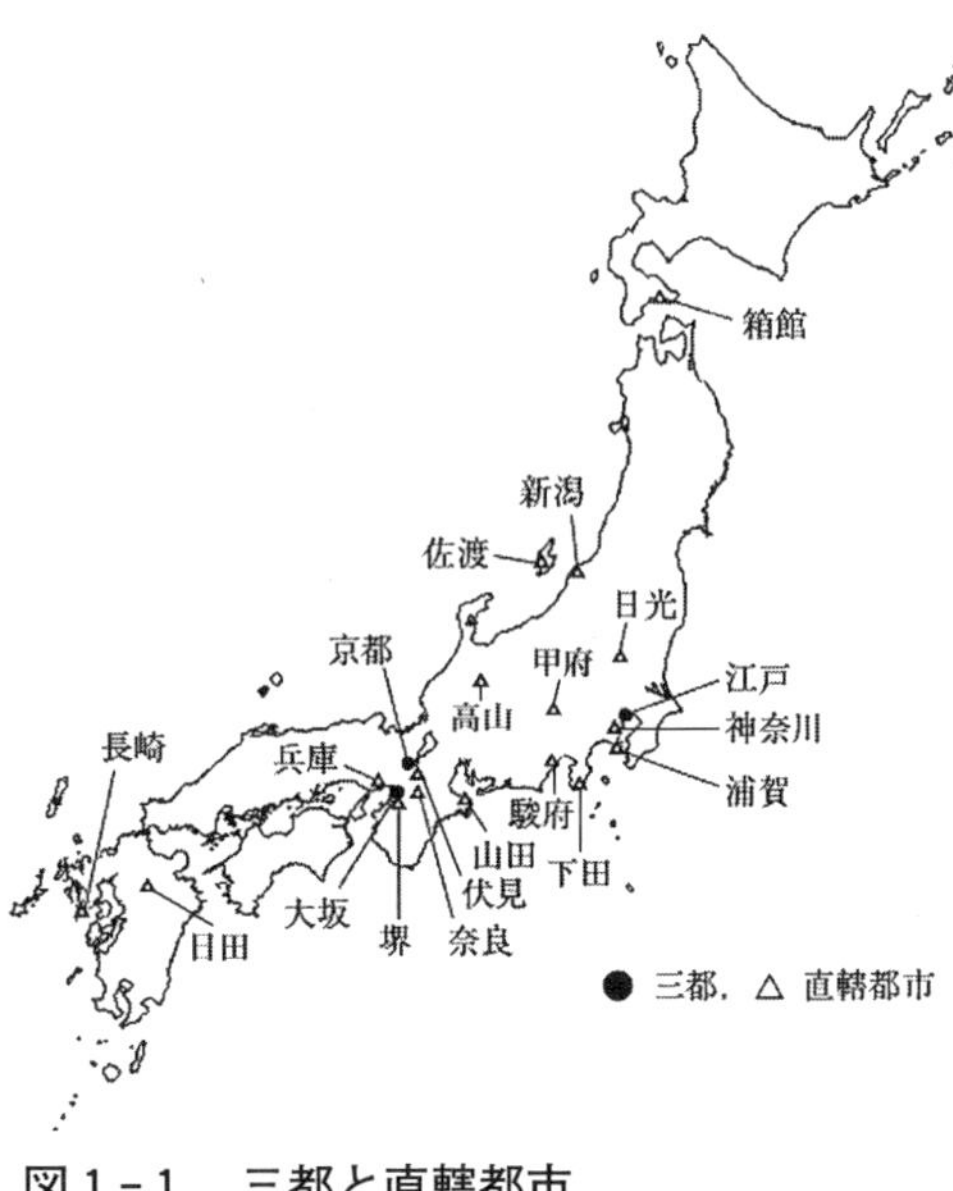

図1-1　三都と直轄都市

ではなく、幕府直轄領の中の重要な場所に置かれた役職である。また奉行の名称は付されていないが、甲府に置かれた甲府勤番（きんばん）も老中支配下であり、実質的に遠国奉行と同様の存在として位置づけられる。さらに代官・郡代の陣屋が置かれていた高山（現・岐阜県高山市）と日田（ひた）（現・大分県日田市）は、大名の城下町としての歴史を有しており、幕府の直轄都市に含めても良いだろう。図1-1は、これらの都市を地図上に示したものである。

遠国奉行は、設けられた時期、支配する都市の機能や性格がさまざまである。ここでは遠国奉行の置かれた都市について、次のように分類を試みた。

①京都・大坂　三都のうち、江戸以外の二都市。幕藩体制の中央都市としての機能を有している。幕府職制上も、町奉行とは別に、京都所司代と大坂城代が設けられている。

②長崎　オランダと中国との交易を担う都市。

③駿府・甲府　徳川将軍家ゆかりの都市であるとともに、江戸の西に位置する交通・軍事の要衝の地でもある。

④伏見・堺　京都・大坂の近郊に位置し、歴史的経緯から重視された都市。

⑤日光・山田・奈良　幕藩制国家にとって重要な宗教都市。
⑥高山・日田　代官・郡代の陣屋が置かれ、実質的には城下町の規模を有する都市。
⑦佐渡（相川）　陣屋が置かれ、金山の管理と佐渡一国の支配が行われた。
⑧浦賀・下田・新潟・箱館・神奈川・兵庫　幕末期に各地に設けられた開港場。

以下においては、これらの都市の中から、②長崎と③駿府・甲府を取り上げ、その概要を見ていくことにする。

長崎

長崎は、オランダと中国との交易の地として、対外的な窓口となった都市である。近世の「四つの口（くち）」の一つとして、海外の多くの文物、情報、文化などが流入した。近世における長崎は、特に文化という視点から捉えると、三都に次ぐ重要な都市である。洋学や漢学などの学問の拠点であるとともに、芸能興行の拠点でもあった。本科目においては、三都とともに長崎の存在に着目し、重点的に取り上げる。ここではその前提として、長崎という都市の概略を述べておくこととする。

長崎は、東シナ海に面する長崎半島と西彼杵（にしそのぎ）半島に囲まれた長崎湾の最奥部に位置する天然の良港である。元亀元（一五七〇）年にポルトガル船の寄港地となり、町の建設が開始された。天正八（一五八〇）年に領主・大村純忠（おおむらすみただ）がこの地をイエズス会に寄進し、同会の日本における拠点となったが、同一六（一五八八）年に豊臣秀吉はこれを没収して直轄領とした。慶長一〇（一六〇五）年には幕府直轄領となり、以後近世をとおして長崎奉行が支配した。

寛永一三（一六三六）年に出島（でじま）が完成し、当初はポルトガル人が収容された。しかし、同一六（一六三九年）年にポルトガル人が追放された後、同一八（一六四一）年にオランダ東インド会社の平戸商館が出島に移転された。以後、近世をとおして、出島が西洋との交易の唯一の窓口となるのである。中国とは、一七世紀中期の明清交替後に交易が活発化し、元禄二（一六八九）年に中国人居住地区である唐人屋敷が建設された。

安政二（一八五五）年に長崎海軍伝習所が設けられ、関連施設として二年後に長崎鎔鉄所が創業した。これは後に官営長崎造船所となり、明治二〇（一八八七）年に三菱に払い下げられ、現在の三菱重工長崎造船所へと至っている。

このように長崎は、近世において他に類例のない都市であることがわかる。対外的な「四つの口」のうち他の三つ、すなわち朝鮮は対馬藩、琉球は薩摩藩、アイヌ民族は松前藩が担当する間接的な口であった。一方、西洋（当初はポルトガル、後にオランダ）と中国は、幕府が直接担当する口であり、その空間が長崎という都市であったのである。この長崎が有するさまざまな機能や意義については、以後の講義において詳しく述べられる。

駿府と甲府

駿府と甲府は、ともに徳川将軍家ゆかりの都市である。都市の類型としては、城下町である。駿府は駿河国府中、甲府は甲斐国府中の略称であり、国の中心地であることを示している。駿府は東海道、甲府は甲州街道という交通の要衝に位置しており、特に近世初期の幕藩制成立期においては、西国から江戸を守る重要な場所として軍事的にも重視されていた。

駿府は、徳川家康ゆかりの城下町である。家康は、天文一八（一五四九）年から一二年間を今川義元の人質として、天正一三（一五八五）年から五年間を領主として、慶長一一（一六〇六）年から元和二（一六一六）年に死去するまでの一〇年間を大御所として、この地で過ごした。駿府城と城下は、主として家康の大御所時代に整備された。

家康の死去後は駿府藩が立藩され、頼宣（家康十男）が五〇万石、次いで忠長（二代将軍・秀忠三男）が五五万石の藩主となった。しかし、忠長は寛永九（一六三二）年に改易され、以後は幕府直轄領となり、駿府には駿府城代・駿府町奉行が置かれた。駿府はほぼ近世を通して、城主不在の城下町であった。また東海道の宿場でもあり、府中宿としての機能も有していた。大政奉還後の慶応四（一八六八）年七月、前将軍・徳川慶喜が駿府に移り、養子の家達を藩主とする駿府藩が立藩された。明治維新期に至って、徳川本家の城下町となるのである。

甲府は、戦国大名武田氏の領国の本拠地として発展した都市である。近世以降は、甲府藩二五万石が立藩され、家康直系の子孫が次々と藩主を務めた。義直（家康九男）、忠長（二代将軍・秀忠三男。後に駿府藩主）、綱重（三代将軍・家光三男）、綱豊（綱重長男。後に六代将軍・家宣）の四人であり、徳川将軍家ゆかりの都市であることがわかる。宝永元（一七〇四）年に綱豊が五代将軍・綱吉の世子となり江戸城西の丸に入った後は、柳沢吉保が藩主として入部するが、享保九（一七二四）年に大和郡山に転封する。その後は幕府直轄となり、甲府勤番が置かれた。また甲州街道の宿場でもあり、甲府柳町宿としての機能も有していた。

このように駿府と甲府は、地理的条件と機能、さらに歴史的経緯などに共通した点があることがわかる。幕府直轄の都市の中でも、徳川将軍家ゆかりの都市として、特別な扱いを受けていたといえよう。

本章のまとめ

本章では、まず本科目の視点と課題、そしてねらいについて述べた。次に、本章のテーマとして、文化が展開する場である近世の都市について、三都と幕府の直轄都市という切り口から論じた。三都は、近世日本において突出した巨大都市である。三都が抱える厖大な人口は、さまざまな文化を生産し、かつ消費する主体であった。本章では、近世の都市とはどのようなものなのかを概観しつつ、三都と幕府の直轄都市のうち長崎と駿府・甲府を取り上げた。続く第二章と第三章では、三都で展開した文化について、さらに具体的に検討することとする。

学習課題

1. 幕府の直轄都市の中で、本科目で取り上げなかった都市を一つを選び、その歴史について調べなさい。
2. 1で選んだ都市について、特に文化という観点から捉えると、どのような特徴があるのか調べなさい。

参考文献

『週刊朝日百科　週刊新発見！日本の歴史30　江戸・大坂・京の三都物語』（朝日新聞出版、二〇一四年）
村上直「江戸幕府直轄領の地域的分布について」（『法政史学』二五号、一九七三年）
吉田伸之編『日本の近世9　都市の時代』（中央公論社、一九九二年）
吉田伸之『身分的周縁と社会＝文化構造』（部落問題研究所、二〇〇三年）
吉田伸之・杉森哲也・塚田孝編『シリーズ三都』全三巻（東京大学出版会、二〇一九年）

2 戦国期京都の名所

杉森 哲也

《目標＆ポイント》 京都は、八世紀末に平安京として建設されて以来、近世に至るまで天皇と朝廷が所在し続けた日本の首都である。こうした長い歴史と伝統に裏打ちされた文化的な蓄積の結果として、京都には数多くの名所が存在する。京都の名所はいつ頃成立し、どのような人々が実際に訪れたのだろうか。本章と第三章では、こうした京都の名所をめぐる問題を取り上げ、社会＝文化構造という視点から検討する。本章では、近世からやや時代を遡り、その前提となる戦国期京都の名所について考える。

《キーワード》 名所、洛中洛外図屏風、上杉本、ルイス・フロイス、『日本史』

1．京都の名所と洛中洛外図屏風

洛中洛外図屏風の成立

洛中洛外図屏風は、京都の市中の賑わいと郊外の名所を一望の下に描いた屏風絵である。戦国期である一六世紀初頭頃に成立し、近世になった一七世紀以降も数多くの作品が制作された。きらびやかで美しく、観覧者が自分の知っている名所を探し出す面白さもあり、屏風絵として優れた画題であると評することができる。

京都は、八世紀末に中国の都市を源流とする都城・平安京として成立し、唐の都にならって左京を洛陽城、右京を長安城と名付けられていた。しかし、右京が早い時期に衰退したため、左京の洛陽の名のみが残り、これが京都を表すようになったのである。そして中世後期以降は、京都の市中を洛中、郊外を洛外と称するようになった。このため京都の市中と郊外を描いた屏風絵のことを、洛中洛外図屏風と呼ぶのである。

洛中洛外図屏風の歴史は、一六世紀初頭に始まる。応仁元（一四六七）年から文明九（一四七七）年にかけて争われた応仁・文明の乱によって京都は灰燼に帰したが、この頃にはようやく復興したことが分かる。永正一五（一五一八）年成立の歌謡集である『閑吟集』（編者未詳）には、「面白の花の都や、筆でかくともおよばじ」で始まる放下歌が収められている。この歌は、応仁・文明の乱から復興した京都の状況を、象徴的に示しているといえよう。そしてまさにこの時期に、洛中洛外図屏風が出現するのである。

洛中洛外図屏風が史料上初めて確認されるのは、三条西実隆の日記である『実隆公記』永正三（一五〇六）年一二月二二日条の「甘露寺中納言（甘露寺元長）来、越前朝倉（朝倉貞景）屏風新調、一双画京中、土左刑部大輔（土佐光信）新図、尤珍重之物也、一見有興」という記載である。越前朝倉氏が「京中」を画いた屏風一双を新調したが、これは朝廷の画所預や室町幕府の絵師職であった土佐光信の「新図」であるとされている。この屏風は現存しておらず、その内容は不明であるが、洛中洛外図屏風の原型にあたるものと考えられている。

現存する最古の洛中洛外図屏風は、「歴博甲本（町田本・三条本）」（六曲一双。国立歴史民俗博物館所蔵）である。大永五（一五二五）年以降一五二〇年代後半頃の景観が描かれており、制作年代もそれとあまり隔たらない時期であると考えられている。これに続く作品として、「東博模本」（めくり十一幅。東京国立博物館所蔵。江戸時代の写で原本の所在は不明）、「上杉本」（六曲一双。米沢市上杉博物館所蔵）、「歴博乙本」（六曲一双。国立歴史民俗博物館所蔵）が知られている。以上四点の作品は、一六世紀に制作され現存する数少ない作品であり、初期洛中洛外図屏風と呼ばれている。洛中洛外図屏風は、美術史の視点からは、四季絵や名所絵などの伝統的なやまと絵の流れに位置づけられるとともに、近世初期風俗画の端緒として評価されている。

そこで次に、京都の都市史という視点から、洛中洛外図屏風が成立する前提として、以下の諸点を指摘しておきたい。

①天皇と朝廷が所在する日本の首都であり、文化の中心地であること。
②平安京以来の長い歴史に裏打ちされた、数多くの名所・旧跡が所在すること。
③数多くの神社仏閣があり、仏教諸派の総本山や神社の総本宮が所在すること。
④注文主と受容者、さらに制作者が存在すること。

このうち④については、この時期の京都の名所を考える上で、重要な点であると考えられる。この時期の洛中洛外図屏風の注文者や受容者すなわち鑑賞者は、将軍や大名などの武家および公家といった当時の社会の最上層に位置する人々であった。洛中洛外図屏風は、決して庶民が見て楽しむものではなかったのである。これが時代の変化とともにどのように変化していったのかは、重要な論点となろう。

上杉本に描かれた京都

それでは初期洛中洛外図屛風には、どのような京都の風景が描かれているのだろうか。ここでは上杉本(うえすぎぼん)を例として取り上げ、概観してみることとしたい。上杉本は、安土桃山時代を代表する絵師である狩野永徳(かのうえいとく)によって描かれ、洛中洛外図屛風の白眉とされる作品である。現在、国宝に指定されている。黒田日出男の研究によって、制作年代は永禄八(一五六五)年九月、景観年代はほぼそれと同時期であることが明らかにされている。

図2-1は、上杉本の写真と読み取り図を並べて示したものである。その構図と描写内容の特徴は、次のようにまとめることができる。

①屛風絵の基本的な様式は、一双(そう)すなわち二隻(せき)を基本単位とし、左右に並べて、向かって右側を右隻、左側を左隻と呼ぶ。基本的に絵の構図は、右隻と左隻で連続する。しかし上杉本では、一双を左右に並べても絵の構図は連続しない。このため例外的に、主として上京(かみぎょう)の町並みを描く隻を上京隻、下京(しもぎょう)の町並みを描く隻を下京隻と呼ぶ。これは初期洛中洛外図屛風に共通する様式上の特徴である。

②上京隻には、洛中は上京の町並み、洛外は北山と西山が描かれている。洛中は前景、洛外は背景として描かれている。視点は、東南方向から西北方向を見ている。

③下京隻には、洛中は下京の町並み、洛外は東山が描かれている。上京隻と同じく、洛中は前景、洛外は背景として描かれている。視点は、西北方向から東南方向を見ている。これは上京隻とは全く逆で、一八〇度異なっている。

④公方邸などの大邸宅、主要な通り、寺社、名所・旧跡などには、それを示す墨書が書き込まれ

ている。

⑤季節的な要素を含んでおり、上京隻には春夏、下京隻には秋冬の景物が描かれている。

上杉本は、全体が金雲で覆われており、その合間から洛中の賑わい、洛外の名所・旧跡が見えるという趣向で描かれている。豪華で美しい金雲と、その合間に展開する都の風景は、見る人を魅了してやまないといえよう。「面白の花の都や、筆でかくともおよばじ」と歌われた京都が、まさに絵画として見事に表現されたものであると評価することができる。上杉本に代表される洛中洛外図屛風は、京都という都市においてのみ成立しうる絵画作品なのである。

2. ルイス・フロイスと京都

ルイス・フロイスの京都滞在

ルイス・フロイス(一五三二—九七)は、ポルトガル人のイエズス会司祭である。イエズス会の報告書や書簡、そして日本における布教史である『日本史』を執筆したことで知られる。一五三二(天文元)年(筆者注—本節においてのみ、西暦・邦暦の順に記載する)にポルトガル王国の首都リスボンで生まれ、一五六三(永禄六)年に来日して以来、一五九七(慶長二)年に長崎で亡くなるまで、晩年の一時期を除いて三〇数年間にわたり日本に滞在した。フロイスは、三〇数年間の日本滞在を主として九州と畿内で過ごしており、京都にも二回居住している。一回目は一五六五(永禄八)年二月一日から同年八月一日までの六ヵ月間、二回目は一五六九(永禄一二)年三月六日から一五七六(天正四)年一二月三一日までの七年九ヵ月間である。本節では、このうち一回目の京都居住について、取り上げることとする。

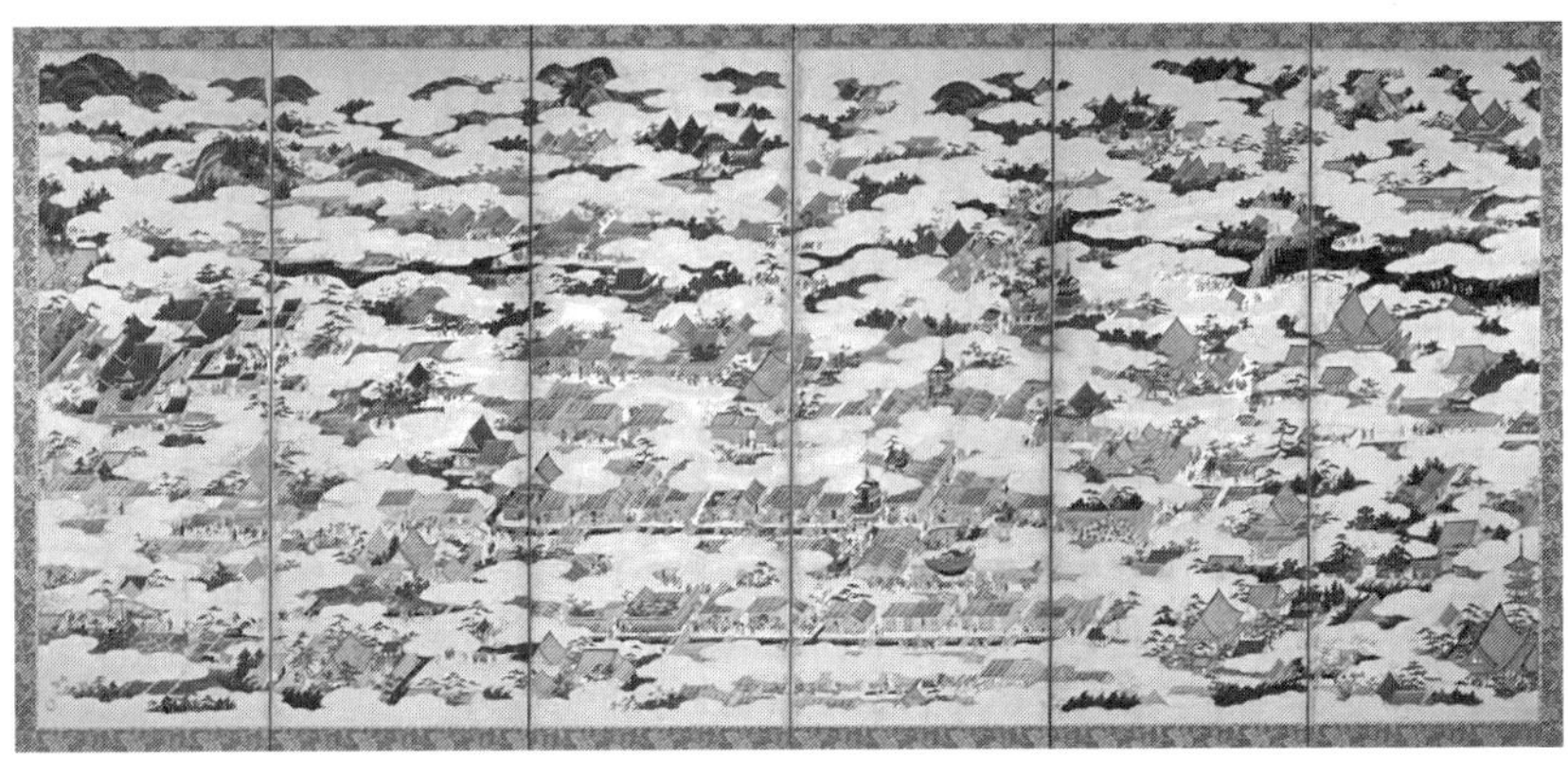

下京隻

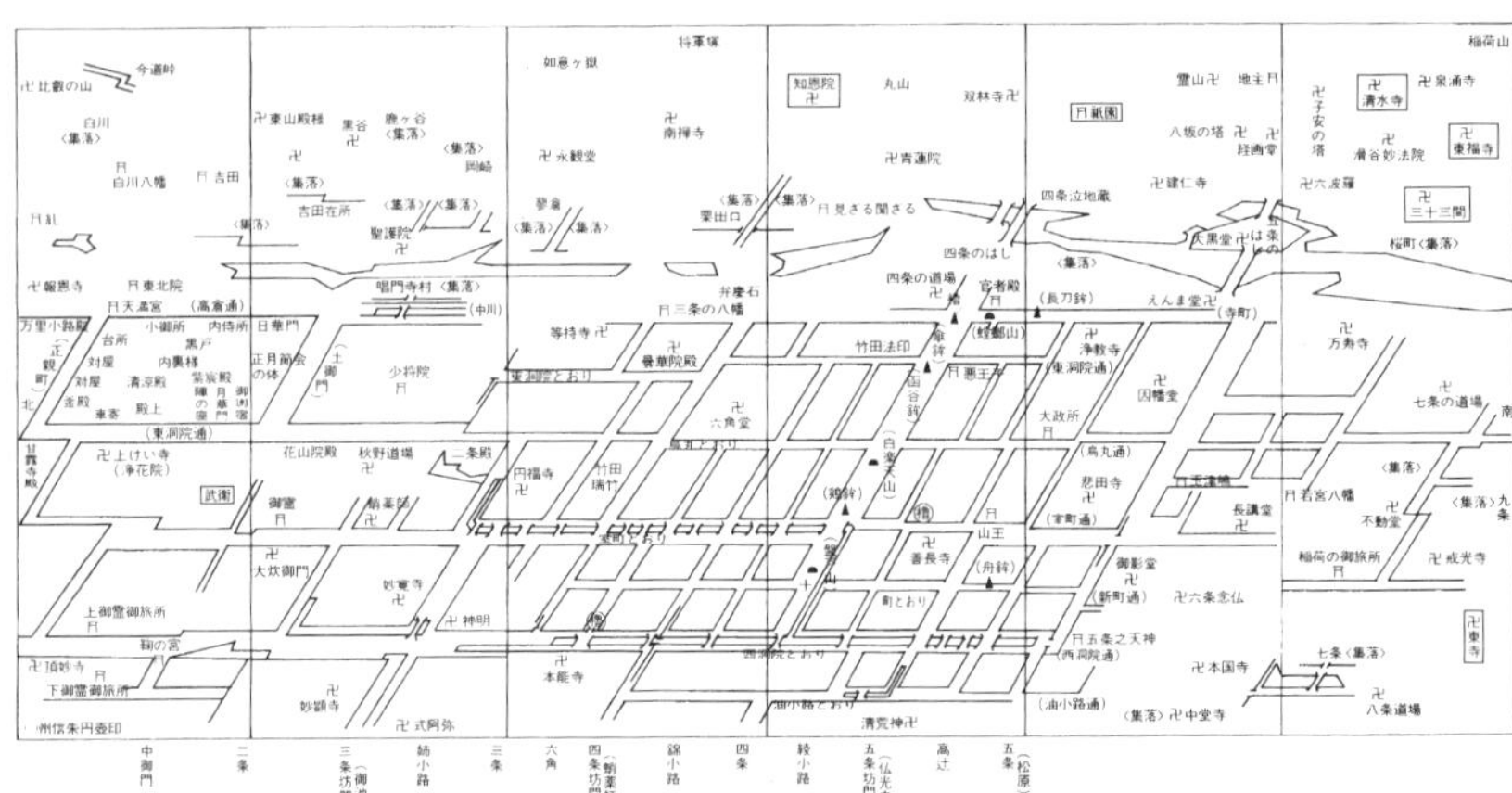

下京隻・読み取り図

図2－1 洛中洛外図屏風上杉本と読み取り図

上京隻

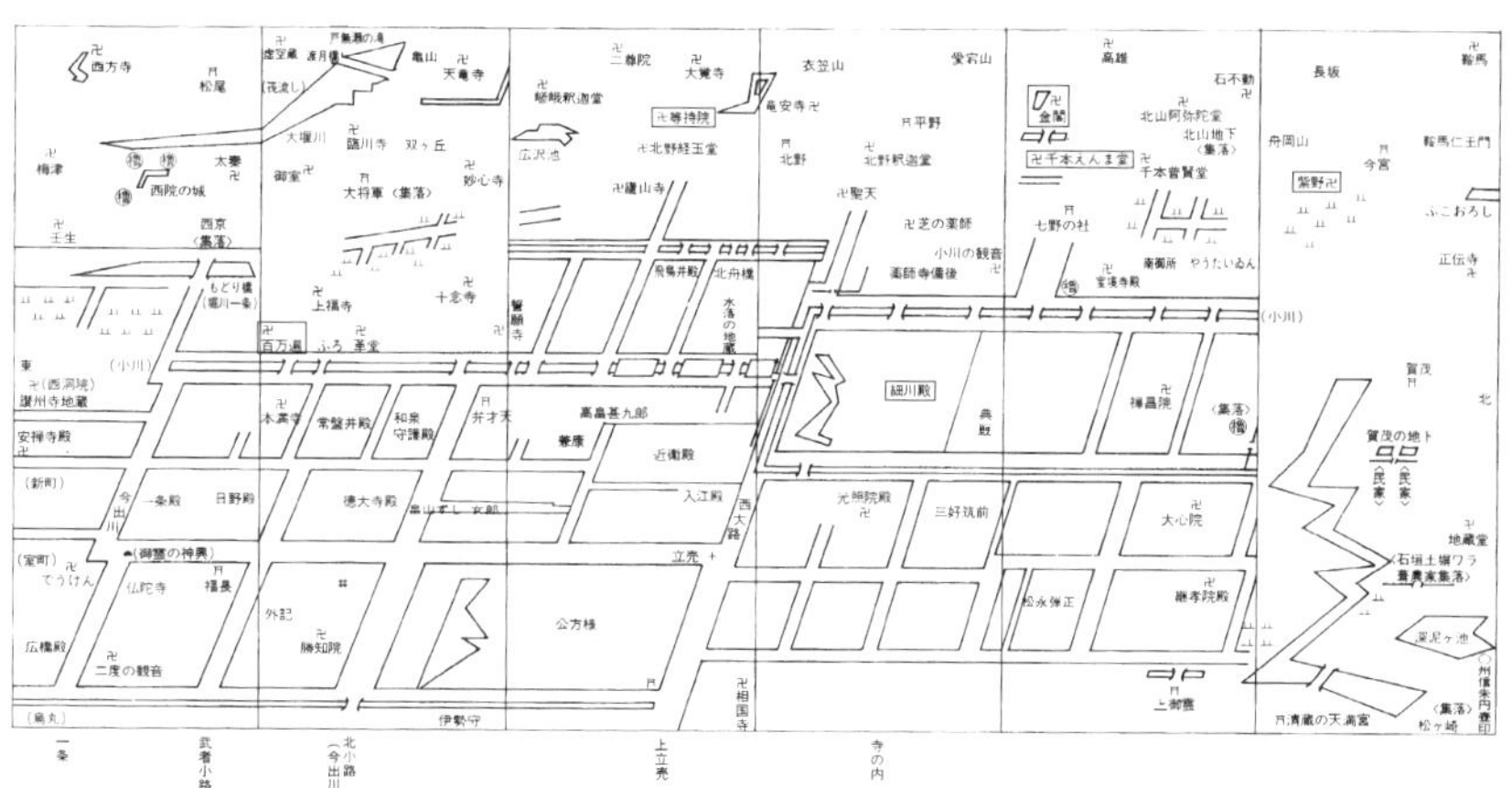

上京隻・読み取り図

注1 洛中洛外図屏風上杉本は、米沢市上杉博物館所蔵。

2 読み取り図は、高橋康夫ほか編『図集日本都市史』（東京大学出版会、1993年）107、109頁掲載図を一部改編して転載した。

フロイスは、一五六三年七月に肥前国横瀬浦（よこせうら）（現・長崎県西海市西海町横瀬郷）に到着し、来日を果たしている。その後は横瀬浦と平戸（ひらど）近くの度島（たくしま）に滞在していたが、来日から一年七ヵ月後の一五六五年二月に、京都に入っている。イエズス会の布教方針に基づき、首都京都での布教を進めるためであった。ただしこの時期は、日本の政治情勢が緊迫化しており、京都での布教は困難を極めた。同年六月一七日（永禄八年五月一九日）に永禄（えいろく）の変（へん）により室町幕府第一三代将軍・足利義輝（あしかがよしてる）が殺害され、京都の治安は急激に悪化する。さらに七月二九日（永禄八年七月三日）にはバテレン追放の勅書が出され、フロイスは京都からの退去を余儀なくされるのである。このためフロイスの一回目の京都居住は、わずか六ヵ月で終わることになる。

一五六五（永禄八）年の京都見物

フロイスの一回目の京都居住で注目されるのは、京都に入っておよそ一月後の一五六五年二月末頃に、二日間にわたって京都の著名な神社仏閣などを見物していることである。来日後は九州の辺鄙な離島で過ごしていたフロイスにとって、首都京都の風景は全てが興味深いものであったに違いない。フロイスは京都見物について、『日本史』第一部五八章「都の市街、およびその周辺にある見るべきものについて」という一章を設けて、詳細に記述している（筆者注—日本語翻訳本では、『日本史』第三巻に第一九章として掲載されている）。個人的な興味関心だけでなく、ヨーロッパ世界に生きる人々に対し、仏教の都でもある京都の様子を詳細に伝えようという意欲にあふれている。以下、この記述を元に、フロイスの京都見物を見てみよう。

『日本史』第一部五八章には、場所が確定できるものとして、次の一三ヵ所の記述が見られる。

表2-1　ルイス・フロイスの見物地一覧

	見　物　地	洛中洛外図屏風上杉本の記載位置	現　況
1	三十三間堂（蓮華王院）	下京隻・第1扇	現存
2	東福寺	下京隻・第1扇	現存
3	祇園社（八坂神社）	下京隻・第2扇	現存
4	清水寺	下京隻・第1扇	現存
5	将軍足利義輝邸（武衛＝斯波氏の邸宅跡）	下京隻・第6扇	現存せず
6	知恩寺（百万遍）	上京隻・第5扇	移転
7	管領細川晴元旧邸（細川殿）	上京隻・第3扇	現存せず
8	大徳寺（紫野）	上京隻・第1扇	現存
9	引接寺（千本えんま堂）	上京隻・第2扇	現存
10	金閣寺（鹿苑寺）	上京隻・第2扇	現存
11	等持院	上京隻・第4扇	現存
12	知恩院	下京隻・第3扇	現存
13	東寺（教王護国寺）	下京隻・第1扇	現存

記載順に、三十三間堂（蓮華王院）・東福寺・祇園社（八坂神社）・清水寺・将軍足利義輝邸（武衛＝斯波氏の邸宅旧地）・知恩寺（百万遍）・管領細川晴元旧邸（細川殿）・大徳寺（紫野）・引接寺（千本えんま堂）・金閣寺（鹿苑寺）・等持院・知恩院・東寺（教王護国寺）である。これらを一覧表にしたのが、表2-1である。一見して、これらの多くが、現在でも京都の主要な観光名所であることがわかるであろう。今から四五〇年以上も前にフロイスが見物した場所は、現在の観光名所とほとんど一致するのである。

表2-1の一三ヵ所のうち、一一ヵ所が寺社、二ヵ所が将軍足利義輝邸（武衛＝斯波氏の邸宅旧地）と管領細川晴元旧邸（細川殿）という最高権力者の邸宅である。寺社は人々の信仰の場であり、一部の寺院を除いて比較的自由に参詣や見物ができたよ

うである。一一ヵ所の寺社のうち、一〇ヵ所は現在も当時と同じ場所に位置している。唯一の例外は知恩寺（百万遍）で、一六世紀末以降に二回の移転を経て、現在地（京都市左京区田中）に至っている。よって当時の所在地には現存しないが、当地には元百万遍町（京都市上京区）という町名が残されている。

寺社以外の二ヵ所である将軍足利義輝邸（武衛＝斯波氏の邸宅旧地）と管領細川晴元旧邸（細川殿）は、もちろん自由に見物できる場所ではなく、フロイスは関係者の特別な取り計らいによって邸内の見物が許されたことを記している。ただし、こうした権力者の大邸宅は京都のランドマークとして認識されていたようであり、京都に居住する人々もその外観を一種の名所として捉えていたものと考えられる。なお、この二ヵ所の邸宅は、その後の政治情勢の中で消滅してしまい、現在はわずかな痕跡も残されていない。

ここで注目すべきは、前節で見た洛中洛外図屛風上杉本である。黒田日出男の研究によって、上杉本の発注者は足利義輝、完成時期は義輝が永禄の変で殺害された直後の永禄八年九月、景観年代はほぼ制作年代と同じということが明らかにされている。すなわち洛中洛外図屛風上杉本に描かれた京都は、フロイスが一回目に居住した京都と、ほぼ時期が重なっているのである。そこでフロイスが見物した場所について、洛中洛外図屛風上杉本で確認すると、一三ヵ所全てが墨書とともに記載されていることがわかる。表2-1にはその記載位置を示すとともに、前節で掲げた図2-1「洛中洛外図屛風上杉本・読み取り図」にも囲み枠で明示しておいた。このようにフロイスが見物した一三ヵ所は、当時の京都の主要な名所であることがわかるのである。

3. ルイス・フロイスの記した名所

三十三間堂

それではフロイスは、京都見物の様子について、具体的にどのように記しているのだろうか。ここでは『日本史』第一部五八章に最初に記載されている三十三間堂と金閣寺を事例として取り上げ、紹介することとする。

三十三間堂は、正式名を蓮華王院という。後白河上皇の御所である法住寺殿に平清盛が寄進して、長寛二（一一六五）年に創建された。建長元（一二四九）年の火災で焼失した後、文永三（一二六六）年に再建された本堂が、現存する三十三間堂である。長大な本堂には、本尊の千手観音坐像、一〇〇一体の千手観音立像、二十八部衆立像、風神・雷神像が安置されている。本堂とこれらの像は、全て国宝に指定されている。フロイスは、この三十三間堂について、次のように記している。

【史料1】

都の市街のほか約四分の一里のところ、東山（筆者注―カタカナルビは、原文にローマ字表記されていることを示す。以下同じ）すなわち「東の山」という山に近い平坦な原に三十三間という寺院がある。これは昔、太政入道（平清盛）というはなはだ著名な殿によって建てられ、つねにその後継者たちによって改築された。それは長さが百四十ブラサ（筆者注―本堂の桁行＝長さは約一二〇メートル。一ブラサの正確な長さは未詳）もあろうと思われ、中央にただ一つ大きい門がある。この門と向き合って、阿弥陀―その寺院の御本尊―の像（筆者注―千手観音坐像の誤り）がある。

（中略。筆者注―千手観音坐像、二十八部衆立像、風神・雷神像に関する記載あり）

それからすぐに両側に七、八段の階段（筆者注―正確には一〇段）が続き、寺院の端まで全長に及んでいる。この階段上に一千三十三体の仏があり、すべてその段上に順次立ち並んでいるが、すべてほとんどまったく同形である。それらはいずれもはなはだ背の高い男の大きさで、すべて阿弥陀の息子で慈悲の神である観音を表わしている。各像には三十本の腕と三十の手があり、なかんずく二本は身体の大きさに比例し、その手を胸の前に挙げている。他は小さく大きい二本の手の近くで分れ、それらのうちの二本は像の腰に巻き付いており、手にはいずれも槍を持っている。日本人によれば、それらの仏像に多数の腕と手があるのは、観音が慈悲として人間に施す数多の恩恵を示しているという。さらにどの仏像にも、胸から上だけの小さい仏の像が七つ付いた冠を頭上に戴き、その後ろの頭飾りからは幾多の光が放たれている。そしてこれらすべての像は、頭から足まで極上の金が厚く塗られ、その容貌は美しく、良く均斉がとれている。そして人々がこれらの驚くべき多数の像を見渡すならば、誰しもきわめて崇高だという印象を受ける。

この建物には幾多の人々が絶えず参詣するが、それは同所で祈るためよりは、むしろ見物のためなのである。

（松田毅一・川崎桃太訳、ルイス・フロイス著『日本史』第三巻、一三八―一四〇頁）

フロイスが訪れた一五六五年以降、京都は幾度となく戦災、火災、地震などの天災に見舞われたが、三十三間堂は現代に至るまで変わらずその姿を止めている。フロイスが見たのとまさに同じ建物や仏像を、私たちは目にすることができるのである。三十三間堂については、多くの写真集が刊行されているので、それらを見ながらフロイスの記載と比較対照してみることを勧めたい。

史料1から、フロイスはこの寺院の歴史、目にした仏像の様子を詳細に観察して記述するとともに、その意味なども聞き取って記載していることがわかる。キリスト教の宣教師でありながら、仏教について深く理解しようとする姿勢を読み取ることができる。

またこの寺院には多くの参詣者があることを記すとともに、「祈るためよりは、むしろ見物のため」と記していることが注目される。この時期の人々の様子を記した、貴重な記述であるといえよう。

金閣寺

フロイスが京都見物で訪れた場所として、次に金閣寺を見てみよう。金閣寺は、正式名を鹿苑寺という。一四世紀末に当初は室町幕府三代将軍・足利義満（あしかがよしみつ）の別邸として造営され、後に寺院として再整備されたものである。

【史料2】

紫の僧院（大徳寺）から半里、あるいはそれ以上進むと、かつてある公方様（足利義満）が静養するために設けた場所がある。そこは非常に古い場所なので、今なお大いに一見に価する。同所には特に造られた池の真中に、三階建の一種の小さい塔のような建物がある。池付近には小さい島島、各種の形に枝を曲げた多くの松、その他快く、はなはだ美しい樹木がある。人々が語るところによれば、以前には、公方様がこの池に彩りを添え美しくするために遠方や異国から集めさせた、多くの、しかもいろいろな異なった種類の水鳥がこの池にいた、とのことである。

二階には、幾体かの仏像と、まったく生き写しの公方自身の像が彼の宗教上の師であった一人の仏僧(夢窓疎石)の像とともに置かれている。廻廊が付いた上階はすべて塗金されていた。そこは、かつては公方様の慰安のためだけに用いられ、彼はそこから庭園や池全体を眺め、気が向けば建物の中にいながら池で釣りをしていた。上層にはただ一部屋だけあって、その部屋の床はわずか三枚の板が敷かれており、長さは(空白)パルモ、幅は(空白)パルモで、まったく滑らかで、たった一つの節もない。

この建物から少し距たって、叢林の間から一筋の引水が流れ落ちて来るが、その水は夏でも非常に冷たく、先に述べた池にそそぎこむ。

この庭園には、都から散策するために多くの人が訪れるが、そこの番人たちは、同所で肉や魚を食べることを何びとにも許さない。肉や魚を食べるのは不浄な行為であり、この場所を汚すことになるからだと言われている。

(松田毅一・川崎桃太訳、ルイス・フロイス著『日本史』第三巻、二四九―二五〇頁)

金閣寺はすでに戦国期から名所として知られており、近世においても京都を代表する名所であった。近代に入り古社寺保存法で特別保護建造物、国宝保存法で国宝に指定され、戦後も文化財保護法で国宝に指定された。しかし、一九五〇(昭和二五)年七月二日に放火により焼失し、国宝指定は解除されている。フロイスが見た建物は、誠に残念なことに、この時に失われてしまったのである。現存の建物はその後一九五五(昭和三〇)年に再建されたものであるが、金閣寺は一九九四年にユネスコの世界遺産(文化遺産)「古都京都の文化財」全一七件のうちの一件として登録されている。

本章のまとめ

本章では、戦国期京都の名所をテーマとして取り上げた。京都は平安京以来の歴史と伝統を有する都市であり、名所が数多く存在している。それらの存在は早くから認識されており、一つの具体例として、一六世紀に洛中洛外図屛風という絵画作品が成立することが挙げられる。洛中洛外図屛風を見て、京都の名所を楽しむということが行われるようになったのである。

しかし、一六世紀の初期洛中洛外図屛風は、将軍や大名、公家など最上級の支配階層のものであり、被支配階層の人々が見て楽しむものではなかった。また実際に京都の名所を見物するのも、ほぼ京都に住む人々に限られていたと考えられる。京都以外に住む人々、さらに幅広い社会階層の人々が京都の名所を楽しむようになるのは、近世になってからのことになる。こうした近世の状況については、第三章で検討することとする。

学習課題

1. 松田毅一・川崎桃太訳、ルイス・フロイス著『日本史』第三巻・第一九章「都の市街、およびその周辺にある見るべきものについて」（二三八―二六一頁）を読み、史料1・2として掲載した三十三間堂と金閣寺以外の場所について、フロイスはどのように記述しているのかを調べなさい。
2. ルイス・フロイスが見物した表2-1の一三ヵ所のうち、現存する一一ヵ所から三十三間堂と金閣寺以外の一ヵ所を選び、その歴史について調べなさい。

参考文献

黒田日出男『謎解き洛中洛外図』(岩波新書、一九九六年)
杉森哲也「ルイス・フロイス―16世紀の日本を記録したポルトガル人―」(吉田光男・杉森哲也編『新訂　歴史と人間』放送大学教育振興会、二〇一四年)
杉森哲也「ルイス・フロイスの見た16世紀の京都」(浅見雅一・野々瀬浩司編『キリスト教と寛容―中近世の日本とヨーロッパ―』慶應義塾大学出版会、二〇一九年)
松田毅一・川崎桃太訳、ルイス・フロイス著『日本史』第三巻(中央公論社、一九七八年)

3 近世京都の名所と文化

杉森　哲也

《**目標＆ポイント**》 本章では、戦国期京都の名所を論じた第二章に続いて、近世京都の名所を取り上げる。戦国期から近世に時代が移ると、京都の名所をめぐる状況は大きく変化する。全国の幅広い社会階層の人々が、出版物を通して、あるいは実際に旅をして、京都の名所を楽しむようになるのである。本章では、こうした近世京都の名所をめぐる問題を通して、三都の社会＝文化構造について考える。

《**キーワード**》 名所記、名所図会、『都名所図会』、『羇旅漫録』、『東海道中膝栗毛』

1．名所記から名所図会へ

名所記の成立

天正一八（一五九〇）年、豊臣秀吉は戦国の争乱を平定して天下統一を実現した。しかし、秀吉は後継体制を確立できないまま死去したため、徳川家康による政権掌握の過程で、なおも大規模な戦争が続いた。慶長五（一六〇〇）年の関ヶ原の戦い、同一九―二〇（一六一四―一五）年の大坂の陣では、京都でも状況が緊迫化した。そして大坂の陣で家康が勝利し豊臣家が滅亡したことによって、ようやく平和が訪れることになるのである。大坂の陣直後の慶長二〇年七月一三日、元号は元和と改められた。これは応仁・文明の乱以来約一五〇年にもわたる争乱が終結し、平和が到来したことを示すものであった。

この平和の到来は、京都に社会の安定と経済の発展をもたらすことになる。一七世紀前期の京都では、新たな町並みが急速に拡大しており、都市として発展していく様子がわかる。こうした社会状況を背景として、一七世紀中頃から名所記と京都絵図が次々と出版されるようになるのである。

明暦四（一六五八）年刊の中川喜雲著『京童』六巻六冊は、初めて出版された京都の名所記である。京都の少年（京童）に案内させて、京都と周辺の名所見物をするという趣向で、八七ヵ所の名所が取り上げられ、絵と説明文、古歌や自作の歌などが記載されている。次いで寛文五（一六六五）年刊の浅井了意著『京雀』七巻七冊が続き、以後近世を通してさまざまな名所記や京都の町の案内記が刊行される。同様に京都の絵図も、近世を通してさまざまな種類のものが刊行されるのである。

このような名所記や絵図の刊行は、旺盛な需要に応えるものであった。その背景には、時代状況として、平和が到来して経済が発展したことにより、人々の生活に余裕が生まれたことが挙げられる。そして京都の歴史や名所・旧跡に対する知識の普及と知的関心、実際に名所・旧跡を訪問したいという欲求の増加、さらにそれを可能とする経済的・社会的条件の整備などを指摘することができる。

また京都の町の案内記や絵図は、観光用の需要だけでなく、仕事で京都を訪れる人々の需要にも応えるものであった。具体的には、参勤交代の途中で京都に立ち寄る西国諸藩の藩主と武士、京都所司代および京都町奉行所などの幕府役所や各藩の京都邸を訪問する江戸や国元の武士、仏教諸派の総本山や神社の総本宮を訪問する地方の僧侶や神主、商品の仕入れなどで京都の商家を訪問する地方の商人などが挙げられよう。日本全国から京都を訪問するこれらの人々にとって、案内記や絵図は必需品であったと考えられるのである。

秋里籬島『都名所図会』

一七世紀中期以降、盛んに出版されるようになった名所記の中で、画期的な作品が登場する。安永九（一七八〇）年に刊行された『都名所図会』六巻六冊である。本書は、版元である京都の吉野屋為八によって企画され、文は京都の読本作者・秋里籬島（生没年未詳）、絵は大坂の浮世絵師・竹原信繁（春朝斎）（生年未詳―一八〇一）が担当した。名所の絵を多用し、単なる挿絵ではなく文と一体のものとする「名所図会」という新たな形式を打ち出したことによって好評を博し、当時のベストセラーとなったのである。

『都名所図会』六巻六冊の構成は、一巻「平安城首」、二巻「平安城尾」、三巻「左青龍」、四巻「右白虎」、五巻「前朱雀」、六巻「後玄武」となっており、平安城とそれを取り囲む四神という趣向である。一巻は洛中の上京（六六ヵ所）、二巻は洛中の下京（一一五ヵ所）、三巻は洛外東部（一四七ヵ所）、四巻は洛外西部（一四七ヵ所）、五巻は洛外南部（一四九ヵ所）、六巻は洛外北部（一〇六ヵ所）に相当する。全部で七三〇ヵ所の名所が取り上げられており、絵は二五三点が掲載されている。

そこで次に、『都名所図会』の記載を具体的に見てみよう。第二章と同じく、三十三間堂を取り上げてみることにする。図3-1は、『都名所図会』巻三の「三十三間堂・蓮華王院」の項から、絵と文を掲げたものである。次の史料は、その文の一部を翻刻したものである。

【史料1】

蓮華王院三十三間堂ハ、後白河院の御願として、備前守平忠盛奉行し、千体御堂を建立す〔割注〕「堂東向、南北六十六間、一間を隔て柱を立たれハ、三十三間堂といふ」、本尊ハ千手観音の坐像にして、御丈八尺、作は康慶なり、二十八部衆おのおの壇上に安置す、千手観音一千体ハ堂内左右にましくます、運慶・湛慶の両作なり

（中略。筆者注―三十三間堂の縁起に関する記載あり）

堂前に夜泣泉あり、傍に池ありて春のすへより初夏に至り燕子花咲乱れて、濃むらさきの色池の面に麗しく、京師の騒客廻りの茶店に宴を催して終日これを美賞す、当寺の佳境なり大矢数の濫觴ハ、新熊野観音寺の別当梅坊射術を好ミて、八坂の青塚の的場へ通ふ、帰さに当寺の後堂に休ミ射初し也、夫より連年諸侯の家臣出て射術の誉を争ふ、当所より通矢の検証出て、其一を蒙るものにハ金銀の麾を渡す、尾州よりハ星野勘左衛門八千箭を通し、貞享三年四月廿七日紀州和佐台八郎総矢一万三千五十三通矢八千百三十三数にして一を得たり

記載内容は、三十三間堂の建物と仏像の概要、縁起、境内の庭、行事である大矢数（おおやかず）について述べられている。文は絵と記載内容が対応しており、両者が一体のものであることがわかる。各名所の文の量がかなり多いこと、さらに六巻六冊という全体の分量を勘案すると、本書は持ち運びを前提とした京都見物のための実用的な案内書ではなく、読み物として京都見物を楽しむという性格の書物として捉えられよう。

図３－１　『都名所図会』巻三「蓮華王院・三十三間堂」

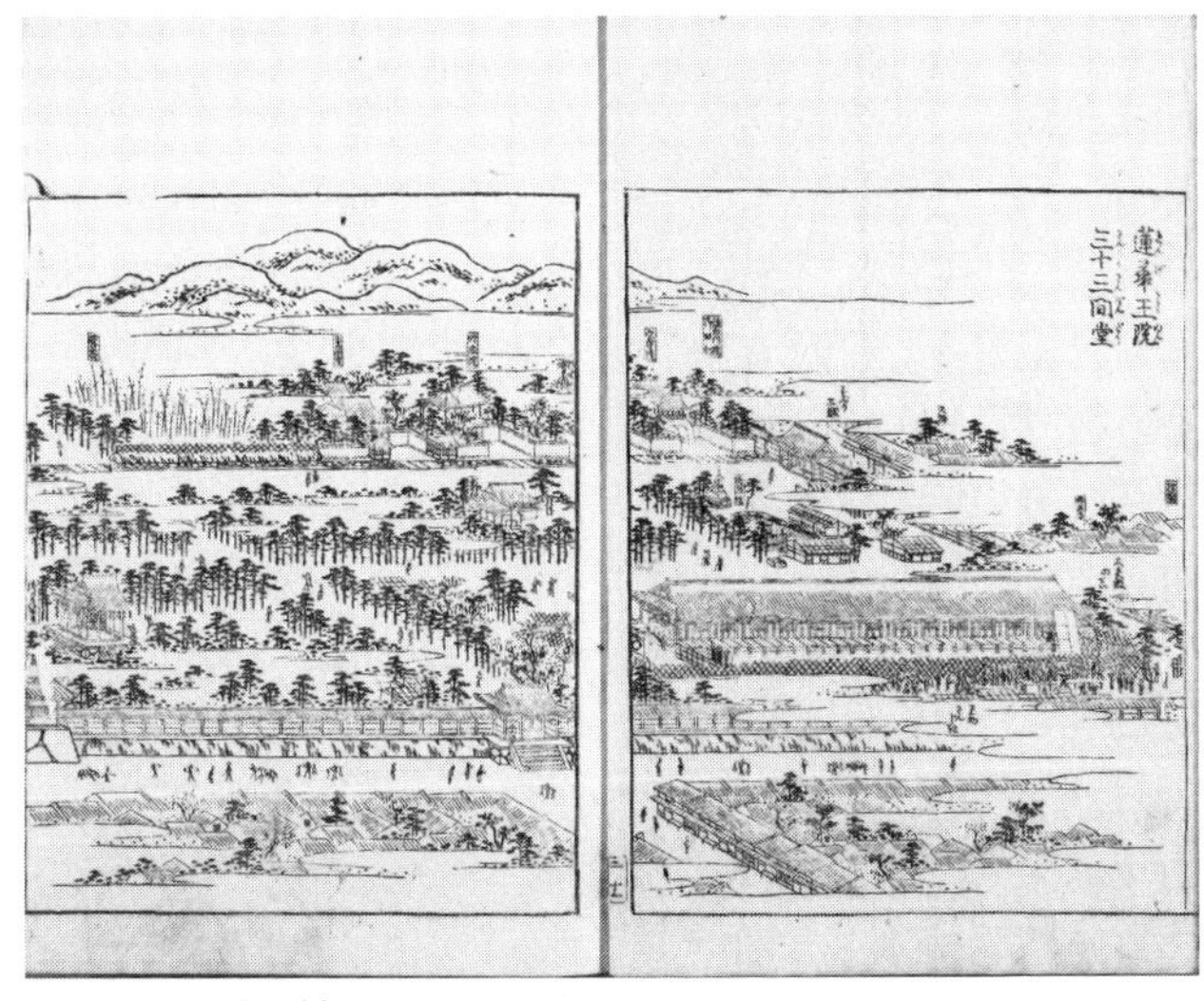

（絵・竹原信繁）

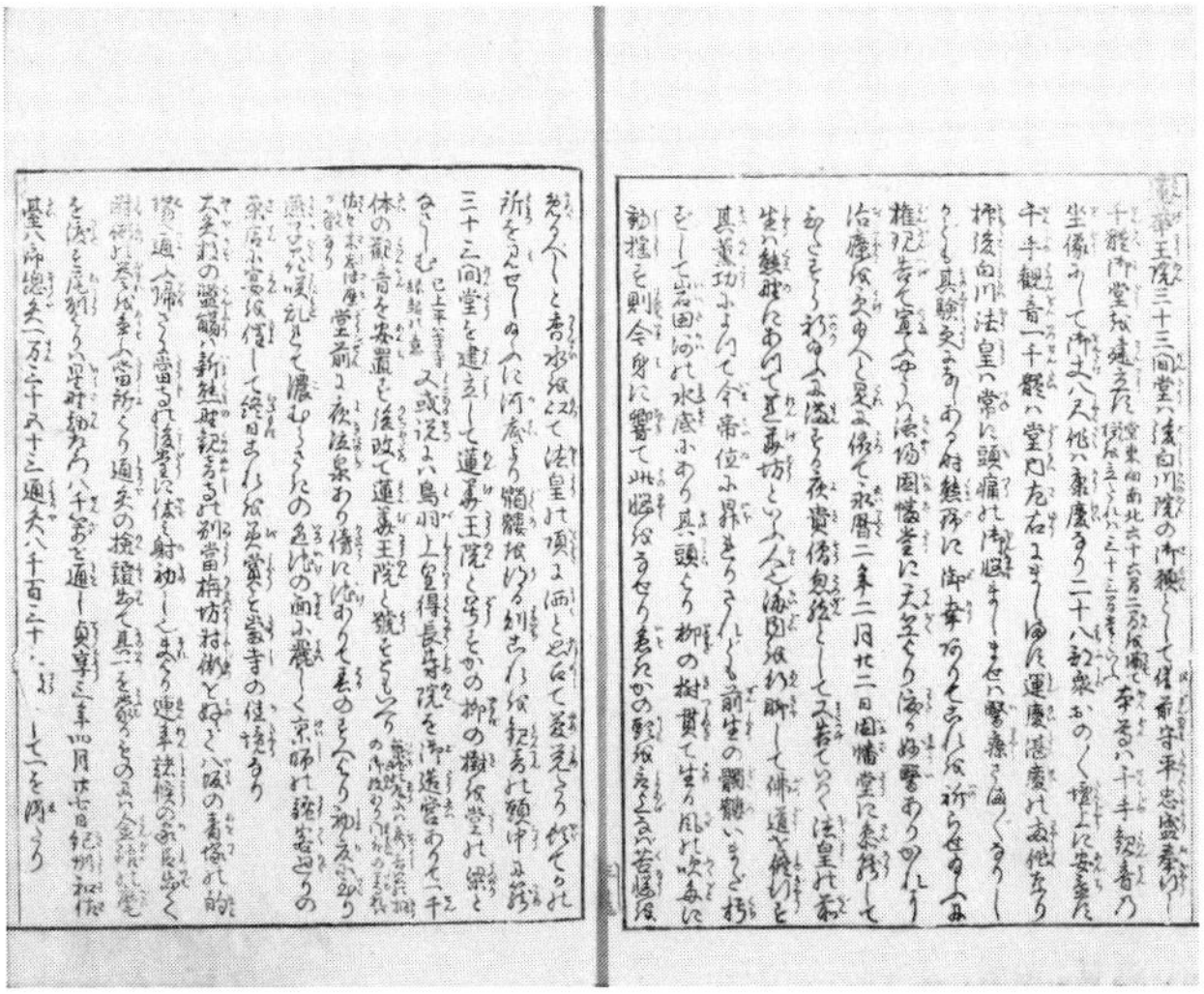

（文・秋里籬島）　早稲田大学図書館所蔵

名所図会の盛行

『都名所図会』が成功を収めたことにより、秋里籬島は続編である『拾遺都名所図会』（一七八七年刊）を刊行する。以後はさらに対象を各地に広げて、『大和名所図会』（一七九一年刊）、『和泉名所図会』（一七九六年刊）、『摂津名所図会』（一七九六―九八年刊）、『東海道名所図会』（一七九七年刊）など、三〇年間にわたって十数点を刊行し続けるのである。

名所図会は、籬島以外の著者も手がけるようになる。その最も重要なものとして、江戸の町名主・斎藤月岑が天保五―七（一八三四―三六）年に刊行した『江戸名所図会』七巻二〇冊を挙げなくてはならないだろう。ここでその詳細について述べる余裕はないが、その文化的意義とともに、『都名所図会』が与えた影響を指摘しておきたい。籬島は、名所図会という新たな出版のジャンルを確立したと評せられよう。

2. 京都見聞記の登場

京都を訪れた人々

京都名所記は、京都見物のための案内書や読み物として、刊行されたものである。これに対して京都見聞記は、実際に京都を訪れた人が実際に目にした風景や経験について、紀行文・随筆・身辺雑記・日記などとして書き留めたものの総称である。これらの大部分は、刊行を前提として書かれたものではない。よってその記述は、読者の歓心を買うことや評判を意識したものではなく、筆者の率直な興味や問題関心に沿ったものであると捉えることができる。

近世においては、さまざまな人々が、さまざまな目的で、京都を訪れている。これは時代によって大きな変化があり、時代が下るに従って、より広い社会階層の人々が、より広い地域から京都を訪れるようになる。一七世紀初頭の平和の到来、その結果としての社会の安定と経済の発展を基礎条件として、街道と宿場の整備、治安の維持といった社会基盤の確立によって、一八世紀後期以降は地方の庶民さえもが京都を訪れることができるようになるのである。こうした社会の安定と成熟が、京都見聞記の背景にあることを指摘しておきたい。

曲亭馬琴『羇旅漫録』

こうした京都見聞記は、近世の京都に関する史料であるだけでなく、近世社会の実相を示す貴重な史料でもある。そうした事例の一つとして、曲亭（滝沢）馬琴（一七六七―一八四八）の随筆『羇旅漫録』を紹介したい。馬琴は近世後期を代表する読本作者で、『椿説弓張月』『南総里見八犬伝』などの作品で知られる。馬琴は江戸の人で、享和二（一八〇二）年五月から八月にかけて京都・大坂を旅行しており、その見聞記を翌享和三（一八〇三）年に『羇旅漫録』と題して執筆している。しかし、刊行されたのは彼の死後であり、明治一八（一八八五）年に東京府の書肆・畏三堂から出版された。

次の史料は、冒頭に掲げられている「崖（概）言」すなわち本書執筆のおおよその趣旨を述べた一節である。

【史料2】

一遊歴中おのが目に珍らしとおもへるもの。悉これをしるす。古人の略伝○墓誌○珍書○風俗の異体○方言○妓院○雑劇○年中行事の異同○名所古迹○古人の墨跡等なり。序を得ず一覧せずといへども、その処を探得たる古墳等はしるせるもあり。

（中略）

一此書人に見せん為にもせず。又みづから長夜の友としもならねど。老後茶話の記憶に、しばらく駄賃帳のしりへにしるせり。机上の鶏肋か丶ること猶おほかるべし。

この史料には、馬琴の本書執筆の意図や姿勢がよく示されている。冒頭で「遊歴中おのが目に珍らしとおもへるもの。悉これをしるす」と述べ、具体的な項目が挙げられていることが注目される。本書に記載されている内容は、馬琴が旅の中で目にして興味関心を持った事項であることがわかる。また「此書人に見せん為にもせず」とあり、出版を目的として執筆したものではないことが記されている。事実、本書の出版は、馬琴の死後三七年後で明治になってからのことであった。

『羇旅漫録』は、内容が一五七ヵ条に分けられ、各条には数字と見出しが付けられている。各条はおおよそ旅程順に記されており、一条から三九条は東海道大磯から大津まで、四〇条から八七条は京都、八八条から一二五条は大坂、一二六条から一五七条は伊勢と帰路についての内容となっている。本書の巻頭には、「旅泊概略」が掲載されており、馬琴の実際の旅程が詳細に明らかとなる。馬琴は享和二年五月九日巳刻（午前一〇時頃）に江戸を出立し、八月二四日未刻（午後二時頃）に江戸の自宅に帰っている。この間、逗留したのは七五日半で、最も長いのが京都二四日、次いで名古屋一七日、大坂一〇日となっている。一方、『羇旅漫録』の項目では、京都が四〇条から八七条の四八ヵ条、大坂が八八条から一二五条の三八ヵ条であるのに対し、名古屋は二四条から三〇条までの七ヵ条に過ぎない。この事実は、馬琴の『羇旅漫録』執筆の目的が旅の全体像を記すことではなく、あくまでも京都・大坂について記すことにあったことを示していると考えられる。

馬琴が見た京都

馬琴は、七月三日から二四日までと八月六日から八日まで、京都に滞在している。『羇旅漫録』の四〇条から八七条までの四八ヵ条が京都に関する記述であり、全体の約三割を占めている。当然のことながら、馬琴はこの間に京都の名所を訪問している。次の史料は、このうち七九条の一部である。

【史料3】

〔七十九〕洛外の古迹　附近江八景

七月七日。むらさきの(紫野)、上賀茂、北野へまいれり。

（中略）

○鹿苑寺の金閣は甚だ古雅なり。義満の像生るが如く威あり。よき石あまたあり。滝はわろし。〔割注〕「金閣拝見の者、一人より十人までは銀二匁なり。これを寺僧に投ずれば、則庭の門をひらく、東山銀閣寺もまたかくのごとし。」

（中略）

○三十三間堂の観音。諺のごとく数多し。

（中略）

すべて京都の神社古迹等は古人もこれを抄出し。又近ごろ都名所図会といふものに図説くはしければこゝにしるさず。只おのれがこゝろによしとおもふことのみ。少しく書付おくのみ。（下略）

ここでは金閣寺と三十三間堂の記述を取り上げてみた。特に三十三間堂についてはあまりにも簡単なもので、風景の説明や感想などは全く記されていない。他の名所の記述もほぼ同様であり、「又近ごろ都名所図会といふものに図説くはしければこゝにしるさず」と述べていることが注目される。馬琴は名所について詳述する必要性を感じていなかったことがわかる。その一方で、金閣寺では拝観料が一人から一〇人まで銀二匁と設定されていたことが記されており、当時の名所見物の実態が示されていることは興味深い。

それでは馬琴は、京都の何に関心を持ち、『羇旅漫録』で何について記しているのだろうか。京都に関する記述は四〇条から八七条までの四八ヵ条であるが、四〇条「遊女八千代が噂」から六三条「総嫁（そうか）」までの二四条ヵ条わたって遊女や遊所に関する項目が続いており、ちょうど半分が費やされている。これに続いて六四条「四条の芝居」があり、六五条「京師（けいし）の評　附風俗の図説」から、京都の行事などの項目が出てくる。七四条「京の七夕祭」、七五条「地蔵まつり」などである。そしてようやく七九条「洛外の古迹　附近江八景」が出てくる。逆に言えば、著名な名所・旧跡については、四八ヵ条中わずか一ヵ条が充てられているに過ぎないのである。すなわち馬琴が見た名所は、実は京都に関する項目のごく一部にしか過ぎないのであり、馬琴はむしろ京都の町の賑わいや風俗に興味関心を抱いていることがわかる。また京都の風俗では、江戸や大坂との比較が多くなされていることが注目される。これは三都の比較論として知られる喜田川守貞（きたがわもりさだ）著『守貞謾稿（もりさだまんこう）』に先立つものであり、当時の知識人の問題関心を伺うことができる。

3．戯作と京都

十返舎一九『東海道中膝栗毛』

十返舎一九（一七六五―一八三一）は、近世後期に活躍した戯作者・絵師である。駿府（現・静岡市）で幕臣の子として生まれ、長じて江戸に出て旗本・小田切直年に仕え、天明三（一七八三）年に直年の大坂町奉行就任に伴って大坂に移ったが、間もなく致仕して浄瑠璃作者となった。寛政六（一七九四）年に江戸へ戻り、戯作者として活動を始める。そして享和二（一八〇二）年に刊行を開始した『東海道中膝栗毛』（別名『道中膝栗毛』）で成功を収め、以後流行作家として大活躍することになる。

『東海道中膝栗毛』は、江戸・神田八丁堀の住人である弥次郎兵衛と北八（喜多八）が東海道を京都・大坂へと旅する滑稽本として、広く知られる作品である。現代語に抄訳された児童書なども数多く出版されており、現代においても形を変えて読み継がれている作品であるといえよう。しかし、本書の原文は弥次郎兵衛と北八の江戸言葉による会話を中心に話が展開する上、狂言や浄瑠璃などの内容が多用されていることから、現代人にとっては読解が非常に難しい作品となっている。

本節ではこの『東海道中膝栗毛』を取り上げ、戯作としてではなく史料として読み解くことを試みたい。弥次郎兵衛と北八の旅はもちろん架空の物語であるが、この作品が生み出されかつ広く読者を獲得した社会状況、さらに著者自身の経歴や経験などは、検討に値すると考えられるからである。

まず最初に、『東海道中膝栗毛』とはどのような出版物なのかについて、見てみよう。表3―1は、

表３－１　『東海道中膝栗毛』の構成

冊	編	内　容	出版年		版元の所在地
1	発端		文化11	1814	江戸・大坂
2	初編	江戸から箱根	享和２	1802	江戸
3	二編上編	箱根から蒲原	享和３	1803	江戸
4	下編	蒲原から岡部			
5	三編上編	岡部から日坂	文化元	1804	江戸
6	下編	日坂から新居			
7	四編上編	新居から赤坂	文化２	1805	江戸
8	下編	赤坂から桑名			
9	五編上編	桑名から追分	文化３	1806	江戸・大坂
10	下編	追分から山田			
11	追加	伊勢			
12	六編上編	伏見から京都	文化４	1807	江戸・大坂
13	下編	京都			
14	七編上編	京都	文化５	1808	江戸・大坂
15	下編	京都			
16	八編上編	大坂	文化６	1809	江戸・大坂
17	中編	大坂			
18	下編	大坂			

全体の構成を一覧表にまとめたものである。全部で八編一八冊からなる。初編の刊行が享和二（一八〇二）年で、以後毎年一編ずつのペースで刊行が続き、七年後の文化六（一八〇九）年に第八編で完結している。さらに五年後の文化一一（一八一四）年に、「発端」が付け加えられている。なお文化七（一八一〇）年からは、『続膝栗毛』の刊行が始まっている。

版元は、初編から四編までは江戸・通油町村田屋治郎兵衛で、五編から八編はこれに江戸・本石町二丁目西村源六、通油町鶴屋喜右衛門、大坂・心斎橋唐物町河内屋太助が加わっている。さらに後年刊行の「発端」は、江戸・馬喰町二丁目角西村屋与八である。五編からは江戸で二軒、大坂で一軒が新たに版元として加わっていることが注目される。本書に多くの需要があったことを示していると考えられる。

次に内容は、初編から五編までが東海道中と伊勢、六編と七編が京都、八編が大坂となっている。弥次郎兵衛と北八は、『続膝栗毛』で讃岐国金毘羅(こんぴら)、安芸国宮島(みやじま)など各地に旅を続けるが、本書は大坂で終わっている。すなわち江戸の人である二人が、伊勢を経て、京都と大坂を訪問するという設定である。こうした設定の背景には、庶民が旅に出ることの普及が挙げられよう。

一九が描いた京都

先に述べたように、『東海道中膝栗毛』では六編と七編が京都を舞台としている。ここでは物語の内容ではなく、十返舎一九が京都をどのように描こうとしていたのかについて考えてみたい。次の史料は、六編冒頭に掲げられている「付言並凡例」、同じく七編冒頭の「述意」の一節である。

【史料4】

［六編「付言並凡例」］

○京名所ことごとくしるすに際限なければ、只祇園清水知恩院、大仏さま御らうじたかへ、金閣寺拝見あらば、よい伝があるぞへと、いつたぐらひの事をしるす。（後略）

［七編「述意」］

○洛陽の名所旧跡しるすにいとまあらず、予若年の比浪花にありし時、おりおり上京して週遊せしが、そは十とせあまり以前のことなるゆへ悉く忘失し、今比編にはやうやくその十がひとつをあらはすのみ

○嚮にいへる如く、僕浪花に七とせあまりも居住せしが、花洛へは唯雑用弁の為のみに登れば、

図３－２　『東海道中膝栗毛』と『都名所図会』

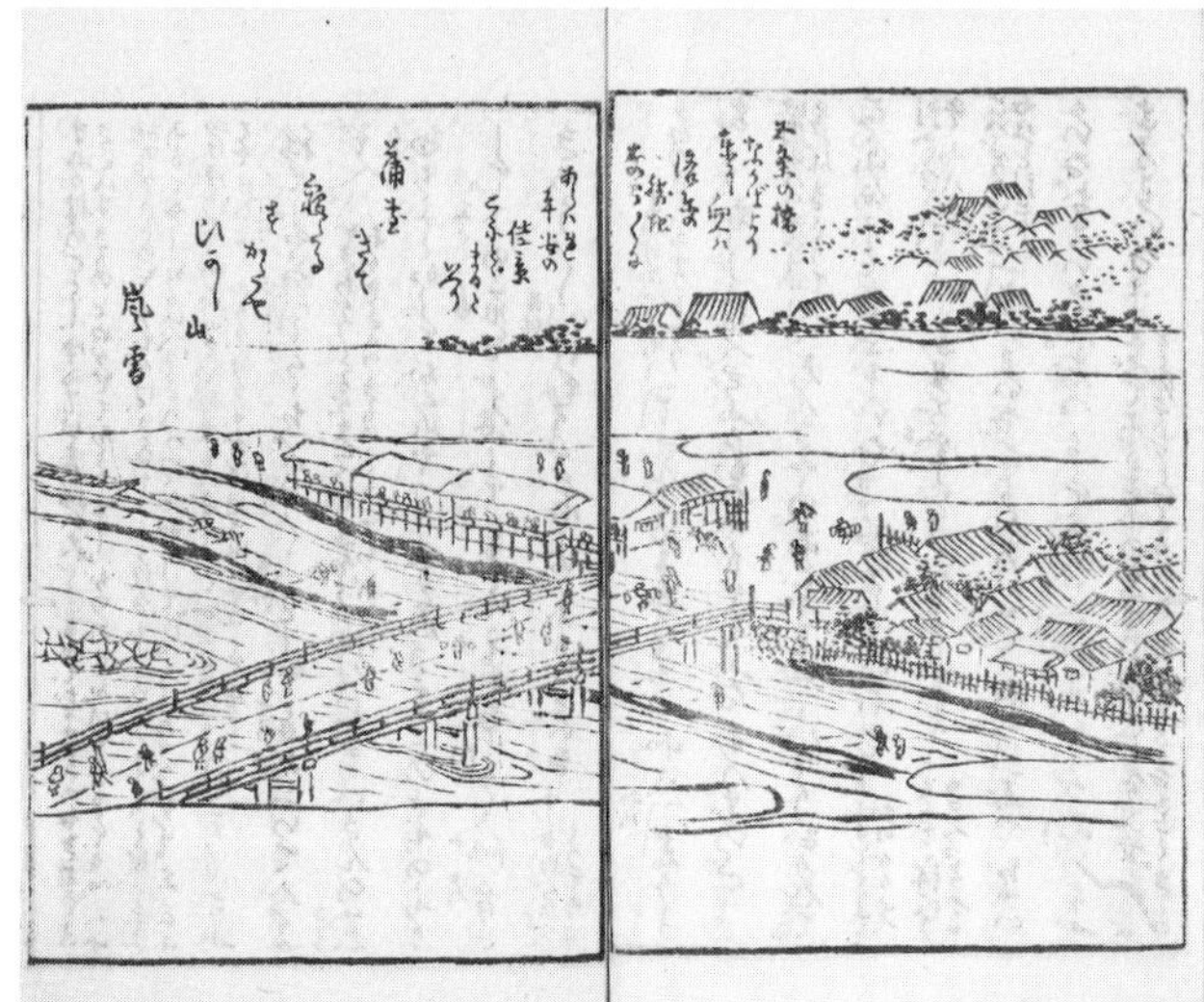

『道中膝栗毛』六編下編「五条の橋」（絵・十返舎一九）
早稲田大学図書館所蔵

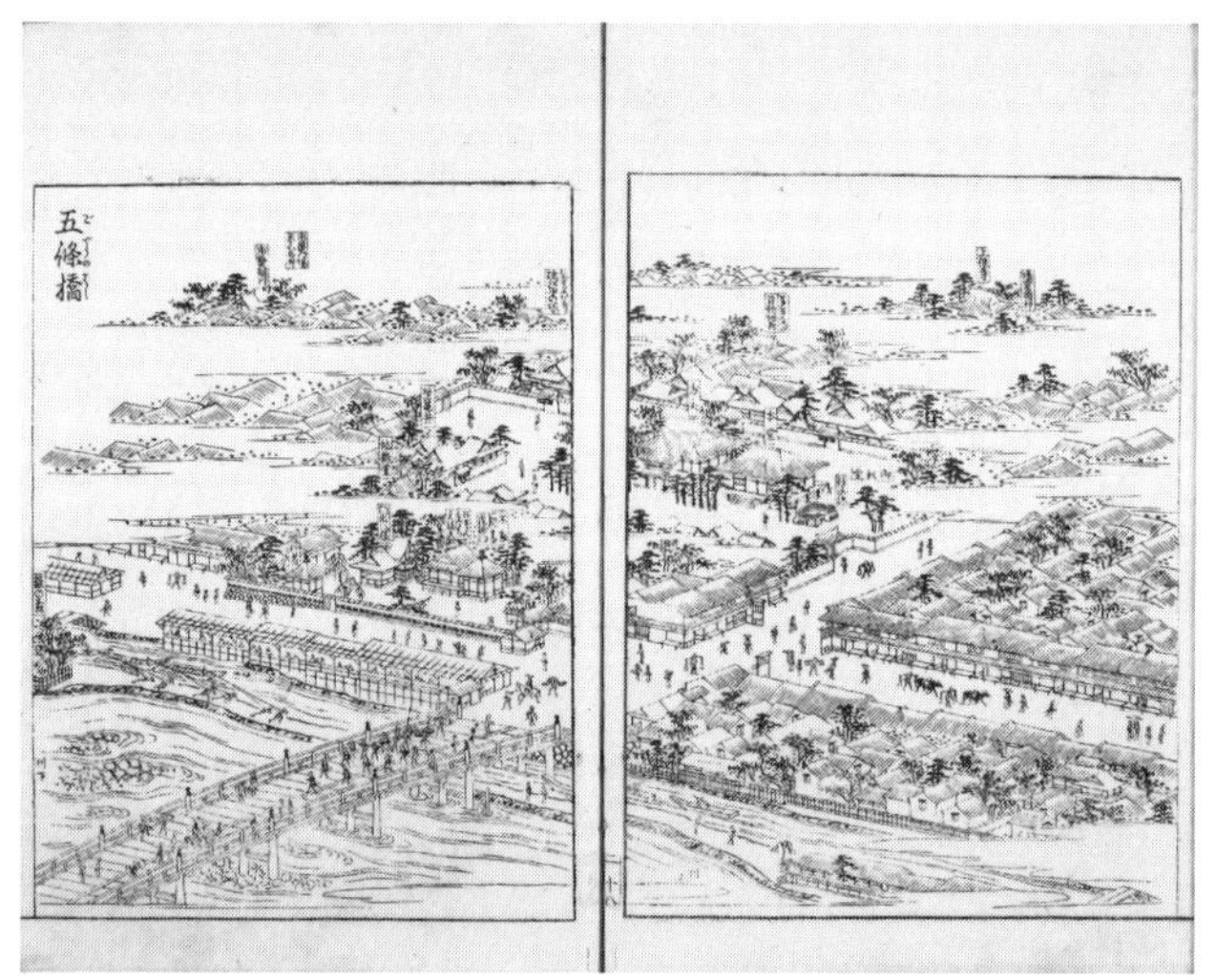

『都名所図会』巻二「五条橋」（絵・竹原信繁）
早稲田大学図書館所蔵

図3－3　『東海道中膝栗毛』と『摂津名所図会』

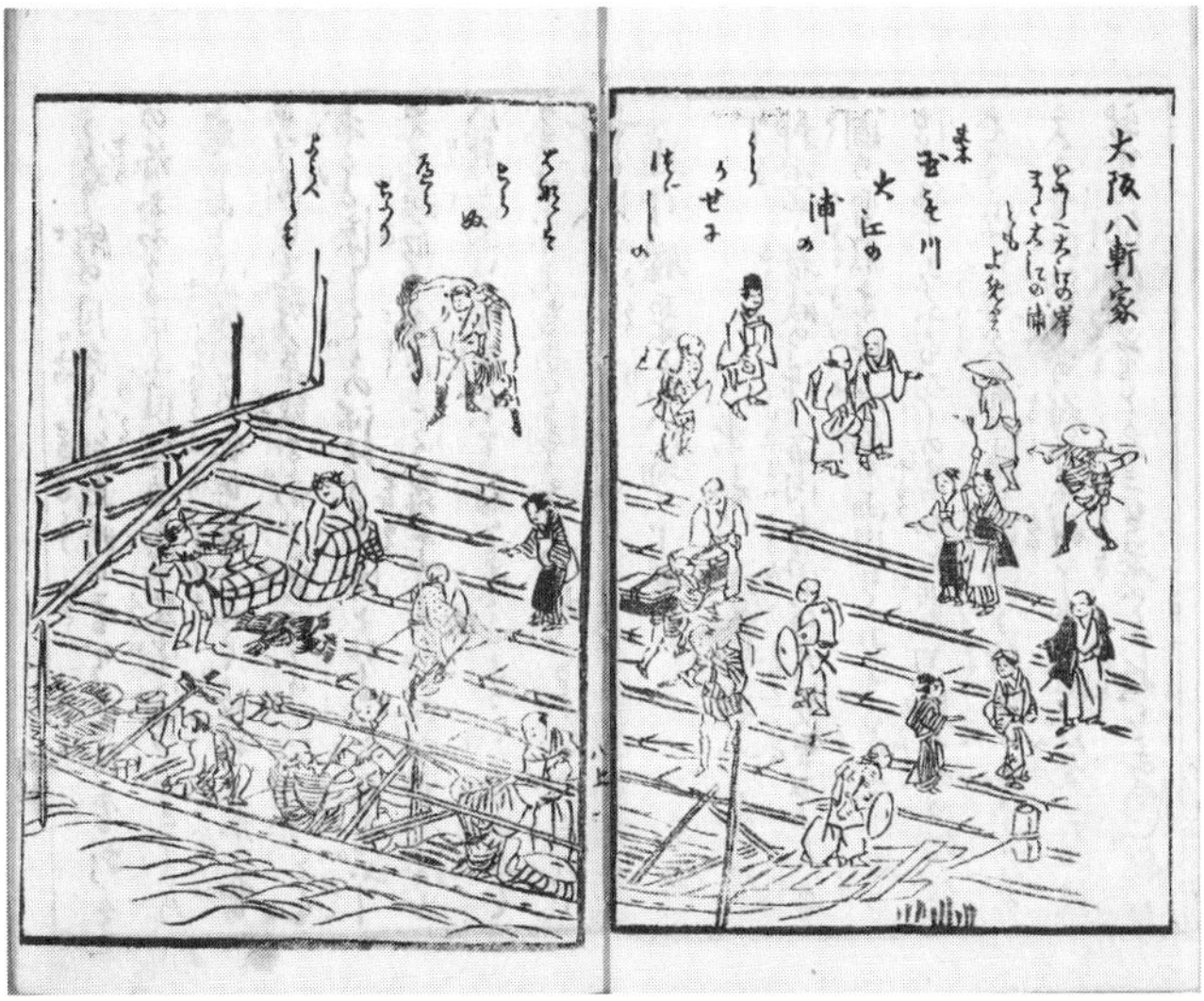

『道中膝栗毛』八編上編「大阪八軒家」（絵・十返舎一九）
早稲田大学図書館所蔵

『摂津名所図会』巻之四「八軒屋」（絵・丹羽桃渓）
早稲田大学図書館所蔵

一覧の目をよろこばせしまでにて委しからず、地理順逆もおぼつかなし、亦今の流行に照らしあはさばまはり遠く、もの、おくれたることも多かるべし

この記述から、『東海道中膝栗毛』六編と七編では、京都を舞台としつつも、弥次郎兵衛と北八が京都の名所見物をする様子や名所案内を詳細に描くことに主眼が置かれているわけではないことがわかる。さらに一九は、『東海道中膝栗毛』六編と七編を執筆するにあたり京都への取材旅行は行っておらず、大坂在住時代に京都を訪問した際の記憶を元にしていることを率直に記している。また『東海道中膝栗毛』が販売される際に入れられていた袋には、六編には「洛中見物滑稽」、七編には「洛陽遊覧滑稽」と記載されており、あくまでも滑稽を売にしていることがわかる。京都の名所案内ではなく、京都見物での滑稽が主題であることが示されているといえよう。

『東海道中膝栗毛』では、挿絵は「発端」を除いてほとんど一九が描いており、六編と七編では『都名所図会』から写していることがわかる。図3-2は、そうした事例として、『東海道中膝栗毛』六編下編の「五条の橋」と『都名所図会』巻二の「五条橋」を比較対照したものである。前者は後者を大幅に簡略化して写したものであることが明らかである。また逆に、竹原信繁が描く『都名所図会』の絵が詳細で優れていることがわかる。これは『東海道中膝栗毛』と『都名所図会』では、そもそも絵の果たす役割が異なっているからであろう。『都名所図会』は、その名のとおり図会であり、絵は主役である。その一方で、『東海道中膝栗毛』では、絵はあくまでも文に添えられた挿絵であり、掲載されている数も多くはないことが指摘できる。ただし、ここで注目すべきは、一九が『東海道中膝栗毛』六編と七編を執筆するにあたり、『都名所図会』を参照していることである。その出版が大きな影響を及ぼしていることがわかる。

これと同様に、『東海道中膝栗毛』八編は大坂を舞台としているが、挿絵に『摂津名所図会』から写していることがわかる。図3-3は、そうした事例として、『東海道中膝栗毛』八編上編「大阪八軒家」と『摂津名所図会』巻之四「八軒屋」を比較対照したものである。『摂津名所図会』九巻一二冊は、寛政八―一〇（一七九六―九八）に秋里籬島が『都名所図会』に続いて刊行した、一連の名所図会の一冊である。絵は同じく竹原信繁が多くを描いているが、「八軒屋」の図は大坂の浮世絵師・丹羽桃渓（一七六〇―一八二二）が描いたものである。一九は、『東海道中膝栗毛』八編を執筆するにあたり、『摂津名所図会』を参照していることがわかる。ただし、一九は一一年間も大坂に居住していた経験があるため、京都とは異なり、自身の経験や知識を元にかなり自由に叙述することができたものと考えられる。また一九のこのような都市間での自由な居住地の移動も、この時期の社会のあり方を示す一つの事例であるといえよう。

本章のまとめ

本章では、近世京都の名所と文化をテーマとして取り上げた。時代が近世になると、全国の幅広い社会階層の人々が、出版物を通して、あるいは実際に旅をして、京都の名所を楽しむようになることがわかる。一七世紀中期の名所記の成立、一八世紀後期の『都名所図会』に始まる名所図会の盛行、そして一九世紀初頭の『東海道中膝栗毛』の刊行開始など、京都の名所あるいは京都への旅を主題とする出版物が、時代を追って形を変えながら広く刊行されているのである。また近世中後期になると、実際に京都を見物した人々によって、見聞記が記述されるようになる。こうした京都の名所をめぐる様々な動きは、近世社会の諸相を反映したものであり、社会＝文化構造という視点からの分析が有効であると考えられるのである。

学習課題

1.『都名所図会』『羇旅漫録』『東海道中膝栗毛』の三点について、早稲田大学図書館「古典籍総合データベース」（URL http://www.wul.waseda.ac.jp/kotenseki/index.html）で検索して原本の画像を見て、どのような形態の出版物であるのかを確認しなさい。

2.『都名所図会』『羇旅漫録』『東海道中膝栗毛』の三点の原本について、それぞれ最終巻の巻末の奥付には、どのような事項が記載されているのかを調べなさい。

参考文献

宗政五十緒編『都名所図会を読む』（東京堂出版、一九九七年）
本渡章『京都名所むかし案内—絵とき「都名所図会」—』（創元社、二〇〇八年）
駒敏郎ほか編集『史料京都見聞記』全五巻（法蔵館、一九九一—九二年）
市古夏生・鈴木健一校訂『新訂　都名所図会』全五巻（ちくま学芸文庫、一九九九年）〔翻刻本〕
『羇旅漫録』（『日本随筆大成』第1期1巻、吉川弘文館、一九七五年、所収）〔翻刻本〕
『東海道中膝栗毛』（中村幸彦校注『新編日本古典文学全集81　東海道中膝栗毛』小学館、一九九五年）〔翻刻本〕

4 氾濫する江戸の名所

岩淵　令治

《目標&ポイント》 都市には、宗教施設、自然との交流を核にして、様々な娯楽を備えた名所が多数存在した。版行された江戸の名所案内でその概要をつかんだ上で、江戸勤番武士などの他国者や江戸の住人の日記から訪問のありようを追い、名所の実態をみていく。

《キーワード》 名所、名所案内書、開帳、自然

都市が巨大化し、人口が過密になると、人々は自然とのかかわりを求めるようになる。また、町(ちょう)共同体(きょうどうたい)や仲間などの同業者集団に属しつつも、貧富にかかわらず個別の経営で生計をたてる都市の人々は、さまざまな不安や欲望から現世利益を求めて神仏とのかかわりを望むようになった。こうした人々の気晴らしの場として、江戸時代の都市に名所が成立し、やがて人々の旅の機会が生まれてくると、各地で名所が増殖していった。名所とは、「景色のよいことで有名な所」、あるいは「歴史的な事件があったり、古歌などに詠まれたりして、昔から広く知られている土地」のことである（『日本国語大辞典』）。中世までは貴族や武家が歌を詠む歌枕としての「ナドコロ」であり、実際に訪れる場所というよりも、観念的世界でのいわば記号であった。江戸時代に入って、気晴らしの場として実際に訪れる「メイショ」が成立していったのである。

1．江戸における名所の誕生

江戸の成長と名所の成立

江戸は近世に入って急速に成長した新興都市であり、京都に比べ、圧倒的に文化的後進地であった。近世初頭における江戸の「ナドコロ」は、隅田川と富士山しかなかったのである。

しかし、一七世紀の江戸の名所案内書を検討した加藤貴は、一七世紀後半に刊行された『江戸名所記』（寛文二〈一六六二〉年　京都で刊行　最初の地誌）、『江戸雀』（延宝五〈一六七七〉年　江戸で最初に刊行された案内書）、『古郷帰の江戸咄』（貞享四〈一六八七〉年刊　名所にかかわる最後の仮名草子）の中で、名所が生み出されていったことを明らかにしている。それは、名所の記述が、紀行文や見聞記のような文芸性の高い「仮名草紙」から、実際に歩いて回るための実用性の高い地誌に移行していく時期とも対応する。

まず、自然とのかかわりでは、眺望に関する記事が増加し、特定の場所からの特定の景色の眺望が記されるとともに、景観の表現が具体化し、眺望する行為が気晴らしとしての意義を持つことも語られるようになる。桜の花見については、単独樹を愛で歌を詠むという上層町人以上の楽しみ方から、寛永寺を嚆矢として群樹を見て気張らしをするという庶民の楽しみ方に記述が及ぶようになった。

また、神仏とのかかわりでは、寺社の記述において、神仏の恩恵の説明から、より具体的な利益の説明が増えていく。さまざまな願いを成就させるために奉納する特定の祈願物や、寺社からのお札・縁起物による除災招福・病気の快癒の効能、神事・縁日、行事の記載があらわれてくるのである。

江戸が京都・大坂と並んで登場するようになってくるのは、版本では一七世紀末、貞享・元禄期（一六八四～一七〇四年）のことである。江戸の都市としての成長に伴い、名所が成立していったといえよう。西国三十三ヵ所巡りなどの「写し」や、六阿弥陀詣などの巡拝コースが開発された。さらに、檀家をそれほど持たない祈祷系の寺院などが趣向をこらした場合も少なくない。

名所案内書の展開

一八世紀以降になると、出版文化の発達によって、さらに多彩な名所案内書が刊行されるようになった。それまでの地域別の地誌に加え、「神社」「寺院」など項目別の構成をとった『江戸鹿子（えどかのこ）』（貞享四〈一六八七〉年刊）、『続江戸砂子（ぞくえどすなご）』（享保二〇〈一七三五〉年）が、増訂・校訂を経て何度も再版された。さらに、豊富な図で人気を博した京都の『都風俗図会（みやこふうぞくずえ）』（安永九〈一七八〇〉年刊）の影響を受け、各地について「図会」を冠した地誌が刊行されると、江戸でも『江戸名所図会（えどめいしょずえ）』が刊行された（天保五・七〈一八三四・三六〉年）。また、毎月のみどころの名所や神社仏閣の祭事を紹介した『東都歳事記（とうとさいじき）』（天保九年）のほか、中国の花暦にならって花鳥風月の名物と名所をとりあげた案内書も数多く刊行された。さらに、錦絵の展開の中で、一八世紀末ごろからは名所絵が版行され、名所がさらに視角化され、イメージが固定されていった。こうした案内記や名所絵は、実際に購入されるほか、貸本屋などによって民衆にも広まり、さらに江戸を訪れる人々の土産物ともなった。

2.「自然」の発見と神仏の創出

自然を愛でる

では、まず一九世紀の名所の例として、自然にかかわる名所を概観してみよう。『四季遊観江戸名物図絵』（天保六〈一八三五〉年序　国立歴史民俗博物館ほか所蔵）は、こうした自然にかかわる名物・名所の案内書である。名所の図は一〇ヵ所ほどしか収められていないが、掲載された名所は近郊農村の神奈川や市川（現千葉県）に至り、有名寺社にとどまらず、植木屋や個人宅などのべ一〇四五ヵ所にのぼっている。そして、名物は各月ごとに計一五〇項目もとりあげられているのである。花暦として江戸で最初に刊行されたといわれる『四時遊観録』（安永五〈一七七六〉年序）では、名物は二一項目しかあげられていない。江戸の人々は、さまざまな動植物・景勝について名所を発見していったのである。

春（旧暦の一月〜三月）の名物は四一項目、名所は四九二ヶ所と最も多い。曙（初日の出）に始まり、鶯・若菜・福寿草・子日・梅・青柳（一月）、朧月・蒲公・拘杞（桑）・大根花・彼岸桜・糸桜・桃・緋桃・土筆・単桜・八重桜・椿・雲雀・野駒（二月）、梨子花・雉子・つミくさ（摘草）・汐干・逃水・躑躅・霧島〈ツツジ〉・小蝶花（詳細不明）・帰雁・早蕨・菫草・蒲公英・蓮華草・桜草・林檎花・木蓮花・辛夷・山吹・馬酔木花・若鮎・花市（三月）がとりあげられている。春の名物の代表は、梅（九八ヵ所）と桜（一九九ヵ所）だろう。

図4−1春は、今日も桜の花見の名所として知られている上野寛永寺境内（現在、大半は上野公園）の図である。ござを敷いて宴を催す人々や、その中をぬって走り回る子供の姿がみえる。また、画面

秋　根津権現の紅葉

春　上野の花見

冬　上野不忍池の雪景

夏　お茶の水の神田川の蛍狩り

図4－1　『四季遊観江戸名物図絵』（天保6〈1835〉年序）（国立歴史民俗博物館所蔵）

の左などには、二本差しの武士が描かれている。様々な身分の者たちが入り乱れての花見であった。

夏（四月～六月）の名物は三三項目、名所は一九ヵ所である。あげられた名物は、新樹・若葉楓・藤・牡丹・芍薬・茶花（詳細不明）・杜鵑（ほととぎす）・卯花・紫燕花（かきつばた）（原文のまま）・橘・百合花・花菖蒲・瞿粟花（けし）・樗（おうち）・桐花（四月）、葵・合歓花（ねむ）・瞿麦（くばく）・せきちく（石竹）・夏菊・蓮浮葉・水葵・紫陽花（あじさい）・蛍・水鶏・納涼（五月）、蓮・射干（しゃが）・粟の穂・茗荷・枇杷・虫・六月祓（夏越（なごし）の祓い）（六月）となっている。図4-1夏は、お茶の水の神田川の蛍狩りで、画面右下に団扇で蛍を追う女性たちの姿が見える。また、奥にみえるのは、神田川を越える神田上水の懸樋（かけひ）である。

秋（七月～九月）の名物は三九項目、名所は七八ヵ所である。名物は、朝顔・葛花・木槿（むくげ）・紫苑（しおん）・梅嫌（うめもどき）・鷺草（さぎそう）・女郎花（おみなえし）・槐花（えんじゅ）・稲花・芭蕉・秋海棠（しゅうかいどう）・夕顔・昼顔・藤はかま・桔梗（七月）、萩・すすき・砧・秋草・烏頭（うず）・露草・竜胆（りんどう）・武者竜胆・苔竜胆・しんぎく・亜庭一種（まつばなでしこ）・葉鶏頭・初雁・月・鶉・鹿・木犀・茸狩・とびあゆ・葡萄（八月）、菊・夕陽・紅葉・ぬるで（白膠木）の紅葉（九月）となっている。図4-1秋は、根津権現である。

冬（一〇月～一二月）の名物は、枯野・落葉・山茶花（さざんか）（一〇月）、雪・千鳥・鶴・水鳥・鴨・柊花（ひいらぎ）・水仙花・寒菊・海苔（一二月）の一二項目、名所は五四ヵ所であった。図4-1冬は上野不忍池（しのばずのいけ）の雪景である。池の中央にみえるのは、弁天社である。池のほとりには、茶屋が軒を連ねているのがわかる。

このほか、雑の部として、万年青・松など四季を通じて楽しめるもの二四項目について、六三ヵ所の名所があげられている。

この書は折り畳んで懐に入る大きさ（折本　縦一五・八センチメートル、横七・五センチメートル）で作られている。江戸の人々は、こうした案内書を携えて、四季を通じて名所を楽しんだのだろう。それぞれの名所は、単なる自然ではなく、季節としての特徴を明示できる、いわば商品となっていることが重要になってきていたのである。

神仏を創る

こうした名所は、文人のほか、その場を糧とするさまざまな人々によって「発見」され、行楽地として演出されていった。久留里藩が江戸の上屋敷内で神仏を公開し、幕府に咎められた一件から、その様子をみていこう。

天保四（一八三三）年九月、久留里藩の江戸家老大森恵助が江戸から追放された。以下は、幕府による判決内容である（『文政雑記・天保雑記（一）』）。

【史料1】

（前略）

一　大森恵助義、主人領分上州吉沢村地内より堀出し候不動を、私名前を以って、先年御奉行所え取計方御問合申上候節、取上置、奇怪申触間敷き旨御挨拶及ばれ候義これあるを、右不動を上屋敷内え新規に勧請、他の者参詣致させ度く存、主人え申し聞け候節、入念其筋承り合い取り計らい候様沙汰これあり候はば、御奉行所御挨拶の趣等申し聞けべきは勿論ニ候所、武家屋敷内に例もこれあり候に付、苦しからざる義と一己に取り極め、不動堂建立、猥に他之もの参詣致させ、御奉行より御尋ね受け、当惑の餘り、留守居添役小嶋助右衛門より差図致し、屋敷内に有り来たりの社え不動安置候所、追々参詣人相増し候間、取計い方相伺い候心得の所御尋これあり抔と不束かの御答書差出させ、殊に医師堀川幸庵え申し談じ、不動の略縁起認めさせ候節、銅仏を金と記し、脇差を釼に候抔彼是相違の義等相認め候を如何と存じ乍ら其侭開板致し、祈願として平日罷越候浅草福井町勘四郎店當山修験円明院行知相頼み仕立て置候守札一同諸人え呉れ遣し候始末、家老職の身分別て不届きに付、軽追放仰せ付られ候（後略）

右によれば、大森の罪状とは、次のようなものだった。

文政七（一八二四）年、久留里藩の上州（現群馬県）の飛地領より不動が掘り出された。江戸家老大森は寺社奉行所に内々に処置を問い合わせた（「挨拶」）ところ、寺社奉行は、不動を地中から取り上げて保管し、「奇怪」な話を触れ回らないことを命じられた。ところが大森は、この不動を江戸の上屋敷に運んで新規に勧請し、屋敷外の人々に公開したいと考えた。そこで、藩主に相談したところ、入念に幕府の担当役所に確認するように指示があったが、他藩でも公開している例があるからと独断で無届けのまま事を運び、不動堂を建てて一般に公開してしまった。すると、このことについて寺社奉行から問い合わせを受けたため、困った大森は、「部下の小島の指示で屋敷内にもともとあった社に不動を入れたところ、だんだん参詣人が増してしまったため、対応について寺社奉行に問い合わせをするつもりだった」と回答した。こうした幕府に対する偽りの回答のほか、医師堀川幸庵へ相談して不動の略縁起を書かせた際に、銅仏を金、脇差を剣（釼）となっていたものをそのまま印刷したこと、また日々来ていた浅草福井町の店借の山伏円明院に守札を作らせて広く配った、という行為が家老という地位にありながら不謹慎であるとのことで、軽追放を命じられたのである。

この一件から、以下の三点に注目したい。

第一に、こうした神仏が掘り出された場合には、幕府は「新規之神事」と「奇怪異説等申触」を禁じていた。新しい宗教や怪しい言説の禁止という、いわば宗教・思想・言論統制である。寛保元（一七四一）年の規定では、出家・社人で罪の重い者は所払、軽い者は逼塞、俗人ならば過料で、「奇怪異説申触し、人集致」者のうち、人集めをした宿と発起人の頭取は江戸払、申触れを手伝った者は所払となった（『御触書寛保集成』一一七四（二））。久留里藩の場合、幕府に公開の許可を求めなかったこと、略縁起の誤記、守札の配布がこの法令に抵触したと判断されたのである。さらにこの一件から六年後の天保一〇（一八三九）年には、江戸屋敷での公開について、今後の新規公開と中絶していた神仏の再興を禁止するとともに、従来から公開していたものについても縁日の際の屋敷外の立商人（露店商など）を禁じた。つまり、藩邸内に外部の人間を入れる行為は、藩の自由だったのであり、結局、邸内社の公開は、この点に抵触しない限り、幕府から禁止されなかったのである。

第二に、第一の点とかかわるが、大森が公開の判断の根拠とした、江戸における大名屋敷内の神仏の公開が一般化していたという現象である。天保一〇年の法令も、こうした状況に対応するためであった。一九世紀段階で公開が確認できる邸内社は、大名でのべ五三ヵ所、旗本で一五ヵ所にのぼる。現存する丸亀藩上屋敷の金毘羅社・久留米藩下屋敷の水天宮（場所は移転）・西大平藩の豊川稲荷のほか、福岡藩中屋敷の太宰府天満宮、川越藩上屋敷の箭弓稲荷など国元の著名な神仏を勧請したものが多い。その一方で、藩主家として信仰する神仏は公開されていない。たとえば、久留里藩の場合、大森が邸内に従来からあった神仏としているのは先祖丹治氏祖神と丹生高野明神の社であるが、これらは公開されていないのである。それは、神仏公開の最大の目的が、藩側としては藩財政の悪化を補填するための賽銭収入にあったからであろう。平戸（ひらど）藩主を隠居した松浦静山（まつらせいざん）が記した随筆「甲子夜話（かっしやわ）」によれば、久留里藩の不動も天保四年五月より毎月二八日に公開したところ、「大に当たりて、諸人御成小路（おなりこうじ）の邸に群参、或は立願（りつがん）」となったのである。

第三に、神仏公開の宣伝の方法が垣間見える。大森は出入りの山伏に札を作らせ、さらに藩と関係のあった医師に命じて略縁起を作らせた。「甲子夜話」によれば、この略縁起は、「執事」という不特定の作者名で、「世の惹札（ひきふだ）の如く賦（くば）り」「人に内々言い含めて」大々的に宣伝を展開したのである。この縁起の誤記は、おそらく意図的なもので、いわば誇大宣伝であろう。日を限った公開や、宣伝、授け物の作成は、寺社による開帳の方法に学んだと考えられる。そして、これを実現するためには、文人（ぶんじん）や宗教者の力が不可欠であった。こうしたいわば名所を演出する手法は、神仏にかかわる名所に普遍的なものであった。

公開はすべて大森の独断によるものとして決着したが、裁許を行った寺社奉行脇坂は「物も知らぬ申し分なり。狭き邸内のことにて、且大勢の人群参するを、主人全く存ぜぬと申すことは、何か言わけ迚（とて）も阿房らしきこと也」と述べている。脇坂が予想したように、この公開は藩の方針で行われた可能性が高い。大森は一人ですべての責を負って、国元へ帰ったのである。

3．名所めぐりの実情

庄内藩士の江戸滞在日記

では、実際にこうした名所をどのように人々は訪れていたのであろうか。江戸における日常の行動を知ることができる者は、史料を遺している上層町人か武士に限られる。さらに、日常の行動が記録されることも決して多くはない。ここでは、参勤交代で江戸に滞在した、いわば長期滞在者である勤番武士として、庄内藩（一四万石）の神田橋上屋敷（現千代田区）に居住した金井国之助の日記（「日記」鶴岡市立図書館所蔵）をとりあげたい。

金井の基本となる石高は一〇〇石で、庄内藩士の武士身分のうち下から三分の一ほどにあたることから、中級藩士ととらえられる。日記は、天保一四（一八四三）年六月六日の江戸到着より慶応二（一八六六）年八月まで計七冊の写本が現存し、このうち江戸に滞在した期間は、嘉永七（一八五四）年閏七月二三日までに計四回一八七九日で、滞在中の記載があるのは一五三六日分である。

訪問先

さて、金井の外出の記載があるのは計二八〇日のみである。これは、滞在日数の一五％、記載がある日のうちの一八％にあたることから、外出の記事はおおよそ七日に一回程度となる。場所に着目して、同じ日の外出であっても場所・目的ごとに回数を数えると、のべ五四二回となる。ただし、短時間の外出「銭湯出」については記載がほとんどないことから、屋敷近辺の外出はかなり省略されていると思われる。それでも、屋敷から二―四キロメートルが一一六回（二一％）、四キロメートル以上が九九回（一八％）であり、勤番武士が外出制限と勤務による拘束によって、それほど遠出ができていないことがうかがえる。訪問場所は、同じ庄内藩の他の江戸屋敷を除くと一一九ヵ所であった。

図4－2は、著者が便宜的に設定した目的ごとに訪問を整理したものである。最多は、目的を持

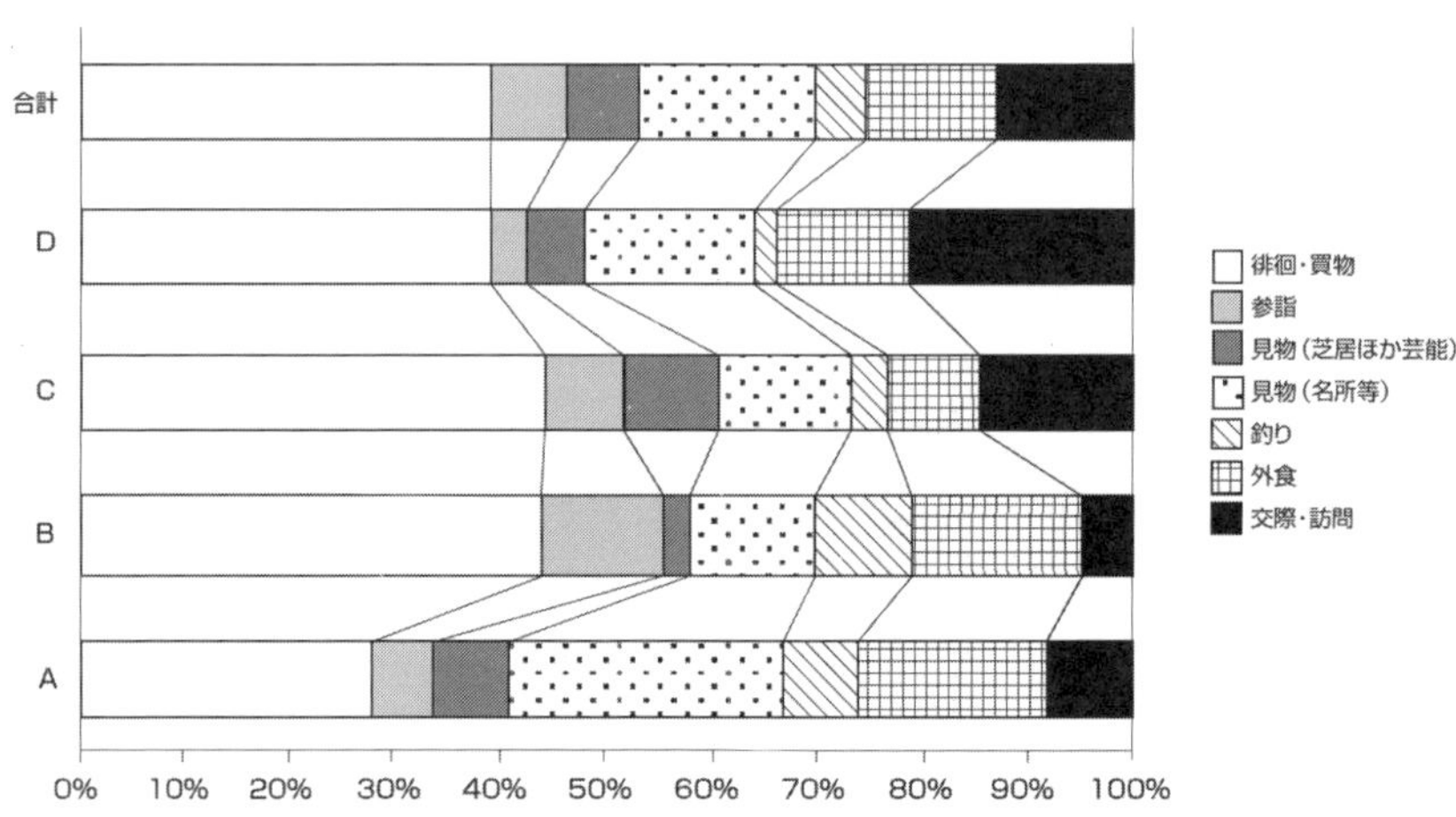

図4－2　目的別にみた庄内藩士金井国之助の外出（岩淵令治「庄内藩江戸勤番武士の行動と表象」『国立歴史民俗博物館研究報告』第155集、2010年より転載）

たずに歩く（「徘徊」）もしくは訪問先への経由地、および買物である。徘徊が買物に転じることが想定され、また通過の際にその地を意識していることに鑑み、すべて同じ区分とした。次いで多いのが名所等の見物、外食、芝居など芸能の見物、参詣、他屋敷への訪問、庄内藩士の間で好まれた釣りとなっている。

地域別にみると（図4－3）、最多は藩邸に近いⅡ日本橋・京橋・内神田地域（四四%）で、これに次いでⅢ北郊とⅠ西郊・南郊がほぼ同数で、Ⅳ東郊が最も少ない。Ⅳ東郊は徘徊・買物は少なく、いわば名所見物と釣りの場（96本所竪川）であった。一方、他地域は徘徊・買物を中心とし、これに特定の場を中心とした訪問が加わる。

まず、藩邸に近いⅡ日本橋・京橋・内神田はとくに徘徊・買物の比重が高く、これに盛り場であった57四日市・27両国の芸能鑑賞、名所として38江戸城での登城する大名行列の見物（下馬見物）、52うなぎ屋（両替町大和田）・51料理茶屋（常磐屋）での外食という構成になっている（以下、囲み番号はすべて図4-3と対応する）。

Ⅰ西郊・南郊地域では、徘徊・買物の場は⑪日陰丁・神明前で、これと連動した⑩愛宕社への参詣、そして⑰泉岳寺や紅葉の名所㉒海晏寺など若干の名所めぐりとなる。

Ⅲ北郊は、徘徊・買物は⑯浅草・⑳上野山下となるが、実際の購入は少ない。これに、浅草の⑮子育地蔵の参詣、⑲湯島天神の花角力や⑰猿若町の芝居といった芸能の見物が数回、そして北郊の名所めぐりとなっている。

名所めぐり

訪問先のうち、当時の名所案内書の集大成である『江戸名所図会』に掲載されている場所は、七六ヵ所であった。このうち、「参詣」として恒常的に訪れている場は、⑩愛宕社と浅草の⑮子育地蔵のみである。

⑩愛宕社は、江戸市中でもっとも標高が高く、他に類をみない眺望で人気を博した。神社の縁辺部には眺望を楽しむ茶屋が軒を連ねた。その眺望の一部は、今日でも幕末のパノラマ写真で実感することができる（図4-4）。金井の訪問は計一六回で、平均で三ヵ月に約一回は訪れたことになる。うち一二回が二四日、ほか四回もその前後の日であった。二四日は地蔵・愛宕の縁日であり、『江戸名所図会』が江戸で「尤も壮観なり」とする「植木の市」が愛宕社の麓で開かれた。とくに六月二四日は、参詣すれば一〇〇〇日分になるという「千日参」（四万六千日の縁日）の日であり、金井は滞在中の四回ともすべて訪問している。この日は、「朝から夕迄、貴賤群衆して稲麻（とうま）の如し」（『東都歳事記』）と愛宕社が最も賑わう日であった。

図4－3a　庄内藩士金井国之助の訪問先（岩淵令治「庄内藩江戸勤番武士の行動と表象」『国立歴史民俗博物館研究報告』第155集、2010年より転載）

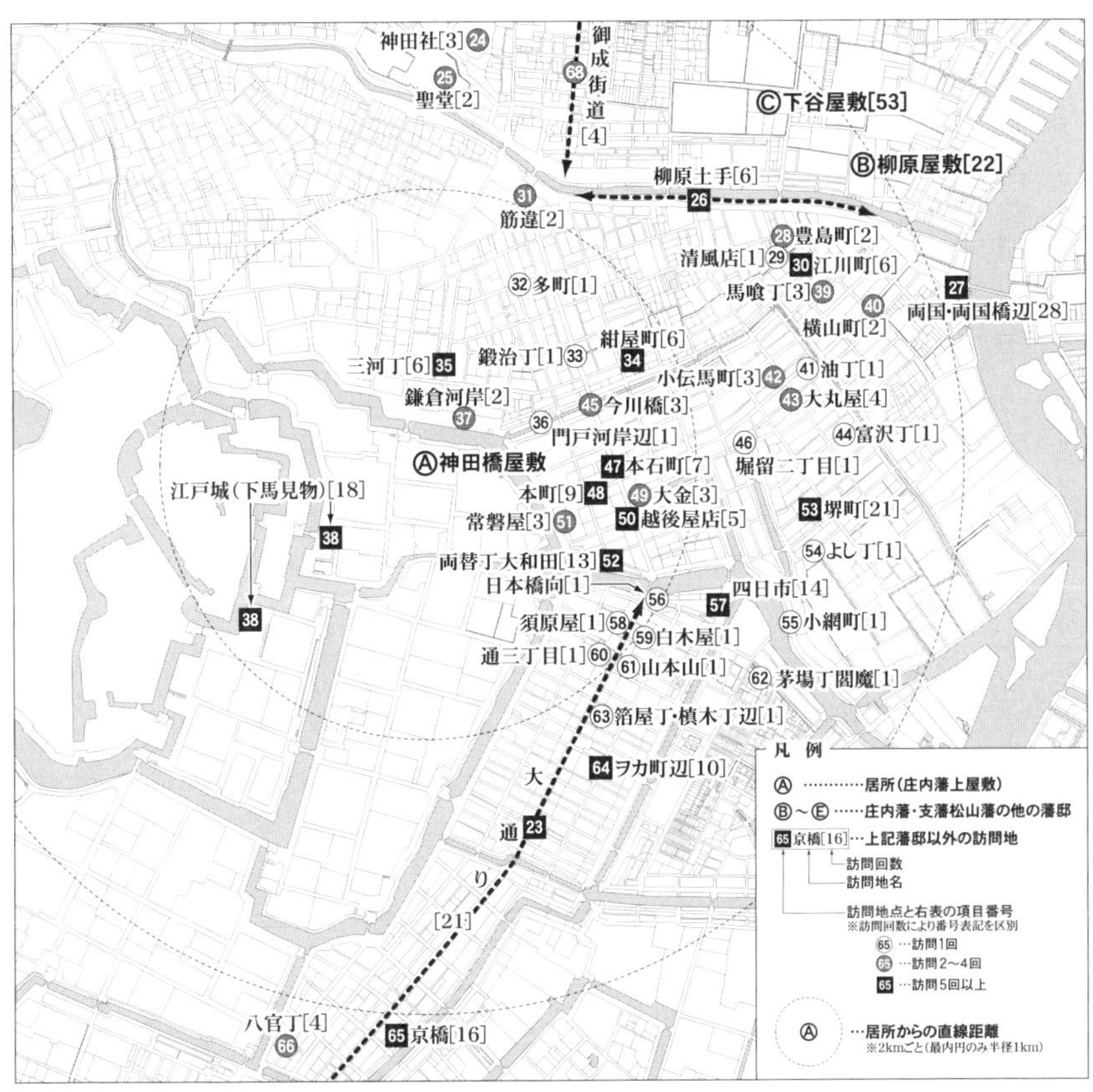

図4-3b 右ページ図中心部アミ部分の拡大図

75子育地蔵は浄土宗寿松院（じゅしょういん）にあり、「江戸東方四十八所地蔵尊参」の三七番であった。塩を供えて拝願するので「塩地蔵」とも呼ばれた。訪問回数は計五回で、訪問日は不定期であるが、とくに当時の流行神というわけでもないことから、金井自身の信仰の対象となっていた可能性があろう。

　このほか、四回以上、すなわち一回の滞在で平均一回以上は訪れている名所としては、27両国橋周辺二八回、11日陰丁・神明前二四回（12神明前の本屋岡田屋五回を含む）、76浅草二一回、38江戸城一七回、上野一六回（70上野・山下八回、74上野寛永寺八回）、日本橋と江戸橋の間の広小路である57四日市一三回、買物で訪れた65京橋一四回、『江戸名所図会』で総門がとりあげられている72広徳寺前八回、稽古の為と称して寺社境内で臨時に興行される「花角力」の見物もした69湯島天神および湯島七回、雛市の見物や買物で訪れた47本石町七回、26柳原土手六回、寄席を訪れた34紺屋町六回、7麹町五回、50越後屋店（三井）、100新梅屋敷・古梅屋敷五回、紅葉の名所22海晏寺四回、歌舞伎見物で訪れた77猿若町四回、千本通し矢を行って本数を競う競技「大矢数」の見物で訪れた93深川三十三間堂四回、99亀戸天神および亀戸四回があった。

一回のみの訪問先

　一方、一回のみの訪問先が約四〇％の三一ヵ所、二回までで約五五％の

五二ヵ所であった。つまり、一度訪れた所に再び訪れることは多くなかったといえる。77猿若町で初めて観た歌舞伎は、三大仇討の一つとして有名な〝伊賀越物〟であったが、「団十郎未だ年も藝も若し、廿一歳とかの由」と述べている（天保一四〈一八四三〉年九月二二日）。金井の感想が的を射たものかはわからないが、ちょうど先代の人気役者だった七代目団十郎が天保改革で江戸から追放された時期であった。また、27両国橋西広小路で当時人気だった竹沢藤治の駒廻しをみた金井は、その藝に「誠に名人、芸頗る奇妙に至り候者と感服す」と感嘆しつつも、そのときの趣向であったからくり人形との組み合わせを「竹田からくりの仕掛にて不思議の妙、曲も致し候へどもこまの曲には却て劣り候様也」と評している。こうした芸能の評価からみて、名所の側から見れば、さまざまな趣向をこらしても、固定客を獲得することは困難だったことがうかがえよう。

本章のまとめ

先に見た公開された大名屋敷の神仏であるが、実は公開は短期で終わるものが多かった。「邸祠一覧」（万延元〈一八六〇〉年）には、『東都歳事記』（天保九〈一八三八〉年刊）記載の二五ヵ所のうち八ヵ所の記載がない。また、『邸祠一覧』に新規で登場するものが一一ヵ所確認できる。

宮田登は、村落に比べ、都市生活においては神仏への願望が個人祈願に

図4－4　愛宕山から見た江戸のパノラマ（東京都写真美術館所蔵）

なるため、神仏の霊験は即物的であり、また短期間の流行で終わるものが多かったことを指摘している。こうした需要者の心理を論証することは難しいが、それは江戸において、さまざまな利益を掲げた神仏が乱立していることも大きな要因ではなかろうか。加えて、全国の有名寺社が江戸で出開帳（でがいちょう）を行った。名所として存立し続けることはたやすくはなかったと思われる。

また、自然を楽しむ名所も、一定の満足度が得られれば、その眺望に極端な差はないと思われる。個別に差異化をはかるためには、季節の植物を強調し、名物、行事や娯楽を作っていくしかないだろう。

江戸では都市化の進展によって名所が創出されたが、名所案内書は名所の宣伝、また他国の人々へのお国自慢という要素があり、留意が必要である。実際には、一九世紀には名所間で差異化を図るため、さまざまな娯楽を準備し、自然・歴史・利益などさまざまな物語を創ることが必要となっていった。それは、同じ要素を持った名所、言い換えれば場所性を喪失した名所が乱立していたことのあらわれといえるだろう。

学習課題

1. 都市とその周辺に名所が生まれていった要因を考えてみよう。
2. 各藩が江戸屋敷の神仏をどのようにして公開していったのかを考えてみよう。

参考文献

岩淵令治「武家屋敷の神仏公開と都市社会」（『国立歴史民俗博物館研究報告』一〇三集、二〇〇三年）
岩淵令治「庄内藩江戸勤番武士の行動と表象」（『国立歴史民俗博物館研究報告』一五五集、二〇一〇年）
岩淵令治「江戸の大発展が「三都」を生んだ！」（『週刊朝日百科　週刊新発見！日本の歴史30　江戸・大坂・京の三都物語』朝日新聞出版、二〇一四年）
加藤貴「江戸名所案内の成立」（瀧澤武雄編『中近世の史料と方法』東京堂出版、一九九一年）
鈴木章生『江戸の名所と都市文化』（吉川弘文館、二〇〇一年）
水江漣子『江戸市中形成史の研究』（弘文堂、一九七七年）
宮田登『江戸のはやり神』（筑摩書房、一九九三年）

5 江戸の園芸文化

岩淵　令治

《目標&ポイント》 都市の文化の代表として、自然との関係が希薄になったことから大きく展開した園芸文化を紹介する。朝顔を事例に、地植えから鉢植えによる庶民への普及、および富裕層における奇品（突然変異）ブームを素材に取り上げ、江戸における園芸文化の実態を理解する。

《キーワード》 鉢植えの展開、植木屋、奇品

今日、日本の盆栽や、日本庭園は世界各地で人気を博している。これらは、自然から切り離された都市において、人工的に作られた「自然」である。こうした園芸文化が、日本で大きく発展したのは、江戸時代、とくに一八世紀半ば以降の都市であった。人口が過密な巨大都市で、身近に楽しめる「自然」が作り出されたのである。では、当時世界最大級の人口を誇った巨大都市江戸の園芸文化の概要をみた上で、現在でも夏の花として楽しまれている朝顔をとりあげ、その文化を紹介していきたい。

図5－1　江戸城の「御花畠」（「江戸図屏風」国立歴史民俗博物館所蔵）

図5－2　植木屋の鉢植え（「武江染井翻紅軒霧島之図」豊島区郷土資料館所蔵）

1．江戸の園芸文化

庶民の園芸

江戸の園芸文化は、二つの大きな特徴を持つ。第一は、普通の人々も園芸を楽しんだこと、第二は、一部の富裕層が他人が持っていない変わったもの（奇品）の作出・収集に没頭したことである。

まず庶民の園芸をみていきたい。元来園芸植物は、庭園に植えられていた。たとえば、三代将軍家光を称えるために寛永年間（一六二四～四五年）の江戸とその周辺を描いたと考えられる「江戸図屏風」では、江戸城内の将軍の「御花畠」に、家光が好んだツバキが植えられている様子がうかがえる（図5－1）。

こうした園芸文化の普及に大きな役割を果たしたのが、植木屋の商業活動と植木鉢の出現であった。参勤交代制の確立によって、各大名は江戸に屋敷を構え、とくに別荘の要素の強い郊外の下屋敷に広大な庭園を設けた。その多くは、池を中心に据え、その周囲に各地の景勝や詩文の場面などを配し、池を一周して楽しむという、池泉式回遊庭園という形式であった。こうした庭園の維持にあたる植木屋が、駒込・染井や四谷など江戸の場末に展開したのである。

やがて、植木屋たちは武家の庭園を維持する〝庭師〟から、一八世紀前半になると、多種多様な鉢植えを揃えた〝花屋〟という性格も持つようになっていった。図5-2は一七三七～四二年制作とされる、染井（現東京都豊島区）の植木屋伊藤伊兵衛の園内を描いたものである。伊藤は染井の有力な植木屋であり、一七世紀末より『地錦抄』を冠した園芸植物の育成の手引き書（園芸書）のシリーズを刊行したことで知られている。この図も宣伝用に摺られたものであろう。苑内には、さまざまなつつじが植木鉢に植えられていることがうかがえる。植木鉢は、『草木奇品家雅見』（文政一〇〈一八二七〉年刊）によれば、享保年間以降に普及したとされる。また、遅くとも一七五〇年代には陶器の半胴甕に孔を空けたものがあらわれ、やがて一七七〇年代には最初から孔を開けて焼かれたつば付の専用の陶器の植木鉢が出現することが、江戸遺跡の発掘調査で明らかになっている。

図5-3　草花植木づくし（安政5（1858）年、千葉県立中央博物館所蔵）

一八世紀に入ると江戸の人口が増大するが、大名庭園は一般に開かれた公園ではないから立ち入れず、かといって庭を持てないという庶民が「自然」が求めるようになったと推測される。その需要を満たしたのが、さまざまな園芸植物を供給する植木屋と、場所をとらずに植物が楽しめる植木鉢だったのである。子供の

図5-4　植木市(『江戸名所図会』国立歴史民俗博物館所蔵)

教育用とされる一九世紀のおもちゃ絵には、九〇種類もの鉢植えの植物が描かれている(図5-3)。人々は、植木市(図5-4)や、路上の植木売(図5-5)から、こうした植物を買い、楽しんだのである。

奇品好み

次に、富裕な人々の楽しみ方をみてみたい。大きな寺院の僧侶や、武士、富裕な商人の中には、庭園を楽しむだけでなく、他人が持っていない変わったものを集め、鉢植えで育てることに没頭する者があらわれた。こうした変わったものは突然変異で生まれたもので、「奇品」と呼ばれた。「奇品」の始まりは、享保末年から元文の頃(一七三〇年頃~四一年)とされている(『草木錦葉集』文政一二〈一八二九〉年刊)。盆栽も、こうした「奇品」ブームの流れの中にあると考えられる。たとえば、図5-6で描かれた植物は、葉の色が一部白

図５－５　植木売（「植木売り寺しまの松　尾上松助、猿廻し三谷の三作　尾上多見蔵、玉屋新兵衛、尾上菊五郎」国立歴史民俗博物館所蔵）

く抜けている。こうした斑入りの観葉植物は、一九世紀なかばには、ヨーロッパで人気が出たようで、幕末には商人が日本で買い付けて、本国に送っている。次にあげたのは、幕末に日本を訪れた稀少植物の収集・販売を行う商人（プラント・ハンター）が染井を訪れた時の記述である。

図５－６　奇品（『草木錦葉集』国立国会図書館デジタルコレクション）

【史料１】

染井や団子坂の苗樹園のいちじるしい特色は、多彩な葉をもつ観葉植物が豊富にあることだ。ヨーロッパ人の趣味が、変わり色の観葉植物と呼ばれる、自然の珍しい斑入りの葉をもつ植物を賞讃し、興味を持つようになったのは、つい数年来のことである。これに反して、私の知る限りでは、日本は千年も前から、この趣味を育てて来たということだ。その結果、日本の観葉植物は、大抵変わった形態にして栽培するので、その多くは非常にみごとである。（中略）私は容易に、新しい観賞用の樹木や灌木類を、大量に選び出すことができたので、他日、英国の公園や遊園地に植えて、目を楽しませる上品な概観を作りたいと考えた。（下略）（ロバート・フォーチュン『江戸と北京』）

こうした奇品の中には、「金成樹」（きんせいじゅ　かねのなるき＝お金を生み出す木）と呼ばれ、一七世紀にオランダでチューリップが投機の対象になったように、高額で取り引きされる場合があった。次に示したのは、天保二（一八三一）年成立の見聞集である「宝暦現来集（ほうれきげんらいしゅう）」に載せられた、文政七（一八二四）年八月から一二月まで石菖が流行した際の回顧談である。

【史料2】

（前略）予、根津藪下植木や勇蔵方にて、流行始めに正宗と云片身替りの石菖（せきしょう）七鉢にて、金一両一分に買、両三日過染井花や茂右衛門来りて、金四両二分に買度（かいたき）よし申故、金五両に売遣ける。直さま翌日彼（かの）茂右衛門、四ッ谷木戸相馬何某方石菖会へ持参し、金七両に売ける（後略）

筆者が正宗という葉の半分が白くなっている石菖を根津で金一両一分で購入したところ、二・三日後に染井の植木屋にせがまれて五両で売り、さらにその植木屋が四谷の武士に七両で転売したというのである。

このように、江戸の園芸は、広く庶民に楽しまれたこと、そして裕福な人々の間で突然変異の「奇品」が次々と発見され、楽しまれたことに特徴があった。そして、とくに後者は、地方にも波及したのである（4．変化朝顔の展開参照）。

図５－７　朝顔の原種
国立歴史民俗博物館提供

図５－８　朝顔売（「三代目坂東三津五郎の朝顔うり花かつみの三五郎」たばこと塩の博物館所蔵）

2. 日本における朝顔

薬から園芸植物へ

では、朝顔を例に、こうした江戸の園芸の二つの特徴をみていこう。

朝顔は、九世紀ごろに中国から下剤として日本に入ってきた。もともとは、花を楽しむものではなく、種を薬として使うものだったのである。図5-7は、遺伝学の研究で原種に近いとされているもので、花の色は青であった。最初に朝顔が描かれたのは、平氏が厳島（いつくしま）神社に納めた「平家納経（へいけのうきょう）」第一三巻（一一六四年）の本紙の裏であったが、朝顔が和歌や絵画にとくに愛でる花として登場することは少なかった。

朝顔が、花を楽しむ園芸植物となったのは、江戸時代のことである。

図5－9　朝顔を持ち帰る女性（「江都勝景　虎ノ門外之図」国立歴史民俗博物館所蔵）

先の図5－3にも朝顔が描かれており、草・木に分けて園芸植物を並べた番付にも、「草の方」の二段目で「蕣の花」が七月の花として記載されている（「草木花角力」一九世紀刊行か）。季節には朝顔専門の棒手振もあらわれたようで、歌舞伎役者の錦絵（図5－8）では、朝顔をかついで路上を売り歩く、「朝顔売」の姿が描かれている。庶民は、こうした商人から朝顔を買った。図5－9は大名屋敷を主題とした揃物の一枚で、金魚売の横を通る二人連れの女性は、朝顔を持っている。さきほどの「朝顔売」や、植木市で購入したものを、家に持って帰るところなのであろう。俳諧の季語では秋の花であるが、夏の風物詩となっていたことがうかがわれる。

庶民の朝顔

図5－10は、歌舞伎の「助六」に出てく

図５-10「朝かほせん平　坂東三津右衛門」（歌川国貞　早稲田大学演劇博物館所蔵）

る脇役「朝顔仙平（あさがおせんべい）」で、服の柄から髪型まですべて朝顔となっている。朝顔は朝は多くの花を咲かせるが、時間がたつと勢いがなくなる。「仙平」も喧嘩の最初は威勢がいいがすぐに負けてしまう、という設定になっている。また「仙平」の名前にかこつけて、朝顔の形をした「煎餅」も販売された。芝居でも喧嘩の前に煎餅の宣伝をしている。朝顔が庶民に親しまれた花であったことがうかがえる。

また、朝顔が工芸品の意匠として定着するのも江戸時代のことであった。

薬として日本に入った朝顔は、江戸時代には庶民が夏（季語では秋）に楽しむ身近な園芸植物となった。彼らが楽しんだ朝顔は、現代の私たちが見なれた朝顔と同じ形であった。

3．変化朝顔の世界

正木

一方、江戸時代には、違う形の朝顔も富裕な人々の間で楽しまれるようになった。突然変異で葉や花が変化した「奇品」であり、今日ではとくに朝顔の奇品を「変化朝顔」と呼んでいる。まず、実際の花を見ていこう。

図５-11　石畳咲
国立歴史民俗博物館提供

図５-12　石化（帯化）
国立歴史民俗博物館提供

変化朝顔は二つに大別される。一つは、「正木（まさき）」と呼んでいるもので、普通に種が採れ、播けば同じ花が咲くものである。変化はそれほど激しくはない。たとえば、朝顔の花は五枚の花びらがつながった筒状の形をしているが、花びらが一枚増えて、大きく咲く「大輪」が楽しまれた。図5–11は、花が開いた後、時間が経つにつれて花びらが折りたたまれていく石畳咲（いしだたみざき）である。また図5–12は、茎がくっついて太いリボンのようになるもので、石化（せっか）（帯化（おびか））と呼ばれる。このほか、当時の人々は、こうした茶色い色など、今から見ると地味な色も好んだ。

出物

もう一つの変化朝顔は、「出物（でもの）」である。突然変異によって、葉が変化し、さらにおしべやめしべが花びらになり、花びらの数が増えるなど激しい変化をみせるものである。図5–13はさまざまな花の形と葉の形の一覧である。たとえば、図5–14は牡丹のように見えるので、「牡丹咲」と呼ばれた。図5–15

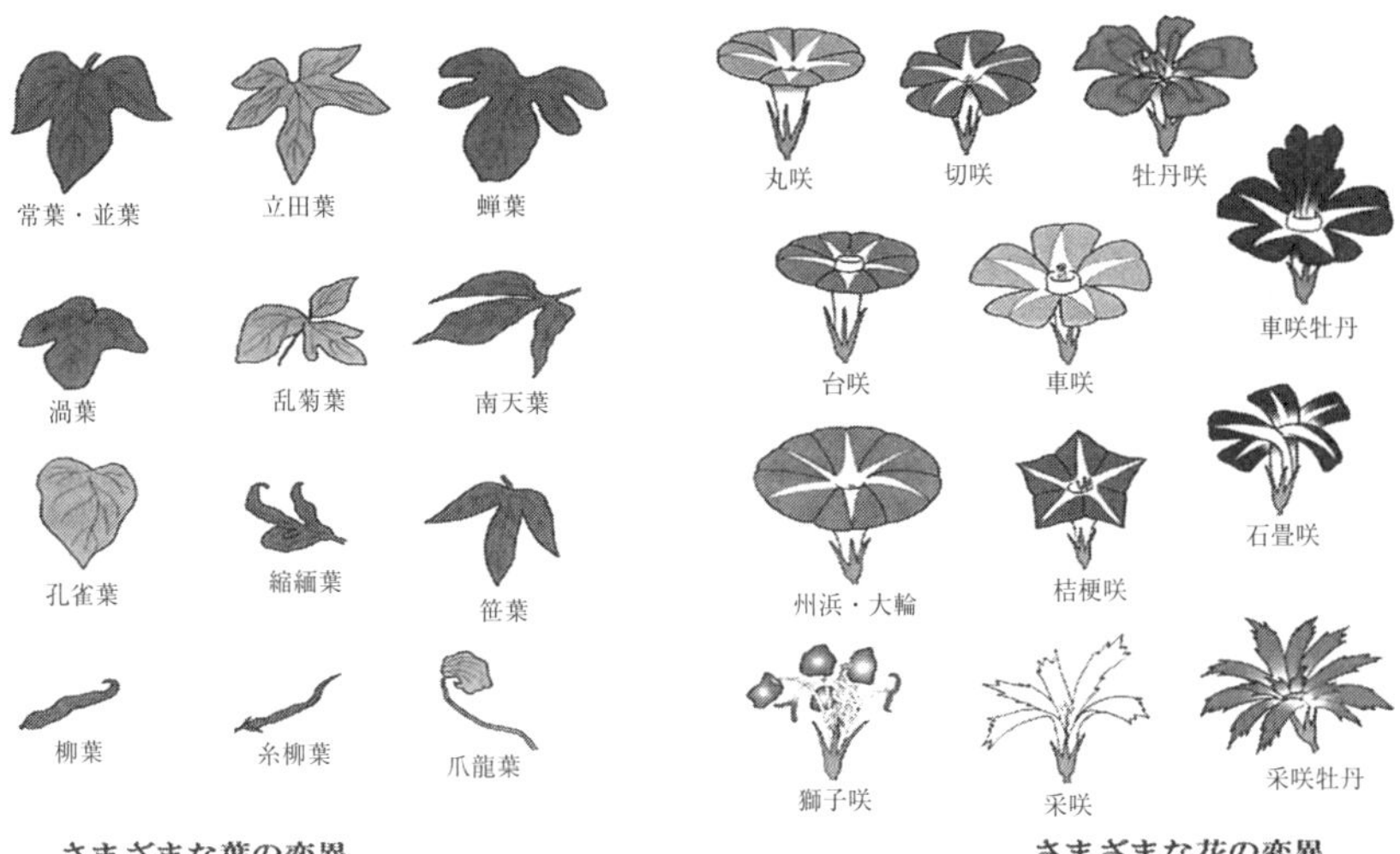

図5-13　花・葉のバリエーション
国立歴史民俗博物館提供

図5-15　黄縮緬立田葉鳩羽色総鳥甲噴上車咲牡丹
国立歴史民俗博物館提供

図5-14　牡丹咲
国立歴史民俗博物館提供

図5–16　采咲（青打込堺渦柳葉青采咲牡丹）
国立歴史民俗博物館提供

図5–17　青握爪竜葉瑠璃色風鈴獅子咲牡丹
国立歴史民俗博物館提供

も牡丹咲であるが、めしべも花びらになって、真ん中から鳥のとさかのように花びらが吹き出ている。図5–16は、花びらが細く切れる「采咲」である。図5–17は、花びらが風鈴のように見えるので「風鈴咲」、葉は龍の爪のように見えることから、「握爪竜葉」と呼ばれた。さらに、いわば究極の変化朝顔があった。これはめしべもおしべもすべて顎に変化してしまったため、花びらがない、もはや「花」とは言えない花である。

　こうした出物は、突然変異によって一定の確率で出てくるものである。ここでは牡丹の出物（図5–15）を例に、そのしくみをメンデルの法則によってみてみよう（図5–18）。たとえば、優性遺伝子と劣性遺伝子の両者を持った花が交配すると、四種類の花が咲くことになる。図5–19が目指す「出物」で、すべて劣性遺伝子が発現したものである。このほかの花は、優性遺伝子が発現している。しかし、すべて劣性遺伝子

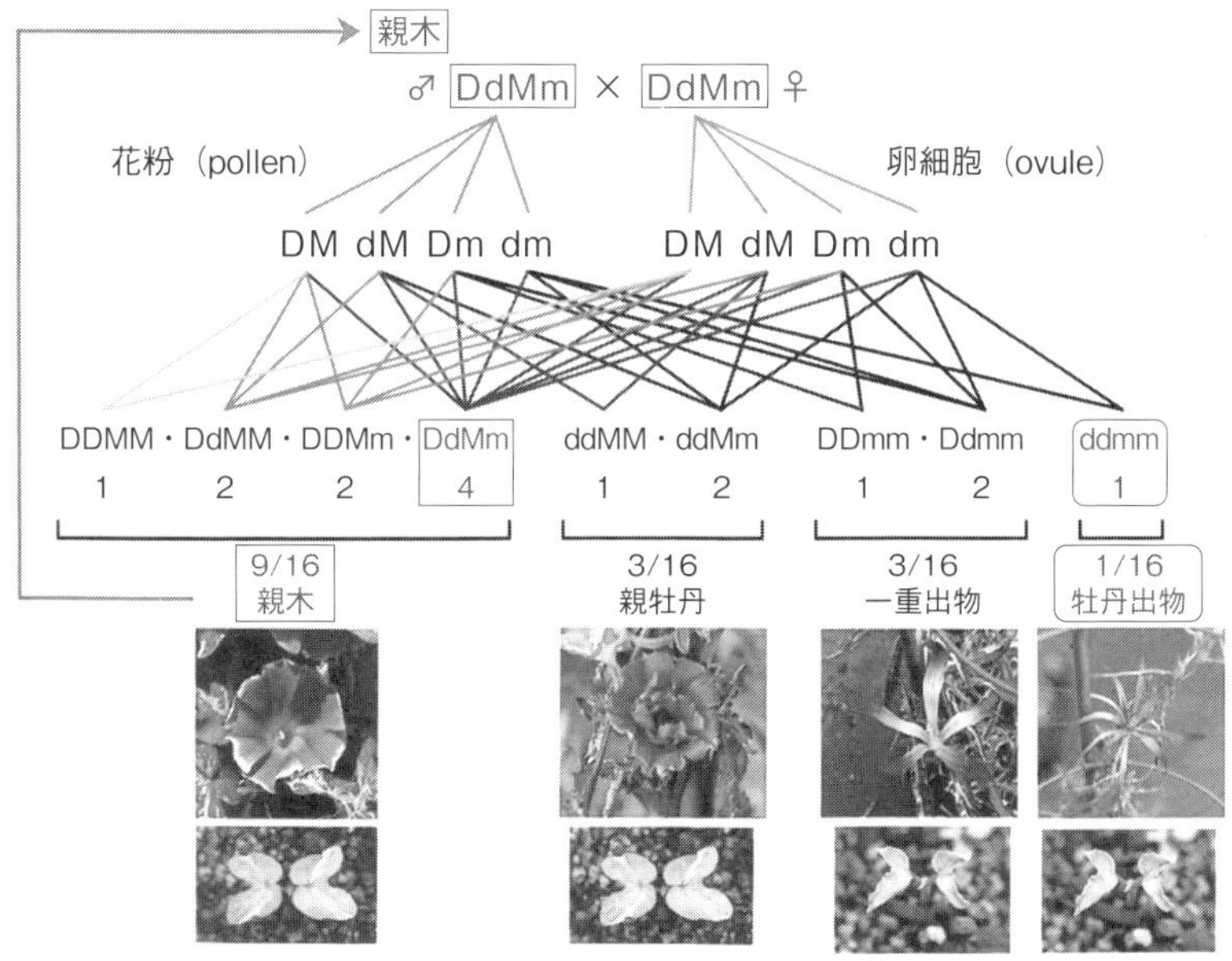

図5-18　出物のしくみ
『伝統の朝顔』Ⅱ（国立歴史民俗博物館、2000年）掲載図を一部改変して転載

図5-20　種取用の花（親木）
国立歴史民俗博物館提供

図5-19　変化した花
国立歴史民俗博物館提供

となった花は、おしべやめしべが無くなってしまうので、生殖機能がなく、種がとれない。同じ花を咲かせるためには、優性遺伝子と劣性遺伝子の両方を持った花（図5–20）から採った種を翌年播き、ということを続けていかなければならない。こうした花は「親木（おやぎ）」と呼ばれるが、見た目ではどれが変化朝顔の親木になるかはわからない。変化朝顔の系統の維持はとても難しいものであった。しかも、江戸時代の人々は、メンデルの法則ではなく、経験によって系統維持を行っていたのである。メンデルがこの法則を報告するのは一八六五年のことであるが、江戸時代の出物のブームはそれ以前に始まっていた。江戸時代の一部の人々は、経験知によって難易度の高い変化朝顔の育成を行っていたのである。

4．変化朝顔の展開

ブーム前夜

図5–21　最初に描かれた変化朝顔（「向日葵雄鶏図」宮内庁三の丸尚蔵館所蔵）

では、こうした変化朝顔の展開をみていこう。最初に変化朝顔が確認できるのは、一八世紀後半の京都の画家伊藤若冲（いとうじゃくちゅう）の「向日葵雄鶏図（ひまわりゆうけいず）」（宝暦九〈一七五九〉年　宮内庁三の丸尚蔵館所蔵）である。鶏と向日葵の背景に、図5–21のような朝顔が描かれている。先に述べたように朝顔の色はもともと青であったが、突然変異の影響で、青が一部でなくなっており、正木の変化朝顔であることがわかる。最初の変化朝顔は、このように派手なものではなかったと思われる。

第一次ブーム

変化朝顔が最初にブームになるのは、一九世紀初頭であり、これを第一次ブームと呼んでいる。このころの状況を伝えてくれるのが「朝顔図譜（あさがおずふ）」である。最初の出版は大坂で、一八一五年のことであった。その後、大坂・江戸で数種類の図譜が刊行された。図5−22は、江戸で最初に刊行された『あさがほ叢（そう）』と対応する現在の花である。花の絵が中央に描かれ、その横に花の名前、色のバリエーション、特徴が記されている。花の名前は、「野守ノ鏡（のもりのかがみ）」など文学作品から採ったようなものが中心である（図5−23）。こうした図から、第一次ブームで楽しまれていた花をうかがうことができる。このころの花は、変化朝顔の中でも正木、つまり種を蒔いたら同じ花が咲き、また種が採れるものが中心であった。また、本の終わりには、土の作り方、肥料のやり方、変化しているかどうか見極める方法など、育てる方法が書かれている。

このように、第一次ブームの「朝顔図譜」は、初心者を対象としたいわば図鑑・入門書で、作者は作家や学者たちであった。『あさがほ叢』の場合、作者は医者、序文を書いたのは著名な文人大田南畝（おおたなんぽ）である。このころは、変化朝顔を楽しむ人々は非常に限られた人々であった。「朝顔図譜」はこうした変化朝顔を広めるために作られたと考えられる。彼らは、寺社の境内を借りて、自慢の花の出来具合を競い合った（品評会）。その結果を記したのが、「朝顔番付」である（図5−23）。右上

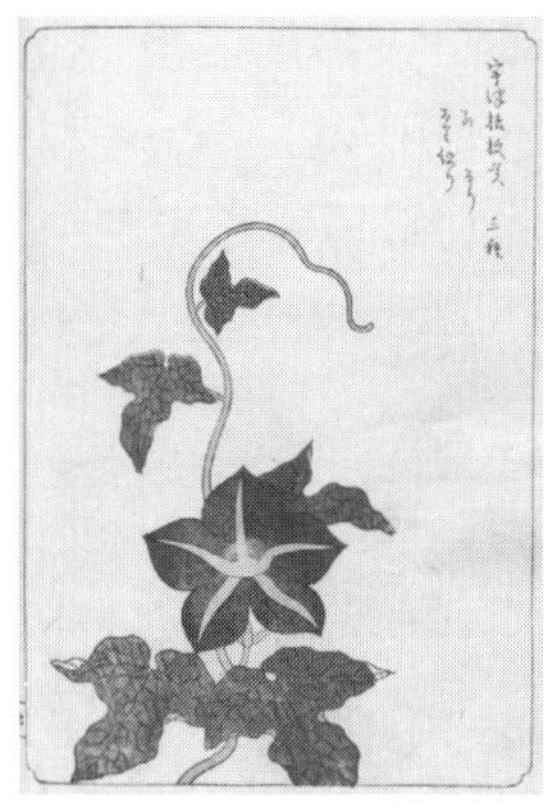

図 5 -22　第一次ブームの朝顔図譜『あさがお叢』（国立歴史民俗博物館所蔵）と現代の花

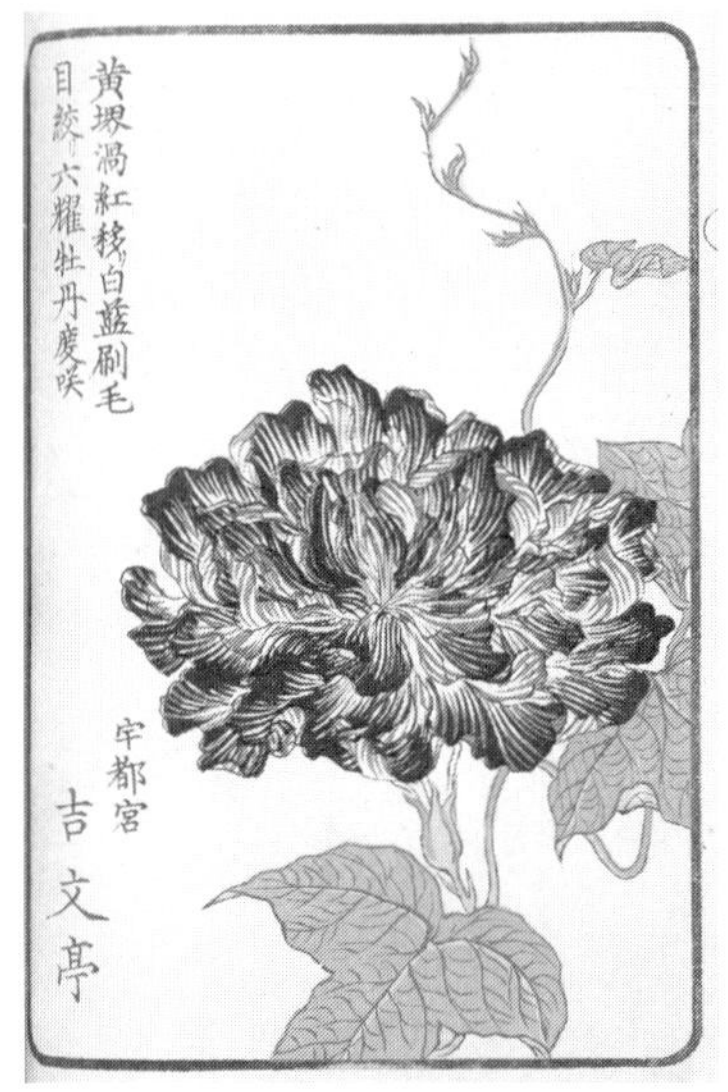

図 5 -24　第二次ブームの朝顔図譜『都鄙秋興』（国立歴史民俗博物館所蔵）

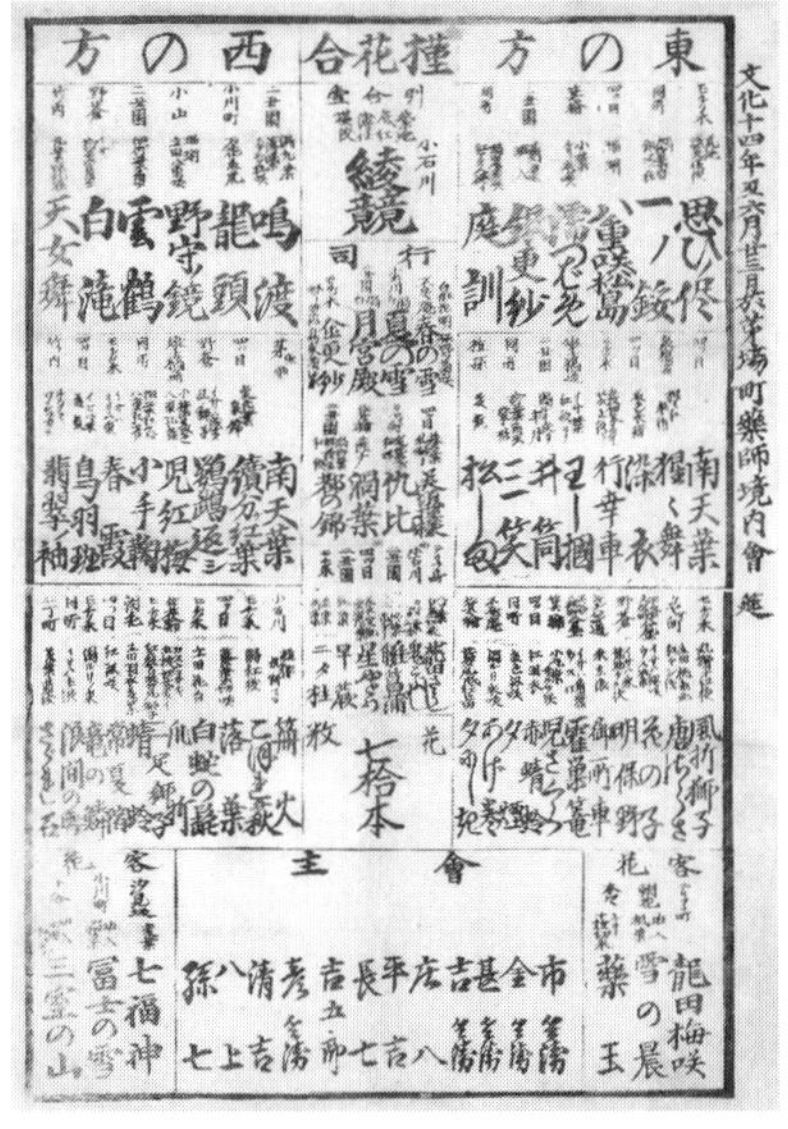

図 5 -23　朝顔番付（「槿花合」国立歴史民俗博物館所蔵）

に開催日時と場所があり、花の名前・作者の名前が評価の高かった順に並べられている。

第二次ブーム

第一次ブームは一五年ほどで終わり、万年青（おもと）やシダなどに関心が移った。そして、嘉永・安政期ごろ（一八五〇年代）に第二次ブームが訪れた。図5–24は、この時の都市江戸の「朝顔図譜」である。第一次ブームの頃とは違い、花が派手な出物となっている。このように、第二次ブームでは出物が人気となり、さまざまな花が発見されていった。

さらに、名前の付け方に法則性ができる。先に見たように、第一次ブームの際は、花の名前は文学的であった。しかし、第二次ブームでは、葉の色・葉の形・花の色・花の形という順番で記されるようになった。また、「朝顔図譜」の性格も大きく変わった。第一次ブームの「朝顔図譜」は、図鑑、そして初心者向けの入門書であった。しかし、第二次ブームの「朝顔図譜」には、解説や育成の方法がまったく記されていない。注目したいのは、すべての花に作者の名前が記されていることである（図5–24）。第二次ブームの「朝顔図譜」は、おそらく品評会などで評価された、いわば優秀作品集なのである。さらに重要なのは、作者の住所が江戸だけではなく、江戸周辺の城下町（宇都宮〈現栃木県　図5–24〉・川越〈現埼玉県〉）や河岸・湊（行徳〈現千葉県〉など）となっている点である。ちなみに朝顔に力を入れていた入谷の植木屋成田屋留五郎が編集した「朝顔図譜」のシリーズでは、最初のものは江戸・大坂・京都、二冊目は大坂と江戸、三冊目は江戸とその周辺の作者を集めている。花の作り手が江戸近郊に広まり、より多くの裕福な人々が楽しむようになったことがうかがえる。

このように、「朝顔図譜」をみていくと、第二次ブームで技術が進んで出物が楽しまれるようになったこと、花の作り手が大都市の周辺に広まって多くの裕福な人々が楽しむようになったことがうかがえる。

第三次ブーム

江戸時代が終わり、明治時代になると、第二次ブームも終息する。次の第三次ブームの到来は、明治二〇—三〇年代であった。それは、西洋のシステムや文化の導入への反発や、日清戦争・日露戦争の結果も背景にナショナリズムが起こり、江戸時代の文化が「伝統」として再発見されるようになったころであった。このころには、東京をはじめ、各地で朝顔の愛好会が設立されている。しかし、第三次ブームは、第二次世界大戦の開始とともに終束していった。

現在では、東京などの愛好会が品評会・展示会を行うほか、千葉県佐倉市にある国立歴史民俗博物館のくらしの植物苑などで、変化朝顔の展示をみることができる。

本章のまとめ

江戸時代の園芸の特徴は、第一に庶民も園芸を楽しんだこと、第二は富裕な人々の一部が突然変異の「奇品」を作り、また集めることに没頭したことである。江戸のすべての人が奇品を楽しんでいたかのように過大評価する論者もいるが、この二つの面こそが、江戸時代の園芸文化の達成だったと考えるべきであろう。

朝顔の場合、人々がひろく花を愛でるようになったのが江戸時代のことであった。そして、突然変異の変化朝顔が「奇品」に相当する。とくに朝顔は一年で枯れてしまう植物であるから、突然変異のもの、とくに出物を毎年咲かせることはたいへん難しかったと思われる。こうした点では、変化朝顔を高度な園芸植物の代表格とみてよいだろう。

学習課題

1. 植木鉢の出現がどのような意味を持ったのか考えてみよう。
2. 「奇品」がどのように、創出・維持されたのかを考えてみよう。

参考文献

辻誠一郎・仁田坂英二・平野恵・岩淵令治ほか『伝統の朝顔』Ⅰ―Ⅲ、国立歴史民俗博物館、一九九九―二〇〇〇年
岩淵令治「八戸藩江戸勤番武士の日常生活と行動」（『国立歴史民俗博物館研究報告』一三八集、二〇〇七年）
平野恵『十九世紀日本の園芸文化――江戸と東京、植木屋の周辺』（思文閣出版、二〇〇六年）
平野恵ほか『花開く江戸の園芸』（東京都江戸東京博物館、二〇一三年）
平野恵『江戸の園芸熱』（たばこと塩の博物館、二〇一九年）

6 庶民信仰と社会・文化

海原　亮

《目標&ポイント》 近世都市では、諸国寺社による開帳が頻繁にとりおこなわれた。それは人びとの信仰を集めると同時に、遊興・娯楽として重要な位置を占めた。開帳は、講中と呼ばれる信徒の集団や、それを経済的に支える商人の活躍に支えられて実現した。都市における文化事象を歴史学の立場から解釈するさい、その前提となった社会のありようにも留意すべきである。社会＝文化構造論の分析視角をふまえ、開帳の様相をとらえてみよう。

《キーワード》 遊興・娯楽、開帳、両国回向院、無縁の講中、社会＝文化構造

1．都市社会の遊興・娯楽

信仰と遊興・娯楽

第四章で学んだように、近世の寺社は、主に信仰を目的とした施設であると同時に、人びとの遊興・娯楽の場としても重要な役割を担っていた。

信仰を名目とした旅も、さかんにおこなわれた。お伊勢参り・大山詣で（大山阿夫利神社）・四国八十八ヵ所巡礼などは、その代表例といえよう。これら巡礼の旅もまた、遊興・娯楽の色合いが

強かったことは、たとえば当時の旅行記とか、文学作品などからも十分にうかがえることだ。

当時、信仰と遊興・娯楽の要素が近接して立ち現れたのは、寺社の経営上の事情に拠るところが大きい。少しでも多くの人を集めるため、創意工夫が必要とされたからである。それは、信仰の「商品化」ともいえる現象だった。

京都の富籤興行

史料1は、一八世紀前半の京都に出された町触である（□は虫損部分）。

【史料1】

口触

すべて富の儀は寺社・町方ともに停止候、しかしながら前々□其所の供物・守等ばかり差し出し候富に差し免じ置き候ところもこれあり候、然るところ近きころ寺社方にて軽き福引いたし来り候由申すにつき差し免じ候ところ、博奕富同前の仕形にあい聞え候間、急度あい咎むべく候ところ、此度は用捨せしめ候、これにより富は勿論、たとへ致し来り候福引ともに向後一切停止せしめ候、若し違背の筋これありそうらはば、其咎おも（重）かるべく候

右の通り洛中・洛外へ触れ知らすべきものなり

（享保十四年）酉三月八日

富籤（とみくじ）は、近世の寺社が普請などの資金を集めるために、公儀の許可を得ておこなわれた賭博である。一八世紀の法令には、その禁令がしばしばみられる。寛政改革で富籤興行を三都に限定した時期もあるが、一九世紀前半には各地で盛んに開催された。

京都でも、富籤の禁令は繰り返し出された。だが、なかなか徹底されなかったようだ。宝永四（一七〇七）年七月触によると「商売にことよせ、所々にて富（を）あい催」すばかりか、「富の肝煎・徘徊し候者」が多数いる、と現状を述べている。

享保期になっても、その情況は変わらない。史料1によると、富籤は原則、禁止となっていたが、「其所の供物・守等ばかり差し出し候富」に限り許されていた。近年になって、寺社で「軽き福引」を許可したものの、これは「博奕富」と同じようなものゆえ、今後は富籤を一切禁止する、という。とはいえ、実際には、その後も寺社で富興行は繰り返された。たとえば、本島知辰（もとじまちしん）『月堂見聞集（げつどうけんもんしゅう）』によると、享保一六（一七三一）年正月二三日、京都清水寺の経堂で（大和）興福寺の富興行が開かれ、「十一日より廿二日迄、寄せ札凡そ三万千枚、当日寄せ札凡六万枚、合せて九万千枚」と大きな売り上げがあった。

また「此度の富は、御公儀より警固大ぜい遣され候故、物静かに御座候由、越中守殿も観音寺迄御越し、富はじまり候後、御帰り成され候」とも述べている。札を開くさい、混乱を避ける工夫が為されるなど、人びとの熱狂ぶりがうかがえよう。

富籤の興行は、大きな配当を夢見る都市の人びとにとって現世利益的な意味合いをもつものだった。寺社の活動でありながらも、遊興・娯楽の側面がたいへん強い。一方、寺社にとっては、集客の根拠となり、祈祷料の徴収に加えた収入を期待できる。

一八世紀半ばごろの町触をみると、三都を中心に、寺社の勧化（かんげ）（寄付を求める行為）が頻発したので、富籤の経済的効果は薄れていた。収入の確保、経営を健全化するために、寺社は遊興・娯楽の要素が強いイベントを自ら開催し、信仰の対象であり続ける必要があった。

盛んにおこなわれた開帳

有名寺社がこぞって開催した開帳もまた、寺社の経営を維持するための、最良の手段だった。開帳とは、秘仏としてふだん参拝を許さない仏像を一定の期間だけ公開し、拝観の機会を与える宗教行為である。一八世紀初めごろ、開帳は出願制となり、催行の間隔も決められるが、このルールはやがて形骸化した。

開帳は、どのような雰囲気だったか。史料2は、一八世紀の京都で活躍した暦算家西村遠里（にしむらとおさと）による随筆「閑窓筆記（かんそうひっき）」の一節である（安永八〈一七七九〉年）。

【史料2】

○開帳参　此秋（このあき）は嵯峨の釈尊千本通一条の辺にて御開帳、貴賤群集はいふもおろか、爺婆男女の日参おびただしく、其辺は仕出しの粟餅や、目川菜飯の出みせ、かるわざ見せもの取廻（とりまは）し、誠や三国伝来、赤栴檀（しゃくせんだん）の尊像ほどありて、毎日百貫におよぶ賽物（さいもつ）なりとて、町々の評判やかまし、人の耳にききおよぶ天台・真言・禅・浄土・一向・日蓮等はもとより、一切の宗旨（しうし）たるものは、皆此釈迦の説出（ときだ）されし経々より出たる事なれば、何宗は参（まゐる）まじといふ事のならぬ本尊故、げにもつともなる事なり（以下略）

京都嵯峨清凉寺（せいりょうじ）の釈迦如来像（国宝）は、三国（天竺（てんじく）・唐（から）・日本）伝来の由緒を誇る秘仏として、古くから洛中（らくちゅう）に著名な存在だった。これが京都市中（千本通一条）で公開され、大ぜいが集まった。飲食の屋台や見世物なども出て、賑やかな様子がうかがえる。

この記事には、続きがある。同寺では毎年三月一九日に「御身拭式（おみぬぐいしき）」がおこなわれる。本尊を拭い清めた晒（さらし）＝白布を身につけると罪業が滅し、極楽浄土へ行けるとの言い伝えが有名で、多くの人びとが集まった。なお、現在もこの行事は続けられている。

この開帳の期間中、御身拭の関連グッズが売りだされたようで、「御身ぬぐひの麻布ひとりして出し、壱人前にぬぐふてもらへば、其冥加金（そのめうがきん）が金壱両弐歩、あの方の御仕込のきれにては、何寸四方が鳥目何ほど、御身ぬぐひの香水が鳥目何銭など」と述べられている。

このように商品化の著しい開帳の現況について遠里は「此ごろ御開帳のあいだは人に酔て別に毎日御汗でもなさるるか、または群集の埃をのごふ（拭）か、釈迦も御身雪（おみのごひ）があまりせわしく御こまり成さるべき事か、結構な釈尊も銭金（ぜにかね）次第」などと、厳しく批判した。

いまひとつ、京都の町触をみてみよう。史料3は、寛政一〇（一七九八）年三月に触れ流されたもので、同四年の法令の内容をまとめた部分である。

【史料3】

近来、諸寺社開帳拝を為す等の節、霊宝場にて切手・札体の品、料物これを取り、あい渡し候類もこれあり趣あい聞え、如何敷き事ニ候、畢竟、其れ寺社修復等助力のため拝を為し候儀ニ候えば、信仰の輩、賽銭あるいは内陣へ通り度き参詣人、心持次第にて寄附物いたし候を請け候儀は格別、切手ケ間敷き品あい渡し、若し右品持ち申さず候もの霊宝場へ通すまじきとの義はこれあるまじき事ニ候間、以来右躰の儀これなき様あい心得え申すべく候

このような触が出されたにもかかわらず、その主旨は守られず、開帳の場所で「切手」「札」のような品物の代金と申し立て、金銭を求める行為が止まなかったという。あくまでも信仰を本義とするはずの開帳だが、この時期のそれは、寺社にとって収入の手段だから、むしろ商品化が際立ち、遊興・娯楽の要素も強まったのである。

2．京都嵯峨清凉寺の江戸出開帳

出開帳の場所

一七世紀後半以降、清凉寺では、三都をはじめとする都市へ出張し、釈尊の「出開帳」を積極的におこなった（表6−1）。江戸で開かれた計一〇回は、初回を例外（護国寺）として、すべて両国の回向院（浄土宗）を場所としている（図6−1）。回向院は、檀家を持たない無縁寺で、境内を無地代で提供したことから、全国の寺社による出開帳が頻繁におこなわれる場所だった。

寺門静軒の『江戸繁昌記』に「南瞻部州、大日本国中、神々仏々、大と没く小と没く、霊を屈して来り、仰ぐこと殆ど虚月無し。今其の魁たる者を算ふれば、嵯峨の釈迦・成田の不動・信州の如来・身延の上人、此れ等是れなり」とある。

清凉寺・成田山・善光寺の開帳は、規模・集客面ともに同じ程度の賑わいをみせたと述べられている。江戸でもっとも繁華な地だった両国橋界隈に、多数の群衆が見込まれたのである。

斎藤月岑『武江年表』によると、彼は天保七（一八三六）年の清凉寺開帳、約二ヵ月の期間に、計一一回、回向院を訪れている。開帳場所の門前や近隣には「むさしや」「大和や」「和泉や」などの茶屋・料理屋が立ち並び、月岑もここでしばしば休息をとった。

そのためか、開帳場所へ出掛けるのは、夕刻以降のことが多かった。友人の町名主衆を同行することもしばしばで、月岑にとって開帳は、遊興・娯楽そのものだった。表6−2は、同年の開帳時、回向院境内に登場した見世物の一覧である。

開帳場所に必ず設けられた芝居・見世物・寄席・茶屋などの存在は、人びとの文化的な需要を満

表6-1　嵯峨清涼寺出開帳の場所分布（元禄～万延期）

行先	開帳場所	回数	年　代
江戸	回向院	10	元禄13、享保18、明和7、天明5、享和元、文化7、文政2、天保7、嘉永元、万延元
御所	仙洞御所	6	元禄13、享保5、宝暦4、安永5、天明4、寛政10
京都	誓願寺ほか	13	享保元、5、12、宝暦4、7、安永5、天明4、寛政10、文化4、11、文政6、天保4、10
大坂	一心寺ほか	7	宝永6、宝暦9、寛政7、文化3、文政4、天保2、弘化2
越後		2	文政12年3月29日～10月12日 安政元年4月26日～11月16日
紀州	和歌山利益院	1	文化13

出典：塚本俊孝「嵯峨釈迦仏の江戸出開帳について」『仏教文化研究』第6・7号

〔江戸出開帳〕

期　間	西暦	開催場所	記　事
①元禄13／5～	1700	護国寺	80日、初の開帳、大群衆集まる
②享保18／3～	1733	回向院	
③明和7／6／19～	1770	回向院	八月中旬まで
④天明5／6／1～9／1	1785	回向院	朝来群衆すること夥しい
⑤享和元／6／15～	1801	回向院	
⑥文化7／6／15～	1810	回向院	例年より多
⑦文政2／夏	1819	回向院	
⑧天保7／6／15～	1836	回向院	詣人少く、看せ物多いも見物なし
⑨嘉永元／6／25～	1848	回向院	80日、例年より少、見せ物出る
⑩万延元／5／15～9／21	1860	回向院、伝通院	60日、風雨のため小石川伝通院に場所を移す、見せ物にも影響

出典：『武江年表』

図6-1　回向院開帳の様子（『江戸名所図会』国立国会図書館デジタルコレクション）

表6－2　回向院開帳の見世物（天保7年）

・籠細工富士の牧狩
・表看板曾我五郎、朝比奈草摺引（亀井町家長種次郎作）32文
・笑ひ布袋見せもの 24文　・虎狩の見せ物 24文
・江の島、宮島、長崎の女郎屋の見世物
・看板遊君の人形、禿人形、ギヤマンノ家仕立 31文
・東海道伊賀越敵討大仕掛見世物看板
・京都清水人形立 32文
・三千世界一見水大仕懸看板
・龍宮女人形五ツ 32文

出典：『藤岡屋日記』

たす大切な要素であり、開帳が活況を呈するため必須の条件でもあった。見世物自体の内容は、開帳本来の意義からはほぼ遊離して、流行の芸能に題材を借りたものや、全国各地の珍品など、感興を呼ぶ題材で占められる。寺側も、見世物の魅力による集客に期待を抱いたのであり、それを前提として、開帳の運営が成立したのである。

出開帳準備の手順

近世の開帳に関する研究史は多いが、史料的な限界もあって、運営を支援した側＝商家の役割やその実態については、ほとんど知られていない。住友家（泉屋）は清凉寺の有力檀家のひとつであり、同家の史料中には、清凉寺の江戸出開帳に関する詳細な記録が残されている。

住友家は、伊予国（現在、愛媛県）別子（べっし）銅山の開発を契機に発展した家だが、一八世紀半ばごろ、江戸で札差（ふださし）（公儀から旗本・御家人への支給米を仲介する金融業）を始めた。その出店が、清凉寺の江戸出開帳にかかる事務を一手に請け負った。

享和元（一八〇一）年六月から開かれた出開帳について、住友家の手代クラスが記した史料「来ル酉年六月十五日より嵯峨釈尊開帳控」（住友史料館収蔵文書、以下「開帳控」）は、おもに次のような

記事を収載している。ここでは史料を引用する代わりに箇条書きにまとめてみた。すなわち、「開帳控」という史料は、備忘のために書き留められたもので、実際にどのような準備が為されたのか、明らかにすることができる。

①寺内で開帳の開催を決定すると、役僧が住友大坂本店・江戸出店へ挨拶に出かける。

②寺社奉行に開催許可を申請する。許可が下りたら、江戸の札差仲間のネットワークや、講の世話頭へ伝えたり、市中に建札を設置して、広報をおこなう（表6-3）。

③三月に入るころ、回向院境内に設置する仮小屋の図面（図6-2）などを作成する。各部署の担当は、講中と役僧が相談して決める。

④四月以降、出開帳の備品（供米袋、血脈・縁起類など）が届く。販売する摺物類（「華蔓縁起(けまんえんぎ)」「御影(みえい)」など）の準備を始める（表6-4）。巨額の費用は、住友側で立て替える。

⑤仮小屋は、五月一〇日より二〇日間で作り上げる。出開帳期間中に大工を一人常駐させ、適宜、必要な修繕をおこなう契約が結ばれる。

⑥開帳場所は、本尊前・玄関・奉納所・御番水場・霊宝（二一ヵ所）・華鬘縁起・御印文(ごいんもん)・御供包所・奉加場（三ヵ所）・施餓鬼奉加場・焼香場所、以上の区域に分けて管理され、各場所には場内整理のため、役僧や講中を配置した。

⑦開帳期間中の賽銭管理。毎晩、開帳後に勘定して、江戸出店の蔵で預かる。金銭による奉納はその都度、帳面を付けて管理する。仏餉袋（御供米袋）入りの飯米は、一日八〜九斗ずつ集まる。これは江戸出店の台所で管理し、現金化する。

表６－３　開帳看板設置場所（寛政12年10月）

大枚４枚	・回向院門前　・両国広小路 ・浅草雷神門前　・品川口
中札12枚	・千住大橋　・江戸橋　・芝神明 ・目黒不動　・湯嶋天神　・上野広小路 ・板橋　・市ヶ谷八幡　・四ッ谷大木戸 ・永代町　・五ツ目渡端　・深川八幡
計16枚	

出典：「来ル酉年六月十五日より嵯峨釈尊開帳控」
（住友史料館収蔵文書）

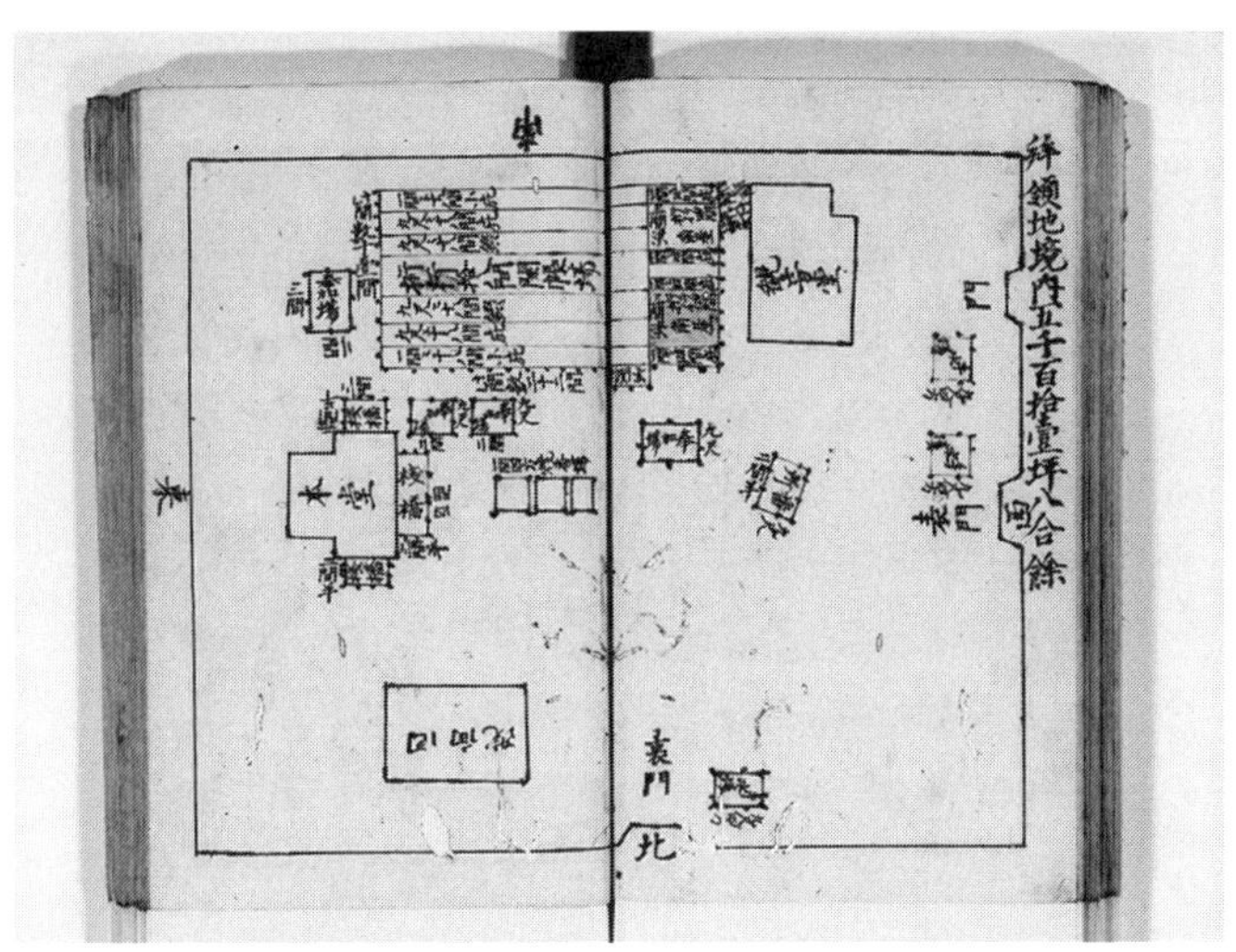

図６－２　回向院境内の仮小屋図面　住友史料館所蔵

表6－4　江戸へ運ばれた縁起類と運搬方法

	冊　数	運搬方法（冊数）		
		船廻し	道中持	本山渡
美濃紙縁起	500	300	160	40
半紙糸閉縁起	3002	1700	1192	110
華曼縁起	50000	11000	19200	150
のり付華曼縁起	350			
唐紙中御影	1000	594	200	206
唐紙小御影	37000	21000	16000	
〃　小御影巻表具	1010		1010	
箔付扉小御影	300		300	
小御影杉原帯付	300		300	
〃　杉原帯付中品	206		206	
小御影すり流し	凡18000		18000	
御供米袋　6合入	59850	59850		
御身掛上包布入	16850	16850		
はいふく名号	60000		60000	
火除守	1050		1050	
珠　数	6100	2200	3800	100
血　脉	2600	2200	400	
摺流し血脉	500		500	
上紙摺流し血脉	500		500	

出典：「来ル酉年六月十五日より嵯峨釈尊開帳控」
（住友史料館収蔵文書）

出開帳を楽しむ

文化七（一八一〇）年におこなわれた江戸出開帳について、文人・狂歌師の大田南畝（一七四九―一八二三）は『一話一言』のなかで、次のように記した。

【史料4】

庚午六月十五日より両国回向院にて嵯峨瑞像開帳あり、同十六日舟をうかべて両国にいたる、浅草御蔵前泉屋茂右衛門は予が札差なり、此もの、案内にて内陣にいり諸の宝物をみる事を得たり、十六羅漢の画十六幅、不動明王文殊普賢の三幅、いづれも古画にして希世のもの也、古法眼元信画縁起一巻、融通念仏縁起一巻あり（以下略）

南畝は、享和元（一八〇一）年に大坂銅座役人として在坂し、住友家と深い結びつきを有していた。彼は江戸出店支配人のはからいで開帳場所の裏手にまわり、珍しい霊宝を鑑賞したのである。開帳場所における釈尊・霊宝の管理も、住友家から手代が駆り出されたから、このような特別鑑賞も、頻繁におこなわれたのだろう。

また、大和郡山藩主（当時、隠居）松平（柳沢）信鴻の記した『宴遊日記』には、次のように述べられている。

【史料5】

六月十八日　明七過起、六過より廻向院嵯峨之仏開帳参詣、供鞍岡・渡辺・竹内・雄嶋・溝口・下山・明石・宮津・疋田・根岸・伊藤、奥口より提灯にて出る…（中略）…開帳にて出家案内、左脇より拝す、猿屋母来、在暫互語、出家案内にて霊宝など巡拝、御初穂奉願、本坊仮山水前仮茶屋に休ミ、裏門より出向…

得意先や懇意の家だけでなく、有力な大名家も特別鑑賞の対象とする。出開帳の場は、信仰上の本質からは遊離し、人びとの遊興を満足させ、娯楽の要素を帯びた空間だった。そのなかで江戸出店は、堅調な経済活動をおこなうため、開帳自体を招宴的な性格を有する催事として、積極的に位置づけたのである。

3．出開帳を支えた人びと

講のネットワーク

出開帳の準備を円滑に進めるために、都市に既存の、あるいは信仰を紐帯として結ばれた、多種多様な講のネットワーク（講中）が活用される。江戸出店では、清凉寺の役僧と協力して講全体を束ね、運営を統括する役割を期待された。

表6−5は、「開帳控」寛政一二（一八〇〇）年一〇月二八日記事をもとに、各講の構成を概観したものである。表にみえる商人は、いずれも開帳準備に協力を要請した先である。これに先立ち、清凉寺の役僧と江戸出店の奉公人は五軒の茶屋を回り、挨拶した。

講中へ依頼するさい、これらの茶屋が仲介の労をとったのだろう。「来る酉の六月十五日より本所回向院に於いて釈尊開帳の儀、御免を蒙り候間、先年の通りあい替わらず御取り持ち御世話下さる様、願い上げ奉り候、尚又講中様方へ然るべき様、御吹聴下され置き候様、願い上げ奉り候」と書いた手札を配った。

また、「臨時之諸講」にみえる鴻池（こうのいけ）（屋）太郎兵衛には、別に一〇〇疋相当の干菓子を贈ったと記されている。「とりわけ諸手世話人ニ付」と理由が付され、講中でも特別に重要な役割をはたし

表6－5　講中の構成

講	構　成　員	人数
御菓子講	藤屋弥次兵衛、岩戸屋源兵衛、山城屋小兵衛ほか	5
塔婆講	冨田屋善六、近江屋善右衛門、伊勢屋吉兵衛	3
御畳講	嶋屋喜右衛門、三河屋徳兵衛、伊勢屋喜八	3
蝋燭講	木屋（冨屋）藤右衛門、伊勢屋平助、尾張屋長次郎ほか	5
陀羅尼講	岸部屋甚兵衛、太田屋茂兵衛、楞木屋久兵衛隠居ほか	5
御菓子講	相模屋喜平次、丁字屋七兵衛、大和屋清右衛門ほか	8
西高盛講	いセ屋栄七、堺屋利右衛門	2
東高盛講	泉屋弥右衛門、武蔵屋長三郎、叶屋金兵衛ほか	12
臨時諸講・八町堀講	芳屋新助、ふじ屋久兵衛、飯岡八兵衛、薪屋甚兵衛ほか	10
造花講	瓦屋四郎兵衛	1
臨時之諸講	笠倉屋権太郎、笠倉屋嘉兵衛、鴻池太郎兵衛ほか	10
護摩木講	大坂屋市郎兵衛、外ニ拾人程	10

註：構成員は、一部のみ記している。
出典：「来ル酉年六月十五日より嵯峨釈尊開帳控」（住友史料館収蔵文書）

たらしい。

表では省略したが、「御菓子講」から「護摩木講」まで、講中の名前が列挙されたあと、「大門通銅屋仲間」と記されている。大門通（おおもんどおり）は、日本橋の北側に位置し、小売の銅物屋や馬具師が多く軒を構える地域である。一八世紀末、本所に設置された江戸古銅吹所（古銅・切屑銅の買入れなどを担う）の経営も、住友家はじめ、大坂の銅吹屋仲間が担っていた。したがって、銅を取り扱う商人とは業務上の結びつきが強かった。

このように、各講の構成員は、清凉寺との関係＝信仰面より、むしろ住友家との関係に依拠したものだった。

二月二七日には、開帳進行に中心的な役割を期待された「御臨時御連中御一縁様」を対象として酒宴が開催された。また、五月一五日にも、表6－5にみえる講中のメンバーや、それを差配する取持集団を招き、宴席が設けられたという。

釈迦如来の江戸到着

御輿が江戸に到着するさい、どのようにこれを待ち受けるか。「開帳控」に、必要な備品類や、人員の見積もりが記される。それによると、確保すべき人員は、陸尺(ろくしゃく)・平人(へいにん)・草履取(ぞうりとり)・長柄持(ながえもち)・立番(たちばん)、の五役であり、このうち立番は、一二名で担うこととされた。賃銭は、一人一日一五〇文だった。

彼らは、どこから調達されたのか。「開帳控」五月一三日記事に「開帳中立ち番人拾人分、回向院出入日雇頭十左衛門より差し出し候積り、尤も支度開帳場にて致させ、壱人前銭百五拾文宛、米店出入初五郎より七人差し出し候積り、此分は多分内外小遣ニ召し仕し候様、ならびに勝手方へも召し仕え候積り、賃銭同様」とあって、ふだん回向院や、江戸出店に出入りする日雇頭(ひやといがしら)が斡旋し、要員を確保したようである。

当日は、名代二名が品川宿の願行寺まで御輿を出迎えに行く。御輿は途中、芝増上寺に休憩のため立ち寄る。山内では講中の宿坊で赤飯・煮物・香物が用意された。釈尊を運ぶ「御鳳輦(ごほうれん)（輦台）」（図6―3）は、到着前日までに品川へ運んでおく。

一方、輦を担ぐ人足には「道心者(どうしんもの)」があてられる。これは寺側の斡旋で集められ、輦を担ぐさいに「白木綿単物(ひとえもの)」を着用するよう義務づけられた。道心者とは、ふだん都市内に滞留し、祭礼時などに特別の役割を担った僧侶（的身分）のことである。

また、町奉行に所属する定廻りの同心が八名ほど招集され、品川から回向院まで道中の付添を頼んだ。その理由は明確に記されないが、当時、御輿が江戸入りするさい、職人・日用など都市下層民が、独自に講を作り、必要以上の華美な迎えをすることはよくみられた。

図６－３　釈迦如来像を運ぶための輦台（清凉寺）

たとえば、『明和誌』は「嵯峨釈迦、回向院におゐて開帳、町々若者長ざほ（棹）の先へてうちん（提灯）をさげかけ、念仏をとなへ、かねを打、町限に集り、朝参夜の八ツ頃より通る。見物次第々々に多く、評判大造に成、御差止」と述べる。この種のにぎわいは、先触としての役割や、宣伝・広告効果とは別の意味合いをもち、ときに暴力的な行動をともなう。

吉田伸之は「信仰という紐帯よりも仲間としての実質的な共同性を優先させ、信仰を統括する当の寺社との関係を二次的で稀薄なものとする」存在として、これを「無縁の講中」と呼んだが、清凉寺の場合も、予想しうる事態に次善の策を講じたのである。

出開帳の収支

各社寺の出開帳は、一八世紀に入ると、頻度を増したといわれる。その要因として、幕府による宗教政策の引き締めや、寺院の維持・経費の膨張に見合った助成金の不足、が掲げられる。出開帳が貴重な収入源のひとつとなったことは、清凉寺も例外ではない。すべての出開帳は、堂塔の修復を目的として願い上げられている。

出開帳に必要な経費（移動費、開帳場所の小屋入用など）は、総額二〇〇〇両におよぶ規模であり、自力ではとても賄いきれないばかりか、大金ゆえに借り先をみつけるにも、困難が予想された。

清涼寺としては、一括して檀家の住友家から借りるほかない。

清涼寺は、明和期に財政が逼迫したさい、住友家から金銭面の援助を受けている（借用証文が残されている）。出開帳で発生する借財は、それらと併せて、出開帳の収入（奉納金銀・賽銭・御影縁起諸守代・仏餉米など）で精算された。

清涼寺と住友家の関係は、本来的に、信仰上の紐帯のうちに深い由縁を有する。だが、住友家が江戸出開帳の運営に積極的な関与をみせた理由は、たんに宗教的な要因からではなかった。絶好の収入機会を利用し、借財の回収を目論んだのである。

開帳と商家

近世の開帳には、檀家（商家）による経理面の支援が不可欠だった。資金面はもちろん、講の仕切りなどで、既存の人的ネットワークが最大限に活用された。商家は、経済上の主役で、都市の自治的な運営を支える社会的権力だったから、開帳への支援（現代風にいえば、メセナ活動）にも、積極的な姿勢をみせた。

今回の講義でとりあげた出開帳について、具体的な情報を知るには、各寺院側の記録はもとより、文人の随筆・日記、絵画など、多様な史料を活用することが有効である。

そこで留意したいのは、出開帳という信仰上の、かつ遊興・娯楽の色合いの強い事象を正確にとらえるためにも、都市社会の構造とか、そこに介在した多様な社会集団の存在をひとつひとつていねいに洗い出さなければならない、ということだ。

近世の寺社信仰は、都市社会・経済の動向と関連づけて解釈することが不可避である。富籤や開帳は、都市の産業構造のなかに組み込まれていたとさえいえるだろう。それを提供した寺社側の事情はもちろん、受容する民衆の意識も、詳しく検討しなければならない。

これは、かつて吉田伸之が文化を理解する視角として提唱した社会＝文化構造論の考え方である。近世の多様な文化を知るには、その前提としてある社会的な背景や、文脈にも目配りする、そのような視座に立つことが大切である。

学習課題

1．三都（江戸・京・大坂）で、全国諸寺社の出開帳がどのような規模でおこなわれたか調べよう。
2．人びとの信仰の前提となった血脈・縁起、開帳場所で販売された摺物類はどのような内容だったか調べよう。
3．江戸時代の寺社運営に、講中＝信徒集団がはたした役割について調べよう。

参考文献

海原亮「嵯峨清凉寺釈尊の江戸出開帳と住友」（『住友史料館報』三六号、二〇〇五年）
塚本俊孝「嵯峨釈迦仏の江戸出開帳について」（『仏教文化研究』六・七、一九五八年）
吉田伸之『身分的周縁と社会＝文化構造』（部落問題研究所、二〇〇三年）

7 医学・医療の発展

海原　亮

《目標&ポイント》 本章では、近世医学の発展についてとりあげる。当時の医療環境は漢方の理論を基礎に展開し、知識・技術の秘伝化と、専門治療者による寡占を特徴とした。一八世紀に入ると、観臓というあらたな研究の手法が導入され、医界の仕組みは転換を遂げていく。また、幕末に導入された牛痘種痘の普及は、人びとの医療に対する意識を大きく変えた。供給する側、受容する側の双方から、近世の医学史を概観する。

《キーワード》 医学史、医療環境、医療倫理、観臓、解剖学、絵画技法、西洋医学、牛痘種痘、予防医学

1．曲直瀬家「啓迪院」の学則

漢方医学理論の日本化

近世は、医師数の増加と専門医書の流通を前提に、医学が飛躍的に発展し、社会全体に医療が普及した時期といわれる。

古代以来の医学史を眺めると、学問上の発展を支えたのは、朝廷に仕える医師や、唐・宋・明など大陸からの医の知識・技術を伝えた留学僧だった。政治と宗教の中核であり、高名な医師が多く

活躍した京都は、最新医学の拠点として重要な役割をはたした。

戦国時代の終わりごろ活躍した曲直瀬道三（一五〇七―九四）の学問は、思弁的な金・元期の医学（李朱医学）に基づいていた。道三は、漢方医学書を広く統べて難解な理論を整理し、わが国の実情を踏まえつつ、臨床応用に資するオリジナルの体系を創りあげた。

また、道三の甥にあたる曲直瀬玄朔（一五四九―一六三二）は、実証的な臨床医学を重視し、医学理論をわかりやすく市井に普及したことで知られる。

曲直瀬家が標榜する最新の学問を身につけようと、志にあふれた医師たちが全国から次々と京都へ集まった。彼らは、同家が経営する学塾「啓迪院」に学んだ。青木歳幸の調べによると、実に五九九名が門人帳にその名を連ねており、出身国の分布は陸奥国から日向国まで、全国の広範に及んだという。

「当門下法則」の概要

啓迪院では、学則が定められた。「当門下法則」と題する全一七ヵ条の概容は、表7–1のとおりである（『京都の医学史』、元和三〈一六一七〉年）。

この法則は、当時の医学塾一般にみられた、典型的な内容を含む。①・②は医師として「仁」の精神を尊ぶことを掲げ、全体の指針とする。

⑧・⑨には、法則が成立した当時の社会状況が反映される。戦国期の動乱を経て、未だ世間が平穏となる以前、薬物知識を所有し、生殺与奪の権をもつ医師の生業が、きわめて危うい位置にあったことを示唆している。

表7－1　曲直瀬啓迪院「当門下之法則」

①天道に順い、神仏に叛くことなく、邪路に入らず
②宜しく慈仁を専らとすべし
③口伝・心術等、妄りに口外に漏らすべからず
④医学の指南、宜しく妄伝を誡むべし
⑤門弟のほか、他医と会盟すべからず
⑥門流相続の者、子孫に至りて互いに師弟の儀のために違うべからず
⑦門下の徒、もし医道を廃し、或いは医術相続の人無くして逝去せば、則ち家伝の書籍を還付せしむべし
⑧殺生を禁戒し、漁猟に至りてこれを好むべからず
⑨虫毒・殺害の薬、医書に見えずといえども、先師已来、伝授を戒む、もし伝あるといえども、これは堅く受くべからず、ならびに破胎の薬、これを能うべからず
⑩怨讐の人たりといえども、救苦の心を勤め、隠徳をおこなうべし
⑪利欲を専らとすべからず、声誉を専らとすべし、或いは施薬して病人、奉謝を失すといえどもこれを咎むべからず
⑫薬を施して効なく、その病人他医の薬を服するのとき、喜んで病症の変・悪心これを起すべからず
⑬他医の悪を揚ぐべからず
⑭自己の心力を顧み、保養を慎むべし
⑮心室に入り、これを聞く所見の善悪、他人に語るべからず、附り、女脈を診するとき愛欲淫念これを起こすべからず
⑯薬剤調和、医書講談のとき見聞するところの善悪、口外に出すべからず
⑰花簾を好むべからず、花麗を好めば則ち欲心甚しくして慈仁の道を失う、只、宜しく倹約を守るべし

註：①～⑰は引用者による。

⑭・⑮・⑰は、医界への提言というよりも、医師個人の資質、生業に取り組む姿勢への提起である。また、⑩～⑬にある「陰徳」「声誉」などの言辞は、医療倫理の徹底を強調したものといえよう。自己の権益にこだわることなく、医学の成果を少しでも多くの人びとに伝授し、ひいては社会の安定に資することを目標に据えている。

⑯は解釈の難しいところだが、医師による診療活動以外に、市井の薬種屋で薬が処方されること（「薬剤調和」）や、医の専門知識を解説する生業（「医書講談」）の存在が想定されており、それと一線を画すべきことを述べているのだろう。

後者「医書講談」職の存在は、当時の医師名鑑などにもしばしば登場する存在ながら、その実態がほとんどわかっていない。一七世紀の段階では、専門的な内容を有する医書は未だ高価かつ希少なので、それを

平易に紹介、解説する専門家のニーズがあった、と推測される。

このとき、講釈の対象は、おそらく町医に限らず、教養ある一部の町人たちも含まれたはずである。いわば耳学問のように、専門の知識・技術を我流に会得し、医師の手を借りず、自ら簡便な治療を試みる。そのようなスタイルは、実は、近世初期における医療供給の重要な一部を担っていた。啓迪院に学ぶ者は、その種の素人医療とは明確な線引きをおこない、自らの生業に対する矜持としたのである。

医療環境の基盤

だが何といっても注目すべきは、③~⑦に掲げた規則だろう。師弟関係を結んだ医師たちは、門流の内部で伝えられる知識・技術を決して口外せず（③）、秘伝の授受は正確におこなう（④）。当然ながら、他門に協力することも憚られるし（⑤）、師弟関係は後代まで続く（⑥）。

⑦のように、何らかの事情で師弟関係を解消する場合には、師匠から伝授された知識・技術を元へ戻す、具体的には、家伝の形で授受された書籍を返す手続きがとられた。

このようなスタイル、知識・技術の「秘伝化」こそ、近世の医療環境を形成する学問的基盤だった。それは、医家の経営を安定させる意味で、まったく合理的な選択といえる。だが、秘伝たる以上、円滑な普及は望めない。現代の感覚ならば、研究・教育の秘伝化はとうてい容認し得ない。

もっとも、私たちは③~⑦の特異性、現代との違いにどうしても目を奪われがちだが、法則の過半が、医療倫理の遵守を掲げていた事実にも留意したい。

2.「観臓」という画期

実証主義医学の進展

一七世紀半ばになると、曲直瀬家ら既存の医家が標榜する医学のありかた、医学の理論を重視する姿勢に疑問を呈し、『傷寒論』『金匱要略』など、古典医書への回帰を主張するグループがあらわれた（古方派）。

江戸出身の後藤艮山（一六五九―一七三三）は、古方派の代表的な医師である。彼は、貞享二（一六八五）年に京都へ移り、独学で医の研鑽を積んだ。理論より実践を重視する立場から『傷寒論』に加え、灸・熊胆・温泉療法を多用し「一気留滞説（すべての病は気の留滞から生じる）」を唱えた。当時の医師が多く剃髪し、僧形となっていたことに抗い、彼は髪を束ね、敢えて平服を着用し活動した。その姿勢は、従前の医論を止揚するための模索であり、結果として、医師身分の自立を促した。

丹波国亀山（現在、京都府亀岡市）出身の山脇東洋（一七〇六―六二）は、艮山の門に学び、経験の蓄積を重視した。あるとき、カワウソの解剖をみて人体内景の理論に疑問を抱いた彼は、観臓（解剖実験）の必要性を説き、公儀の許しを得て宝暦四（一七五四）年閏二月、京都西刑場でこれを実施した。成果は、図録『蔵志』にまとめられた（図7－1）。

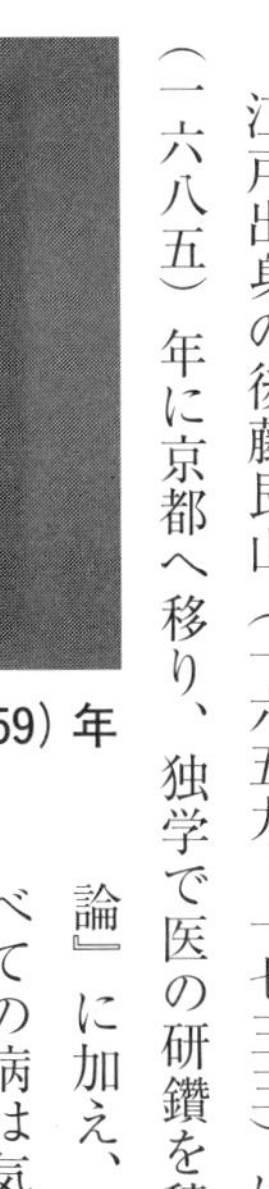

図7－1　山脇東洋『蔵志』宝暦9（1759）年
早稲田大学図書館所蔵

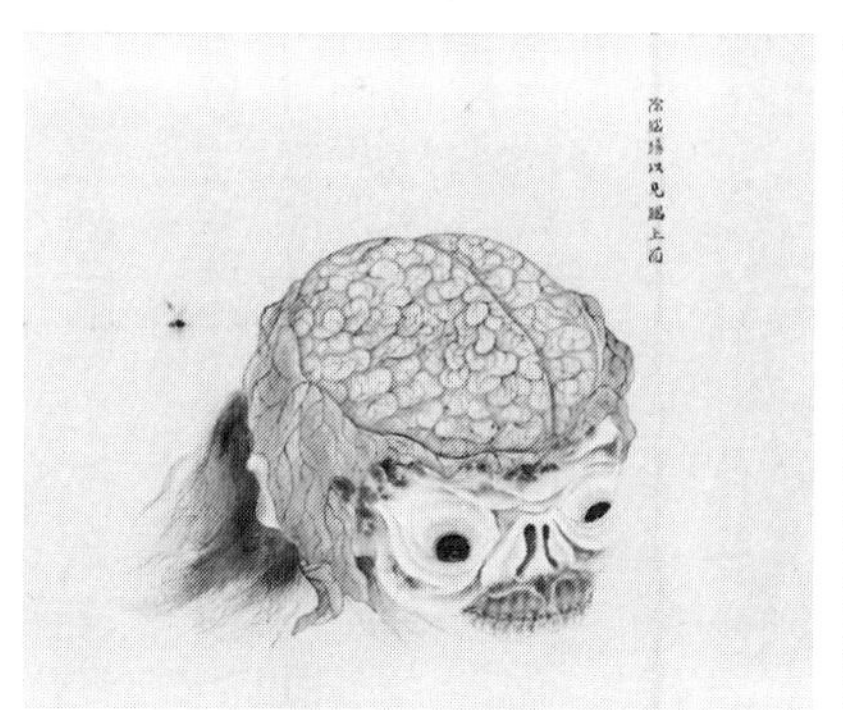
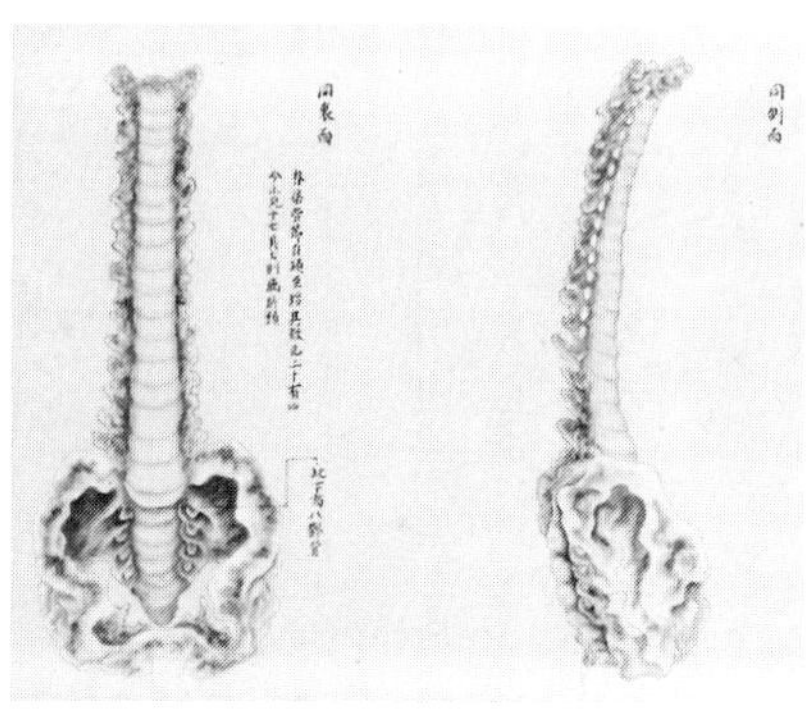

図7－2　橘南谿・小石元俊『平次郎臓図』天明3（1783）年
武田科学振興財団　杏雨書屋所蔵

東洋による国内初の人体解剖は、医界に大きな衝撃を与えた。以降、京都では山脇東門（明和元年ほか）、荻野元凱・河口信任（明和七年）、柚木太淳（寛政九年）、施薬院三雲環善（寛政一〇年）らが相次いで観臓をおこなった。学問上、直接の関係こそみられないが、江戸で前野良沢・杉田玄白らが『解体新書』（安永三年刊）を訳述したのも、京都の医界における一連の流れに影響を受けたものとみてよい。

『平次郎臓図』と小石元俊

天明三（一七八三）年六月、橘南谿が主宰、伏見豊後橋（観月橋）の刑場で観臓が実施された。当時の観臓は、医師のほかにも多様な関係者が携わっている。画工として、円山応挙に学んだ絵師吉村蘭洲（一七三九―一八一七）が加わり、翌年には図巻『平次郎臓図』として成果をまとめた（図7-2）。この観臓で指導的な役割を担った小石元俊（一七四三―一八〇九）は、同書の序文で次のように述べ、実験の実現に至った経緯やその意義を強調する。

【史料1】

近時医の稍良なる者は、往往多く観蔵の挙有り、而して

> 恨む所は其の観率ね詳悉する能はず、其の図記する所の籍、之を蛮人剮剥の書に比するに疎密大いに逕庭あり、則ち其間顧みて多く人をして疑惑を生ぜしむ、此れ安んぞ拠るに足らん哉、是の故に今医其の道に達せんと欲する者必ず猶多く観蔵に志す、然りと雖ども其の之を得る者甚だ希なり、蓋し其時を得るの至難の故也、小室侯源公侍医吉田玄理・山本元順・盛本立宣及び京医橘東市、倶に志此に深し、而して相共に　公に懇請する者年有り、　公亦其志其請に誠ありて、而して其事其道に益有るを知る也…（中略）…是皆　公の仁徳、物をして其生の致す所を遂げしめ、夫の四子に及んでは其志誠有るの為す所にして我道の大幸、又観を佐くる者の至慶也

山脇東洋以来、観臓は何度も繰り返され、図巻も多く作られたが、残念なことに西洋の医書と比べると、精密さで遠く及ばない。漢方の理論は、いぜん疑惑を払拭できないままといえる。いま観臓を志す者は多いが、その機を得ることは難しい。伏見奉行小堀政方の陪臣医と南谿が長らく懇請し、小堀公の誠心（「公の仁徳」）で観臓の医道に有益なことが理解され、願いが聞き入れられた、というのである。

元俊は後に、「平（次）郎臓図記補遺 並 小引」を著して『解体新書』の記述と対照させ、人体の構造を解き明かしている。もっとも、医学発展のためとはいえ、人体を切り開くことにはケガレ観念が影響して、拒絶意識が払拭できなかったふしもみうけられる。

表7-2でみるように、わが国における観臓は当初、京都・大坂を中心に実現し、江戸での事例は比較的、少ない。観臓への理解にも、都市間における温度差がみられる。

『平次郎臓図』の画期性は、蘭洲をはじめ、写実を重視する絵師たちが参加したことに尽きるだ

ろう。彼らはより精緻な内景図を医界に提供して、従前の学説を刷新することに重要な役割をはたしたのである。

西洋の解剖学と絵画

解剖学の発展が、写実という絵画技法と密接に関係するのは、実はルネサンス（一四―一六世紀の文芸復興運動）期の西洋と同じ流れである。この時期、レオナルド＝ダ＝ヴィンチやミケランジェロといった、著名な芸術家たちが、解剖実験に携わっている。それは人体を如何に理解するかという芸術上の目的ゆえであり、人体の内側に迫ることで、彼らの作品は高い完成度を得ることができ

表7－2　『解体新書』以降のおもな観臓

年		実　施　者	場所
安永	1776	山脇東門	京都
天明	1783	小石元俊・橘南谿	伏見
	1783	栗山玄厚ほか	萩
寛政	1790頃	星野良悦	広島
	1792	岡崎良安	松山
	1793以前	諸葛君測ほか	日光
	1796	宮崎彧	大坂
	1796	小石元俊	京都
	1797	柚木太淳	京都
	1798	三雲環善ほか	京都
	1800	大矢尚斎	大坂
享和	1802	三谷公器	京都
文化	1805	浅野道有ほか	福井
	1812	藤林普山・小森玄良	京都
	1815	各務文献	大坂
	1815	高須松亭	江戸
文政	1819	村上玄水	中津
	1821	小森玄良・池田冬蔵ほか	京都
	1822	佐々木中沢	仙台
	1823	酒井元貞	久留米
	1824	賀川秀哲・斎藤方策	大坂
	1825	晋済	宇和島
	1828	平野玄察ほか	福井
天保	1833	（長岡藩）	長岡
	1836	小出君徳	大坂
	1838	賀川秀哲	大坂
	1839	半井仲庵・田代万貞ほか	福井
	1840	勾坂梅俊	壬生
	1840	小野通仙ほか	甲斐
	1841	百武万里・武谷元立ほか	博多
	1842	緒方洪庵・緒方郁蔵	大坂
弘化	1844	賀来佐一郎ほか	島原
嘉永	1849	橋本左内ほか	福井
安政	1854	石黒通庵・伊藤圭介	名古屋
	1859	秦魯斎	大野
	1859	ポンペ	長崎
	1859	村田蔵六	江戸
文久	1861	細井東陽	福井

出典：『日本医療史』162頁、表9を加工

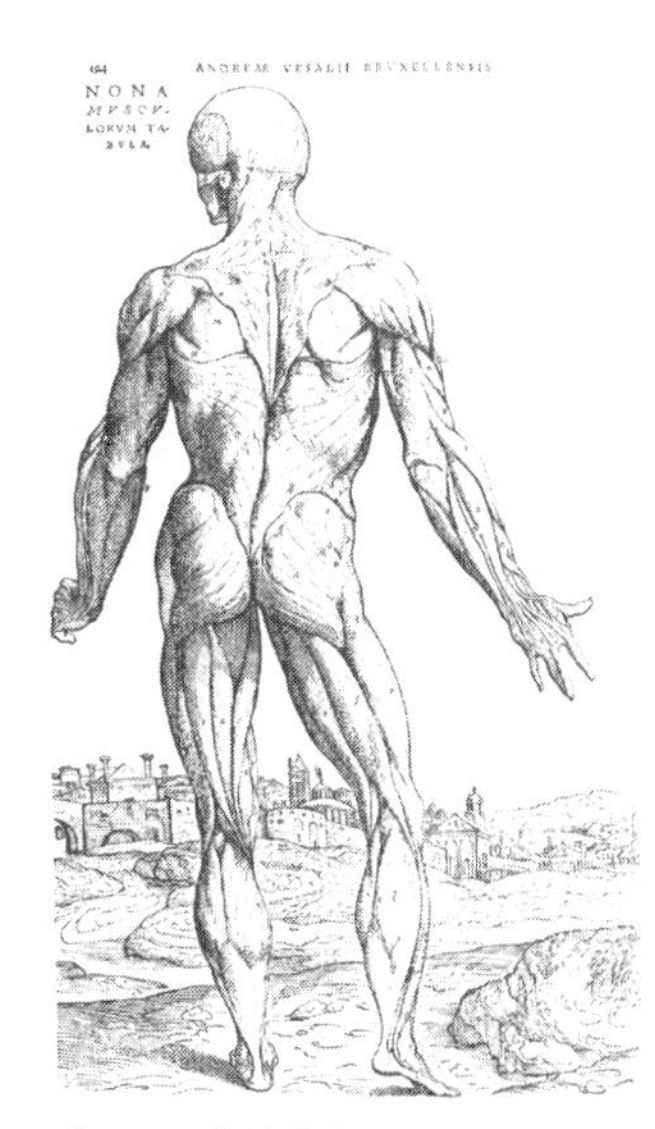

図7-3　ヴェサリウス『ファブリカ』
国立大学法人東京医科歯科大学図書館所蔵

たからである。

図7-3は、一六世紀半ばに出版された、最も有名な解剖学書『ファブリカ』（『人体の構造に関する七つの本』De humani corporis fabrica libri septem）に描かれたイラストである。同書には、三〇〇点以上におよぶ木版図が収載されているが、これらも専門の画家（作者は諸説あり、不明）が関与し、骨格や筋肉の造形を正確に表現しようと試みている。

『ファブリカ』の作者、ヴェサリウス Andreas Vesalius（1514-64）は、ベルギー出身の解剖学者で、パリ大学に学んだ。一六世紀の半ば、医学の最高学府だったイタリアのパドヴァ大学に留学し、二三歳で解剖学・外科学の教授となった。彼は従前の方法を改め、自ら執刀する解剖学を実践した。

『ファブリカ』は、その画期的な内容が医界に大きな影響を与えた。従前の西洋では、二世紀ごろの古代ローマで活躍した医師ガレノスにより体系化された医学が、あまりにも長く権威として掲げられていたが、ヴェサリウスの学問は、その内容を大幅に刷新した。

同書がラテン語で書かれていることもあり、併載される図版は、ヴェサリウスの学問を効果的に伝達する重要な役割を担った。各図にみられる、意味あり気なポーズは、滑稽でかつ芸術的だが、おそらくはヴェサリウスの指導のもと、人体の構造に忠実に描かれた。解剖学の発展は、専門の医者と芸術家が協同して完遂されたのである。

わが国へは、一七世紀半ばごろ『ファブリカ』が渡来したと考えられている。しかし、当時の医界には、残念ながら同書を解釈し得るだけの素地がなかったので、直接の影響が与えられることはなかった。

3. 牛痘種痘普及の歴史的意義

西洋医学が取り入れられる

一八世紀の後半に入るころから、西洋の学問が少しずつ紹介されはじめる。それは当初、天文・医学の分野が中心で、他の学問に先行して、新奇の知識・技術が書籍の形で手に入るようになった。前野良沢・杉田玄白による『解体新書』の刊行（一七七四年）は、その代表的な出来事であり、わが国の学術史にとって、最大の画期といえるだろう。

これを端緒として、世間の医師たちの興味・関心は、あらたなステージへと進んだ。私見では、西洋の学問が体系化するより前に、そのエッセンスを部分的に採用した知識・技術の端々が、少しずつ臨床の場面に登場している。それは、天保期以降のことだ。

たとえば、都市ではオランダ文字を看板に掲げ、治療や商売の手段に取り入れる商人も登場している。それを受容する側の意識も、次第に変質を遂げていった。

漢方医学においても実証主義が浸透するなかで、多くの医師たちは、日常の臨床経験を根拠として、新規の学問である西洋医学を積極的に取り入れた。そして何よりも人びとにみえる形で、成果を示したのは、牛痘種痘の取り組みである。

牛痘苗の移入

疱瘡（天然痘）は強い伝染性を持ち、治癒しても患部に痘痕が残ることから、長らく人びとに怖れられた病気だった。わが国では、中国大陸と交流が始まる六世紀ごろ最初の流行が発生し、幾度も甚大な被害をもたらしたといわれる。

痘苗を接種し、疱瘡への免疫力をつける予防法（種痘）は、古く西アジアや中国で「人痘法」がおこなわれていた。ただし、これは接種法が難しく、人体に危険を及ぼしたり、再患することもあるため、より平易で確実な方法が切望された。

ジェンナー Edward Jenner（1749-1823）が開発した「牛痘法」（牛の天然痘を接種し免疫を与え、感染を防ぐ）は世界史上、疱瘡対策の転機となった。その情報は、比較的早い時期にわが国へもたらされる。たとえば、マカオにおける種痘普及について述べた『引痘略』（一八三一年）は、小山肆成（一八〇七―六二）が『引痘新法全書』（一八四七年、別の医師による訳書も存在する）で紹介し、京都・大坂の医師たちに広く読まれた。

牛痘法の有効性を確信した、多くの医師たちが、一刻も早い痘苗の移入を強く望んだ。弘化四（一八四七）年、佐賀藩医楢林宗建（一八〇二―五二）が、オランダ商館に依頼してジャワから牛痘苗を取り寄せることを、藩主鍋島直正に進言した。

嘉永二（一八四九）年七月、オランダ船が長崎へと運んだ痘苗（痘痂・痘漿）は、オランダ商館付の医師モーニッケ Otto G. J. Mohnike（1814-1887）の尽力により小児四〇〇名弱に善感し、これが国内各地へと伝えられる（モーニッケ苗）。

同じころ、福井藩の医師笠原良策（一八〇九―八〇）もまた肆成の『引痘新法全書』に接し、牛痘法による疱瘡予防の有用性を知って、藩に痘苗の輸入を働きかけた。

一度目の嘆願（一八四六年）が奏功しなかったため、良策は嘉永元（一八四八）年に再度、願書を提出し、藩主松平慶永（春嶽）から老中阿部正弘への出願を実現させた。

良策は、過去にオランダ船が東南アジアから痘苗を持ち帰ろうと画策し、失敗したことを承知しており、清からの輸入を願った。痘苗を運搬するため、容器の研究もおこなった。しかし、その実現前に、モーニッケ苗の移入が成功し、嘉永二年九月には、長崎唐通詞頴川四郎八から、彼の師にあたる、京都の日野鼎哉（一七九七―一八五〇）まで痘苗が届けられた。

鼎哉は豊後国(現在、大分県)の出身で、日出藩の儒者帆足万里に学んだ後、長崎へ遊学してシーボルトの門へ入った。天保四（一八三三）年京都へ出て、小石元瑞（元倹の子）の世話により蘭方医学の研鑽を続け、外科を開業した。京都へモーニッケ苗が届くと、彼は多額の私財を投じて除痘館を開くが、わずかな期間で経営は行き詰まった。

京都における牛痘種痘の普及

一方、鼎哉とは別のルートで、楢林宗建が京都で活動する実兄の栄建へ痘苗を送り、一〇月に到着している。栄建は、さっそく御幸町姉小路上ルに、種痘所「有信堂」を創設し、小石中蔵（元瑞の子）や江馬榴園らを中心として、種痘の活動を始めた。

有信堂の経営にあたって、当所の香具屋である鳩居堂主人熊谷直恭（蓮心、一七八三—一八五九）が資金面で協力した事実は、たいへんよく知られている。直恭は、天保飢饉のさいにも三条河原に小屋を建て窮民を援助したり、安政期のコレラ流行時は、患者を収容したりするなど、福祉事業への供出に熱心だった。種痘の社会的効用に関しても、早くから理解を示していた。

有信堂は、所在地を何度か変えながら、貧民施療を併せておこない、都市の医療に深く寄与した。文久二（一八六二）年三月の町触をみると、河原町二条下ル一之船入町に「世話場」を設け、無償で種痘をおこなっている。

次に掲げる町触は、慶応三（一八六七）年一〇月に触れ流されたものである。

【史料2】

東洞院通姉小路上ル町
種痘所

右このたび御免あい成り、医師申し合わせ定日あい極め種痘いたし候につき、小児等いまた疱瘡致さざるもの、又は此後小児出生いたし候ハ、聊かも危踏まず連れ行き候て、うゑほうそう致すべく候、尤諸人助ケの為ニ候えば、身薄難渋のものは謝もの差し出すに及ばず、然ル上は市中住居の医師、一己の見識を以て、自侭ニ紛わしき種痘施行いたし候義は無用たるべく候、尤も志これある医師は、右場所へ罷り出候義勝手次第の事ニ候、勿論種痘は仁術に過ぎなき事ニ候間、丁役人共は別て厚くあい心得、等閑の族もこれあり候はば両親等へねんごろニ申し勧め、斟酌なく種え貰い候様致すべく候、此旨、洛中・洛外、裏借屋ニ至る迄触れ知るすべきものなり

卯十月

幕末の動乱下、しばらく活動を停止していた有信堂が再開した。「御免」とあるので、公儀のお墨付きを得た活動、といえよう。決まった日に種痘を実施するので、まだ種痘を受けていない者、出生した小児は「聊かも危踏まず連れ行き」実施するように。その主旨は「諸人助ケの為」なので、経済的な貧困者からは、代銭をとらない。

さらに、市中に居住する医師が、自らの判断で種痘をおこなうことを禁ずる。種痘は、あくまで種痘所でおこなうことを原則とした。活動に協力する意思のある者は、種痘所に集まるよう指示している。種痘は「仁術」なので、町役人などはその主旨をよく心得え、種痘を受けない小児がいたら、両親などを説得し種痘所へ連れてくるように、とも述べている。

種痘事業は、ここにようやく都市社会全体の活動として認知されたといえる。ただし、その周知徹底には、かなりの時間を要したのである。

近代医学の萌芽としての種痘事業

種痘の取り組みはむろん、疱瘡の恐怖を未然に防ぐことを目的とした。この「未然に」という点が、非常に重要である。すなわち、わが国の医療史上、はじめて予防医学の考え方が採用され、ある程度の規模で普及した活動こそ、種痘普及という一連の運動なのである。

幕末期に、全国各地で種痘が本格的に開始されて以降も、牛痘接種への恐怖感や、拒否反応はすぐさま払拭されなかった。そのことを人びとの迷妄、科学への無理解などと断じるのは簡単だが、種痘という新奇の医療の実践は、医師だけでなく、医療を受容する民衆にとっても、既存の概念を根底から覆す、画期的な作業なのであった。

近世後半に普及した医の学問体系のなかでも、「観臓」と「種痘」このふたつは、近代医制を準備する最も重要なファクターだ、といえる。前者は人体を切り開く行為を通じて可視的に真理を追究していくまなざしであり、後者は学問上の達成を社会全体へと広める方向性である。

そのうち後者、種痘事業こそは、近代医制の特徴、人びと（国民）の全体を対象とし、なかば強制的にそれを促進した点で、重要な社会的意義を有することだった。都市社会で種痘をおこなうさい、住民の全員を対象とする。それはもとより生命の安全を公平に担保する意義と、地域社会全体で洩れなく取り組まない限り十分な効果が望めないからに他ならない。だから強引な手段を使ってでも、全体で実現させる必要があった。

それまでの臨床が罹病後の処置、つまり治療としての行為を主体としたのに比較して、健康な人びとをも対象とし、予防という概念を意識させた種痘事業は、わが国における医療環境を近代のそれへ進化させるパラダイム転換だ、と評価できる。

学習課題

1. 江戸時代における観臓の歴史について調べよう。
2. 幕末期、わが国ではどのように牛痘法の痘苗が普及したか。長崎から全国各地に至る伝達ルートについて調べよう。
3. 牛痘種痘は当初、予備知識のない一般の人びとから激しい抵抗をうけた。その実態が克服され、実際に普及するまでのプロセスについて調べよう。

参考文献

青木歳幸『江戸時代の医学』（吉川弘文館、二〇一二年）
有坂道子「幕末京都における医家と医療」（京都橘大学女性歴史研究所編『医療の社会史―生老病死―』思文閣出版、二〇一三年）
海原亮『江戸時代の医師修業』（吉川弘文館、二〇一四年）
京都府医師会編『京都の医学史』（思文閣出版、一九八〇年）
坂井建雄『謎の解剖学者ヴェサリウス』（筑摩書房、一九九九年）

8　都市大坂と異国

海原　亮

《目標&ポイント》 鎖国＝海禁の政策がとられた近世にあって、都市大坂は国際的な要素を強く有していた。経済・流通の拠点だった大坂は、文化的な側面でも、異国からの影響を受けている。朝鮮通信使や、江戸参府するオランダ商館長一行の記録から、その様相を読みといてみよう。また、書籍・物品を通じ異国の学問を積極的に取り入れた、木村蒹葭堂の事例をとりあげ、近世大坂の先進性を確かめたい。

《キーワード》 朝鮮通信使、町触、オランダ商館長の江戸参府、輸入書籍、木村蒹葭堂

1. 異国人を迎える作法

国際都市大坂

近世の大坂は「天下の台所」と呼ばれ、経済・通商の中核として重要な位置を占めていた。堂島・中之島地区には諸藩の蔵屋敷が集まり、首都＝江戸はもとより全国へ向けた物資供給の拠点となっていたことはよく知られている。

一方で、大坂が江戸や京都など他の都市と比べても、国際的な要素を有していた事実は、忘れら

れがちである。この時代、鎖国＝海禁の政策がとられ、貿易は制限されていたから「国際的」といっても、現代のそれとは雰囲気を異にするが、大坂はたとえば薬種など、海外交易の拠点機能を併せもち、異国との交流も日常的におこなわれていた。

近世の対外関係は、「通信」の国、すなわち国家的レベルで付き合いのある琉球・朝鮮と、特別に貿易を許可された「通商」の国として、オランダ・中国とのあいだに限られた結び付きがあるのみだった。周知のように、後者について通商の窓口となった地は都市長崎であり、この講義の第一三章で詳しくとりあげる。

琉球からは、寛政一一（一六三四）年から嘉永三（一八五〇）年までに一八回、江戸へ向けて、使節団が派遣された（「江戸上り」）。琉球国王が即位したさいの謝恩使(しゃおんし)と、徳川将軍が襲職したさいの慶賀使(けいがし)である。薩摩藩（島津氏）の侵攻を経て、琉球国王は「中山王(ちゅうざんおう)」を名乗り、異国でありながら、幕藩体制のなかに組み込まれていた。

朝鮮からの通信使は、近世に合計一二回派遣されたが、そのうち七回までが一七世紀に集中している（表8－1）。将軍の代替わりごとに訪れる原則も、双方の財政難により間隔が開くようになった。回を重ねるごとに、当初の政治上の意義は薄れ、儀礼的・文化交流の色合いが増した。通信使の派遣は朝鮮側にとっても、日本の事情を探究する良い機会だった。

申維翰のみた大坂

享保四（一七一九）年、徳川吉宗の将軍就任を賀し、来日した通信使について述べよう。総勢四七九名もの大使節団は、四月に漢城（ソウル）を出発し、対馬から瀬戸内海・淀川を通って、伏見

表8－1　朝鮮通信使の来日

西暦	元　号	総人員（大坂留）	目　的　な　ど
1607	慶長12	467	国交回復
1617	元和3	428（78）	伏見聘礼
1624	寛永元	300	
1636	寛永13	475	日本国大君号設定・日光山遊覧
1643	寛永20	462	日光山致祭
1655	明暦元	488（103）	大猷院（徳川家光）霊廟致祭
1682	天和2	475（113）	
1711	正徳元	500（129）	新井白石の改革
1719	享保4	479（110）	
1748	延享5	475（83）	
1764	宝暦14	462（106）	都訓導の崔天宗が殺される
1811	文化8	336	対馬聘礼

出典：李元植『朝鮮通信史の研究』（思文閣出版　1997）より作成

から陸路で一〇月の江戸到着をめざした。大坂は、川船へと乗り換える中継地で、およそ四分の一は河口に係留された船中にとどまる。

この通信使に、製述官（日本側の文人との交流を担当する）として随行した申維翰（1681-1752）は、記録『海游録』を書き残している。彼は、大坂の地誌について自ら観察したが、到着後の記事冒頭では、豊臣秀吉のことにふれている。

当時の朝鮮の人びとが抱く共通の感情か、「大阪に居て兵を苦しめ、貨を汚し、人の髄を剥ぎ、人膏を浚い、もってその奢侈欲に饜き、庭園や草木も範金、布金の観あるにいたった」と、嫌悪感を顕わにする。

また、「酒楼」「花圃（植木屋）」「医房（薬局）」「蘆花町（花街）」をはじめ、繁栄する大坂商業の様相を綴る。書店には古今の著名な典籍や、多様な復刻版が販売される実態をみて「中国の書、わが朝の諸賢の撰集も、あらざるはない」と、驚きを隠さない。

壬辰・丁酉倭乱（秀吉の朝鮮出兵）に関係し、両国の機密事項も多く収載する『鶴峯集』『懲毖録』のような書籍も大坂市中でふつうに売られており、おそらく釜山倭館の通訳が私腹を肥やすため国外に売り渡したのだろうと考えて、嘆くのである。

文人との交流

通信使一行の訪日は、日本の文人にとって、異国人にふれることのできる好機であり、ゆえに多くの者が宿所を訪れて、交歓を求めた。朝鮮側は、文化上の先進国であるという自負から、申維翰のような文士や医師・画員を多数、随行し、詩文の贈答や揮毫の要請に応える態勢を作っていた。

申維翰は、往路の大坂で五日ほど滞在したが「文を求める者が諸地方に倍して劇しく、あるときは鶏鳴のときにいたっても寝られず」と述べている。訪れる者が差し出す漢詩は稚拙で、読むにたらないものがほとんどだ、という。

詩文に長けていた申維翰の評価は、辛辣だ。筆談唱和をおもに担った製述官や書記は、一度の使行で一〇〇〇首以上の詩作をおこなう。面会を求める人びとは宿所に入りきれないほど多く、対馬藩の役人が仲介の手引きをしながら賄賂を懐にする、との噂も出ていた。

一行との意志疎通は、おもに筆談で成立したが、李元植の研

表8－2　通信使と筆談の内容

・科挙　文科・武科・雑科の別について
・朝鮮諺文　ハングル文字について
・冠婚葬祭　　・医事問答　人参・本草学
・花鳥を詠んだ五言絶句　　・筆墨紙の製造
・富士山と金剛山の比較　　・衣冠
・観相　　・釈奠　　・李退渓の朱子学
・中国事情　　・女性の染歯　　・生活習俗
・徐福の東渡伝説について　　・煙草と煙管

出典：李元植『朝鮮通信史の研究』（思文閣出版 1997）より作成

表8－3　延享4年（1747）9月の大坂町触

①	道橋修復の儀、近年のうち兎角作り直し候ハでハ叶わざる程のところハ、此節仕直し申すべく候、左程ニこれなきニ付、朝鮮人見かけ斗ニ繕い申べしと存候儀ハ無用たるべきこと
②	道筋家々格別見苦敷所ハ取繕セ申すべく候、ケ様の当分繕は当日二・三日前ニ出来候様ニ申し付け然るべきこと
③	掃除ハ一日前ニ致すべく候、前廣ニハ堅く無用たるべきこと
④	泊之宿々ニても家並提灯出し申す儀堅く無用のこと 但、朝鮮人の宿所は格別のこと
⑤	川々切所ならびに橋なとへ提灯とほさせ候儀、是又随分減少なすべきこと
⑥	家々手桶出し置儀無用たるべく候、番所あるいは朝鮮人の宿所抔、用意のため少々差し置き申すべきこと 但、宿中朝鮮人通り候節、水打候儀ハ有合の手桶ヲ用ヒ、仕舞い候はば家の内へ取り入れ置き申すべきこと
⑦	盛砂ハ三使旅宿の外ハ一切無用たるべきこと
⑧	宿中足軽仲間固め等ニ差し出し候儀、ならびに掃除のため働人足集め置き候儀、用事足り候程ヲ考え申すべく候、其外見合のため無益の人数出候儀、堅く無用のこと

出典：『大阪市史』第三

究によれば、その内容はおよそ表8－2のようだった。この当時、朝鮮の医界は隆盛を迎えており、使節団に随行する医員たちとのあいだで、薬剤の使用法や鍼術に関する医事問答が繰り返された。

迎える側の準備

使節が通過する都市・町では、事前に周到な準備が要請された。延享五（一七四八）年に派遣された通信使の場合、前年一二月には、大坂の各町に幕府の触書が届けられている。幕府が九月に江戸で出した法令を大坂町奉行が受け取り、大坂三郷の惣年寄（そうどしより）を介し、各町の年寄へ伝えられた、一般的な注意書き（町触）である（表8－3）。

朝鮮人が大坂を通行するよりも前に、道・橋を修繕しておく（①）。彼らにとって見苦しいところは直し（②）、通行の前日に掃除をする（③）。道筋に提灯を出すことを禁じ（④）、川や橋なども極力、灯りを抑える（⑤）。朝鮮人通行の前に水打をしても、家の前に手桶を出しっぱなしにしてはならない（⑥）。盛砂（もりすな）は、三使（正使・副使・従事官）の宿所以外では作らない（⑦）、といった決まりである。

⑧では、「宿中足軽仲間固め等ニ差し出し候儀、ならびに掃除のため働人足集め置き候儀、用事足り候程ヲ考え申すべく候」とある。ここから、道中諸施設の補修や美観維持に加え、朝鮮人通行当日に町人から要員が徴発されたことがうかがえる。

一方、表8－4は、延享五年正月一一日に出された町触の内容をまとめたものである。ここでは、朝鮮人通過にさいしての作法が、具体的に示されている。

冒頭①～③で、火の元に留意せよと繰り返す。火消人足（③）は、平時でも活用された制度のひとつである。⑥・⑨・⑩は、一二月の幕府触の主旨と似ている。④～⑦は、町の美観の問題にも関わろうが、④では勧進・乞食（被差別民）の生業を規制し、一行に対してみせたくないものを顕然化させている。

逆に、市中の者が通信使を見物することは容認された（⑩～⑬）。そのさい、不作法の禁止を徹底させるのは、町年寄あるいは「所之者」など、都市の構成員自身である。

延享五年四月二〇日、銅吹屋の泉屋（住友家）は、銅座からの回状をうけとり、通信使がいよいよ大坂へ到着することを知った。泉屋の吹所（ふきしょ）（銅精錬工場）は、通信使の通路には面していないが、滞在中は作業を休止する。同日夜九ツ時ごろ（午前〇時）一行は北浜へ着岸、西本願寺に投宿した。併せて対馬藩主宗義功（そうよしかつ）も来坂しており、翌日には泉屋の当主友昌（ともまさ）が対馬藩蔵屋敷を訪れている。対馬藩は、朝鮮に輸出する銅（年一〇万斤ほど＝約六〇トン）を泉屋より購入し、銅座で買い入れる場合も、泉屋を介して受け取っていた。だが、代銀の支払いは延滞が目立ち、他方、朝鮮渡りの

表8-4 延享5年（1748）正月11日の大坂町触

①	朝鮮人着岸より発足迄、町中火之元、別て念を入れ申すべきこと
②	同逗留中、自然火事出来候はば詮議を遂げ、品により家持ハ屋敷取り上げ候や、牢舎申し付くべく候、店借の者ハ大坂払候や、牢舎申し付くべく候
③	同逗留中、津村御堂ならびに宗対馬守蔵屋敷近所、万一火事出来候はば常々定置候方角の火消人足、早速罷り出るべく候、遅滞候はば曲事たるべし 附り、町中より持ち出し候火消道具、弥手支これなき様、用意仕置申すべきこと
④	同着の日より、津村御堂近所町々・宗対馬守蔵屋敷近所町々、諸勧進の者ならびに乞食置き申すまじきこと
⑤	同逗留中、町中子供ならびに召仕の下々、夜ニ入りむさと出し申すまじきこと
⑥	同通り候道筋、其節に至り念を入れ掃除仕るべきこと 附り、通り道町々之年寄・月行司ならびに家主共、羽織・袴着罷り出、見物人不作法これなき様ニ仕り、家主其家の前ニ罷り有り、見物人戸口の外へ一切出し申すまじきこと
⑦	堺筋の道幅狭く候間、下蔀取り、溝蓋板いたし申すべきこと 附り、大道出張り候看板・釣木、何にても構候もの取り払い申すべきこと
⑧	朝鮮人着岸の日、北浜波戸場より御堂まで注進これあるとき、油断なく町送り相達すべきこと
⑨	同往来の節、備後町二丁目・三丁目にこれある店の覆取り払い申すべきこと
⑩	同往来の節、明き借やこれあらば見物人にても差し置き、ならびに裏店へ通り候路次の見付等、見苦しくこれなき様ニ仕り置くべきこと
⑪	同着船出船の刻、船にて見物仕るまじきこと
⑫	朝鮮人の元船、尻無川に繋これあるうち、近辺の往来のもの立ちとまり、見物致すまじく候、自然往来の旅人等立ちとまり、見物致し候はば所のもの右の趣申し聞せ、立ち去らせ申すべく候、猶また組与力・同心差し出し、相背候ものこれあらば召し捕えさせ申すべきこと
⑬	同船にて往来候節、木津川口より備前嶋まで南浜側の見物人、通り筋相触候通り作法能く仕るべきこと

出典：『大阪市史』第三

白糸や牛皮を担保とする貸銀も、相当額にのぼっていた。

友昌は供を連れ、羊羹一〇棹を持って御機嫌伺いに出かけたが、このとき藩主からは、紋付・小袖・朝鮮焼茶碗を拝領している。また、朝鮮人の宿所に案内してもらい「御家中世話にて、掛け物・讃などあい頼」んだという（「年々諸用留」『住友史料叢書』）。

通信使を見物する

泉屋の手代たちも、交代して見物に出かけた。町内の者が取り次ぎ、四・五人ずつで出かけるも、夜が深いため、船も「唐人」もまるでみえなかったという。淀川・北浜の上陸ポイントは、絶好の見物場所だった。泉屋では子供・腰元・下女に至るすべてが出かけ、礼金や肴・呉服代に相当の出費を要している。

図８－１　『朝鮮人来朝行列記』文化８年　1811（国立国会図書館デジタルコレクション）

通信使の通行は、町人にとって経済的な負担をともなう一方で、下人・子どもにいたる都市の人びとに、純粋な見物＝遊興・娯楽を提供する恰好の材料だった。浜から宿所まで、あるいは川沿いに見物人がひしめき、おそらく町触で規制された内容の逐一は、そのまま熱狂の現実を浮きぼりにしている。

いうまでもなく、異国人を間近にみるチャンスは、めったにない。だからこそ通信使を体感することのできた好運な人びとは、各々が自分なりの異国イメージを創造し、それが巷間の噂として流布した。

この時期、朝鮮通信使一行の様子を描いた刊行物（図8‒1）は、類本・重版のトラブルが表面化するほどまでに（「大坂本屋仲間記録」）広く流通していたのである。

2. 参府オランダ人と銅吹屋

銅精錬業の中心地

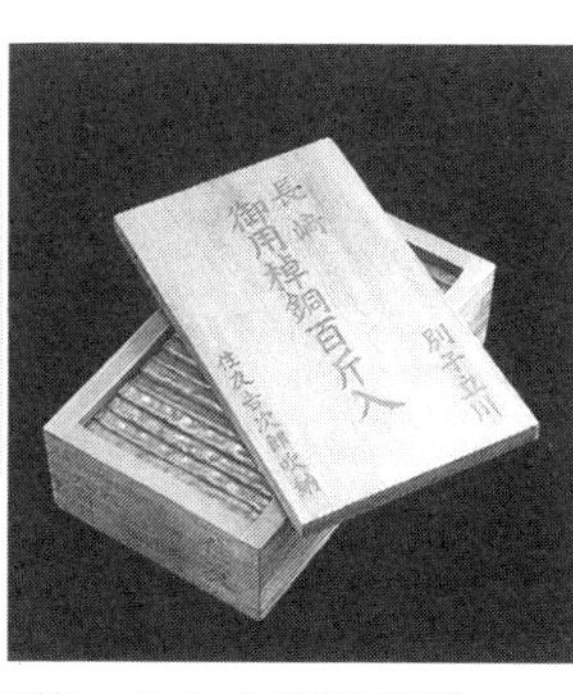

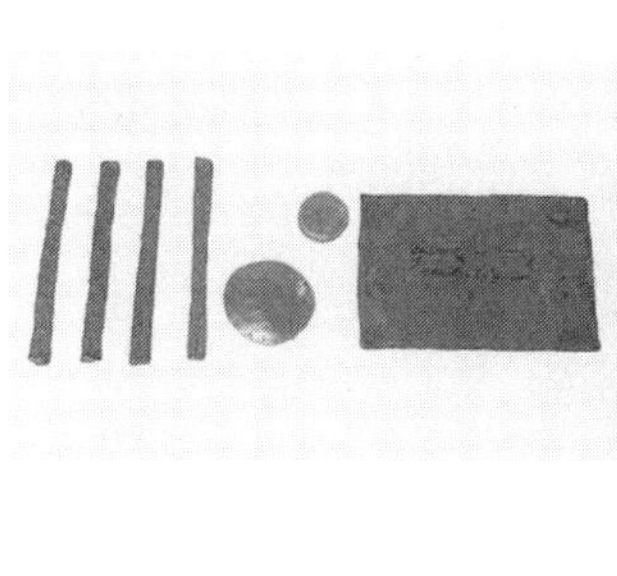

図8‒2　棹銅と輸出用の棹銅箱　住友史料館所蔵

泉屋（住友家）の祖のひとり、蘇我理右衛門（そがりえもん）が一七世紀の初頭に「南蛮吹（なんばんぶき）」（銀銅吹き分け）の技術を修得して以降、大坂は、輸出用銅精錬業の拠点として大きく発展した。相次ぐ銅山の開発によって、わが国における銅の生産量は一七世紀末にピークを迎え、オランダ・中国への輸出量も増加した。

一七世紀後半以降、金・銀に代わり、銅は貿易政策に欠かせない重要な商品となっていた。国内向けにも、貨幣鋳造用や建築資材、銅製品の普及などで需要が高まった。大坂には、全国の銅山から粗銅（あらどう）（粗く製錬したもの）が集められ、銅吹屋仲間の精錬工場で不純物や銀が取り除かれる。輸出用の棹銅（棒状のもの）は、赤銅色をして純度も高く、アジア・ヨーロッパ市場で多く取り引きされた（図8‒2）。

享保六（一七二一）年のデータによると、泉屋の吹所では、一一九人（吹大工三四人・吹子差四一人・手伝四四人）の職人が働き、銅吹屋のなかでは最大の規模だった。さらに材料・燃料や製品の運搬など、生産活動の周辺でも必須の労働力がある。実際には相当な規模の者が、銅精錬の事業に関わっていた。

銅のことに限らず、近世の大坂は、各地から物資を集め加工する工業都市の性格をもつとともに、貿易・流通の拠点であり、その経済活動は世界と直結していた。

オランダ商館長一行の吹所参観

大坂の銅吹屋仲間がもつ銅精錬の技術は、水準の高さゆえに、外国人から強い関心をもたれるところであった。

長崎へ来航するオランダ商館長は江戸参府の慣例があり、通商免許の謝意を表するため将軍に拝謁し、贈物を献上する。当初はおよそ年一回、実施されたが、寛政二（一七九〇）年以降は、四年に一度と改められている。商館長のほか、随員・医師・薬剤師・通詞が随行し、長崎と江戸の往復には、約九〇日をかけた。

商館長一行は、朝鮮通信使と違って、三～五名ほどのわずかな人員なので、銅座役人為川五郎兵衛（ためかわごろうべえ）の役宅を宿とした。滞在中、彼らは市中見物に出かけるが、一行が決まって訪れる場所のひとつ、それが泉屋の吹所だった。

吹所の見学を終えると、商館長一行は、別室へ移って長時間、日本料理と酒の接待をうける通例だった。文化三（一八〇六）年、商館長ドゥーフ Hendrik Doeff（1777-1835）一行の来訪記録（「紅毛人入来之控」住友史料館収蔵文書、図8-3）によると、これまで「阿蘭陀酒飯の入用器物、并（ならびに）飯台相引等」は、「浮瀬（うかむせ）」から借りていたが、あいにく断られたので、有り合わせの「飯台」＝テー

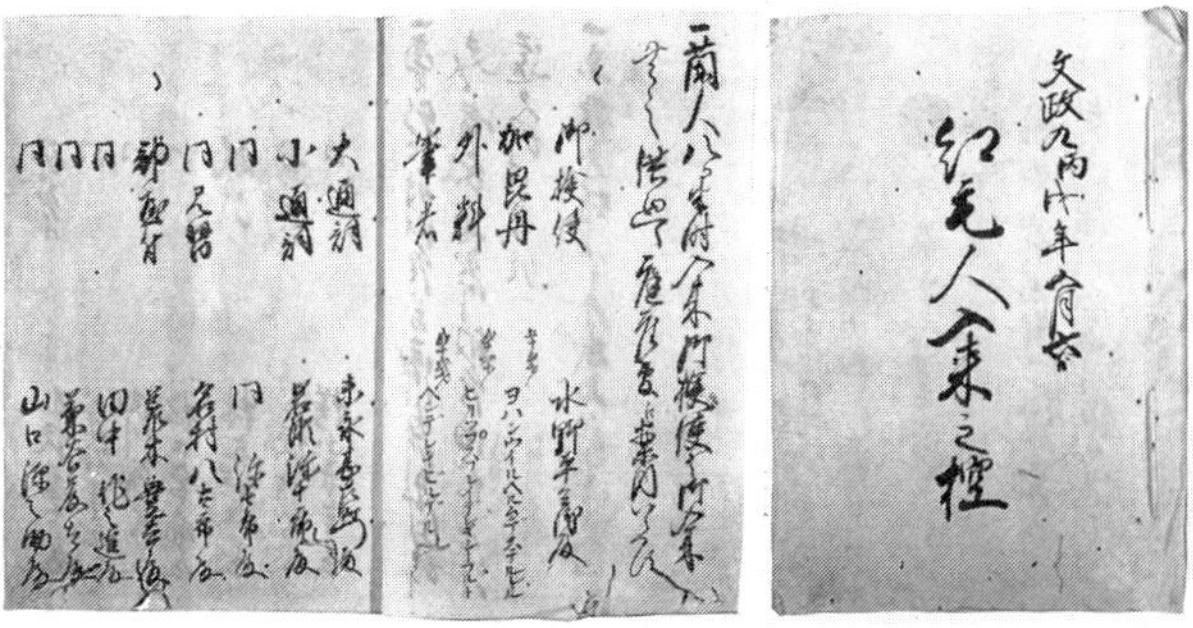

ブル、器物で代用した。

浮瀬とは、四天王寺近くにある茶屋で、そこから備品一式を借り請けて、接待に用いたのである。やがて泉屋でも、テーブルや西洋風の食器類を揃えていくが、これらの品が当時、大坂で入手できた事実は、たいへん興味深い。

図８－３　『紅毛人入来之控』文政９（1826）年　住友史料館所蔵

シーボルトと大坂

商館長一行をもてなす豪華な接待は、文政六（一八二三）年に来日、卓越した日本研究で知られる医師シーボルト Philipp Franz von Siebold（1796-1866）も記録したところである。

助手の役を果たしたビュルゲル Heinrich Burger（1806？-1858）とともに、商館長ステュルレル J. W. de Sturler（1776-1855）の江戸参府に随行したシーボルトは、「このたいへん裕福な男はわれわれを全くヨーロッパ流にもてなし、そのうえオランダの食器さえ持っていた。またオランダ人のファンであるこの人は、製銅法を簡単に記した本と、粗銅から銅の精錬した延棒までを順序よく取り揃えた立派な標本を私に贈ってくれた」（『江戸参府紀行』斎藤信訳、平凡社東洋文庫）と述べている。

ステュルレルも、吹所を「劣悪」と言い放ったが、銀・ガラス製品の美しさに感嘆し、泉屋の饗応が大坂における他のどこよりもよかった、と自身の日記に書き留めている。

図8－4　『鼓銅図録』19世紀初頭
住友史料館所蔵

図8－5　オランダ商館長一行の銅吹所参観の様子（模型）

シーボルトが贈られた本は『鼓銅図録(こどうずろく)』で、銅の採鉱から精錬までを図入りで解説し、道具図を併載したガイドブックである（図8－4）。木版・多色刷りで、一九世紀の初めごろ幕府高官やオランダ人へ配布するため泉屋が制作した。もっとも、技術上の細かい過程は部分的にぼかしてある。中表紙の題字は、大田南畝(おおたなんぽ)の起筆による。狂歌師として名の高い彼は、幕臣として大坂銅座出役をつとめ（一八〇一年）、泉屋とも縁が深い（第6章）。

吹所参観は、和暦五月六日に実施された。泉屋では、彼らの訪問にさいし周到な準備をおこなっている。前日五日には、オランダ人を観ようと群衆が押し寄せる（「往来立ち留まり、見物人多くあい集まり候」）事態を考え、事前に大坂町奉行へ届書を提出した。

当日は吹所・座敷の各担当や、台所・掃除差図方など細かい役割分担を決めて、手代を配置した。一行は、大通詞・小通詞・触頭はじめ総勢一八名で来訪した。

興味深いのは、オランダ人に関心をもち、見物に訪れたのが、大坂在住の庶民だけではなかったという事実である。泉屋の屋敷には、業務上、関係の深い伊予松山藩・延岡藩・秋

表8-5　寧波船の積荷（1698年）

糸・綿	白糸・東京糸・綿・金線・色線
織物	大花紬・中花紬・小花紬・大紅縐紗・大紗・中紗・小紗・色紬・東京繻・大巻綾・東京紦・中巻綾・素紬・色緞・金緞・嘉錦・杭羅・大宋錦・西綾・花紗・軽羅・紅毡・藍毡
染料・香料など	銀硃・水銀・歙鐵石・魚膠・蘇木・漆・沈香・碗青・苓苓香・緋草・麝香・雄黄・料香・伽羅香・明礬・藤黄
薬材	白朮・東京肉桂・桂皮・山萸肉・木香・黄芩・甘松・甘艸・川芎・蘄蛇・人参・小参・藿香・当帰・巴豆・黄蝋・巴戟・禹餘粮石・茴香・砂仁・石青・淫羊霍・大黄・藁本・阿膠・貝母
皮	牛皮・山馬皮・鹿皮・魚皮・羊皮
砂糖	氷糖・白糖・三盆糖・烏糖
墨・骨董など	墨・古画・磁器・刀盤・古董
書籍	書（60箱）
その他	白鉛・鉄鍋・菜油

註：原史料には積載量（斤数・箱数など）も収載されるが、ここでは書籍以外を省略した。
出典：大庭脩『江戸時代における唐船持渡書の研究』（関西大学東西学術研究所、1967）

田藩・土佐藩などの役人が来訪し、座敷の隙間から彼らの様子をうかがった（図8-5）。

シーボルト参観時、その数は四〇名近くにも及んだ。このような態度は、朝鮮の使節に逢うために、西本願寺へ文人たちが駆けつける心性とも酷似している。彼らは、積極的に異国との接触を求めた。ただし、オランダ人の場合、筆談という手段が通用せず、随行の通詞ではじめて交流が成立するから、瞥見にとどめざるを得なかったのである。

3. 異国観を創りあげた書籍

輸入書籍と異国観の形成

長崎に来航する中国船が持ち運む輸入品の中心は、糸・織物や薬材であり、書籍が占める比重はさほど大きくはない。元禄一一（一六九八）年に五島沖で難破した寧波船の積荷（表8-5）をみても、六〇箱程度である。にもかかわらず、実際には申維翰が指摘したように、中国・朝鮮の書籍が大量に書肆で取り引きされていた。

浪華書房柳原積玉圃蔵書目録
心齋橋通北久太郎町 河内屋喜兵衛

図8－6　柳原積玉圃の刊行広告（天保期ごろ、『近世出版広告集成』ゆまに書房より転載）

中国船の運んだ書籍は、長崎奉行支配下の書物改役が内容を調査し、制禁の内容でないことが確かめられた後に、市中へ流通する。輸入書籍はもちろんだが、その翻訳や日本の識者が編纂した刊本の流通も、人びとの異国観を形成するのに重要な役割を果たした。

大坂は、京都と並ぶ出版業の中心地であり、一七世紀末には、重版・類版を取り締まる機関として本屋仲間が結成され、一八世紀の初めに公認された。

寛政二（一七九〇）年、将軍御上覧のため老中・大坂町奉行を経由し作成の指示された「板木総目録株帳」は、計七四五一冊分の板株をリストアップしている。仲間のうち最も有力な一統だった河内屋は、このうち一七三九冊の権利を所有し（他書肆との相合＝板株の共同保有を含む）、全体の四分の一近くを占めていた。

天保期ごろの作成と推定される蔵書目録（刊本の巻末に付く広告、『近世出版広告集成』所収、図8－6）によれば、河内屋は儒書・医書・中国史書などを多く取り扱っている。

たとえば、貫名海屋『左繍』全一六冊は「左氏伝ノ註本多シトイヘドモ互ヒニ得失アリテ一ヲ得テ二ヲ失」う状況があり、古今の諸説を折衷、僻見謬説を糺した註釈書の大成版だと紹介する。一方、宋の儒者呂祖謙が著した『東莱博議』は、春秋・左氏伝に関する論考だが「見識ヲ開カント思フ人早ク此書ヲヨムベシ」との宣伝文である。

このような史書は、漢詩文を創作するさい有益で、伊藤東涯の校閲した『故事雕龍』は「文書ヲ作ルニ用ユベキ故事ヲ部分シテ集ム常ニ記誦シテ大ニ益アル書」だという。

また『唐明詩学聯錦大全』は、詩文の初学者が必携すべき「漢魏六朝唐宋元明清ニ至ルマデ普ク名家ノ律詩聯句ヲ集メ…（中略）…熟字ヲ知リ且絶句ノフミオトシニ用ユルニタレリ詩作ニ用ユル大奇書」であり、朝鮮の詩文を集めた同種の書籍もみえる。

これらはいずれも、きわめて実践的な内容をともなうもので、人びとが漢詩文を通じた交流をはかるさいの簡便が図られている。

漢詩書・史書に比して種類が多いのは医書だが、これは輸入書の翻刻版にとどまらず、永富独嘯庵や松岡玄達など、著名医家が編纂したものも目立つ。ただし、明代の医説に拠る部分は「治療ニ的（適）切ナラズ」と述べており、中心は清医学である。

清医書『千金要方』の著者である周岐来は、享保期に長崎へ来航、三年のあいだ治療をおこなったが、蓄積された医按（処方、カルテ）に考証を加えたのが本書だという。彼の処方に学び、大坂の薬種問屋吉野五運が「人参三臓圓」を開発したといわれ、これは市中のみならず各地で流行の売薬に成長した。このように中国・朝鮮の学問と知識は、書籍という手段を介して着実に浸透し、大坂の文化を豊かなものにしていた。

図8－7　木村蒹葭堂（谷文晁筆）
大阪府教育委員会所蔵

大坂を代表する好事家

一八世紀大坂の文化形成を語るうえで、欠かせない存在に木村蒹葭堂（一七三六―一八〇二）がいる（図8―7）。彼は、坪井屋吉右衛門を称し、仕舞多屋（家屋敷と酒造株の売買）を業とした町人だが、若いころから画に親しみ、本草・物産にも通じるなど、実にスケールの大きい好事家・趣味人として知られる。彼の収集した圧倒的な標本類の閲覧を望み、その博識に学ぶべく各地から文人が大坂へと訪れ、画会を乞うた。

寛政二年刊行の『浪華郷友録』をみると、蒹葭堂は「聞人（世間に名高い人）」「物産家」「画家」の三項で、収載されている。画技は初め狩野派の画家である大岡春卜に師事し、後に文人画の先駆的な位置にあった柳沢淇園や、長崎の沈南蘋派を畿内にひろめた黄檗僧鶴亭（海眼浄光）に学んだ。とくに淇園門下の池大雅からは、最も大きな影響を受けており、友人としても親しかった。

蒹葭堂は唐風の画を好んで描いた。当時、長崎に来航する画家や僧侶は、中国の文人（世俗から離れ、詩文画技を専らとする教養人）絵画の様式をわが国へ持ち込み、やがて既存の画風を凌駕した。上方の文人画壇はその中核であり、蒹葭堂のような在野の存在がとくにこれを受けいれた。

彼らは、文人画を通じて中国の文化に触れ、また、彼方の文人に倣って、詩作や煎茶にとりくんだ。文房具や青銅器など、モノの蒐集にも注力した。

蒹葭堂が記した日記で、最も多くみられる催しは茶会といわれるが、そこでは、詩作を共通の教養とする儒者・町人・武士たちが、身分を横断した交流を実現させていた。

蒹葭堂は本草学にも通じ、『禽譜』『奇貝図譜』『本草綱目解』『琉球物産志』はじめ、多くの研究成果を遺した。彼の学問は、厖大な知識量に加えて、広い人的交流関係の裏付けを得て、高いレベルで結実した。蒹葭堂の日記が収載する来訪者は、全一九年分で約四万人とも数えられる。

天明五（一七八五）年一〇月、蘭学者大槻玄沢（一七五七―一八二七）が長崎遊学の途上、蒹葭堂邸を訪れた。このとき蒹葭堂は、蔵書のなかから一冊の蘭書（グリーンランド地方の地理志）を取り出し、彼に示した。この蘭書には当時、解毒薬として珍重されていたウニコール（クジラ目一角科の哺乳動物）に関する紹介が載っていて、蒹葭堂は、翻訳を玄沢に依頼したのである。

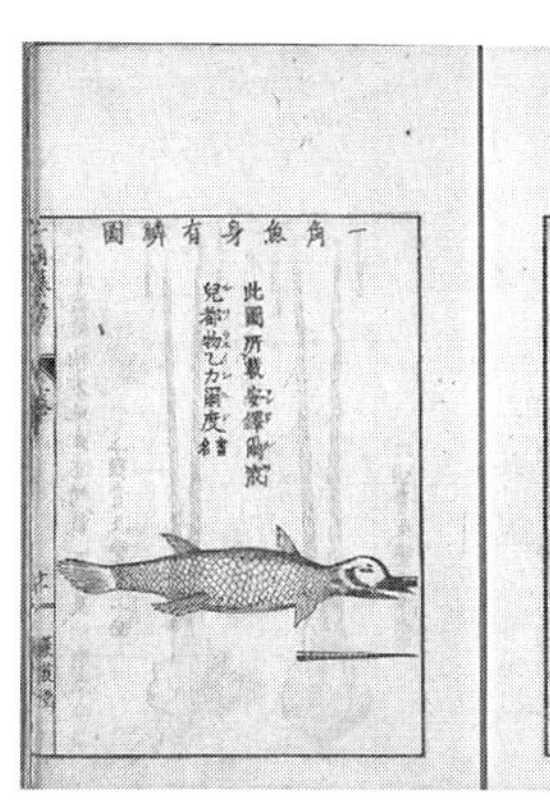

図8－8　木村蒹葭堂『一角纂考』寛政7年1795（国立国会図書館デジタルコレクション）

ウニコールの正体は永らく不明とされ、想像上の動物である一角獣のイメージと重なり合って、諸説入り交じる状況にあった。玄沢は、約一年をかけてこれを一書にまとめたが（『一角纂考』図8–8）、同書を眺めると、蒹葭堂が和漢の多様な説を渉猟し、一角の情報を正確に記した蘭書を手に入れたときの興奮が伝わってくる。

蒹葭堂は薩摩藩の知己を介し、中国へ書籍を注文したと伝えられる。また、宝暦一四（一七六四）年に来坂した朝鮮通信使の一行を西本願寺に訪問して、書記の成大中（ソンテジュン）と面会、詩文の唱酬を通じ、二人は親密になった。

世界への眼差しを持ち、研鑽を深めていく蒹葭堂の姿勢は、大坂が有した国際性に拠るものではなかったろうか。

学習課題

1. 朝鮮通信使の書記や、オランダ商館長一行が書き残した記録を読み、彼らがわが国のどのような事実に注目していたか調べよう。
2. 江戸時代に舶来した書籍は、どのような内容のものが多かったか調べよう。
3. 木村蒹葭堂の学問や文人としての営み、大坂を中心として広範に展開した彼の交友の広がりについて調べよう。

参考文献

有坂道子「都市文人」（横田冬彦編『身分的周縁と近世社会5』吉川弘文館、二〇〇七年）
李元植『朝鮮通信史の研究』（思文閣出版、一九九七年）
海原亮「世界のなかの近世文化」（荒野泰典編『日本の対外関係』第6巻、吉川弘文館、二〇一〇年）
大阪歴史博物館『よみがえる銅』（大阪歴史博物館、二〇〇三年）
大庭脩『漂着船物語―江戸時代の日中交流―』（岩波新書、二〇〇一年）
ロナルド＝トビ『「鎖国」という外交』（小学館、二〇〇八年）

9 近世都市と芸能

神田 由築

《目標&ポイント》 一六世紀末から一七世紀はじめにかけて、新しい時代の幕開けとともに、芸能の世界にも革新的な演技・演出の様式や楽器が登場する。それらは、やがて歌舞伎や人形浄瑠璃という二つの芸能ジャンルに結実して近世文化の基盤を形作ることになる。本章では、芸能が三都（江戸・大坂・京都）のさまざまな場所で、さまざまな集団によって担われ、都市社会の深部へと浸透する過程を学ぶ。

《キーワード》 芸能、歌舞伎、人形浄瑠璃、三都

これから三章にわたり近世の芸能文化をとりあげるが、ここでいう芸能とは、おもに歌舞伎（かぶき）と人形浄瑠璃（にんぎょうじょうるり）に限っている。また浄瑠璃とはひろく語り物の音曲全般を指す言葉であるが、ここではおもに一七世紀後半に竹本義太夫（たけもとぎだゆう）が始めた義太夫節を指し、人形浄瑠璃にもさまざまあるが、ここでは人形芝居と義太夫節とが合体して成立した、いわゆる今日の文楽のことを意味する。史料用語としては「歌舞妓芝居」「操芝居（あやつりしばい）」など「芝居」という言葉がなじむが、さまざまなジャンルを統括する場合は、「芸能」という用語を用いることにする。また、芸能の担い手を一般的に表現する場合は「芸能者」、歌舞伎役者に限る場合は「役者」と表現する。

一六世紀末から一七世紀はじめにかけて、ちょうど戦国時代が終わり社会が大きく変わろうとするころ、芸能の世界でも「かぶきおどり」や三味線など、それまでにない演技・演出や楽器が登場し、革新がもたらされた。やがてそれらは歌舞伎や人形浄瑠璃に結実して、近世芸能の基盤ができあがる。これらの芸能は、三都と呼ばれた江戸・大坂・京都からおもに発信され、全国に伝播・浸透していった。ゆえに、都市社会の成熟と芸能文化とは、不可分の関係にある。

近世都市のなかの芸能というと、図9-1のような芝居町の光景を思い浮かべるかもしれない。しかし、実際の興行場所はこのような芝居町のみではなく、都市のなかに広く分布していた（図9-2）。しかも、場所の性格、芸能者の技芸や道具・衣裳の質、値段などさまざまで、それらを指標として格付けすると、上位レベルから下位レベルまで階層構造をなしていた。こうした階層性は、一見すると江戸・大坂・京都のいずれにおいても同様のようにみえるが、都市によって大きく違う点もある。

そこで、本章では三都それぞれの芸能について、階層性というタテの構造を意識しつつ都市の個性などにも配慮しながらみていくことにする。

1. 江戸の芸能

三座

まず江戸をとりあげよう。一八世紀後半の歌舞伎芝居の頂点に君臨していたのは、幕府から正式に興行を許可された中村座・市村座・森田座の本櫓（ほんやぐら）三座、およびその控櫓（ひかえやぐら）（本櫓の三座が経営困難に陥ったとき代わりに立つ座）の三座である。小屋の屋根には興行権許可の象徴として櫓をいた

図9－1
芝居町の光景
（歌川広重「東都名所芝居町繁栄之図」国立劇場所蔵）

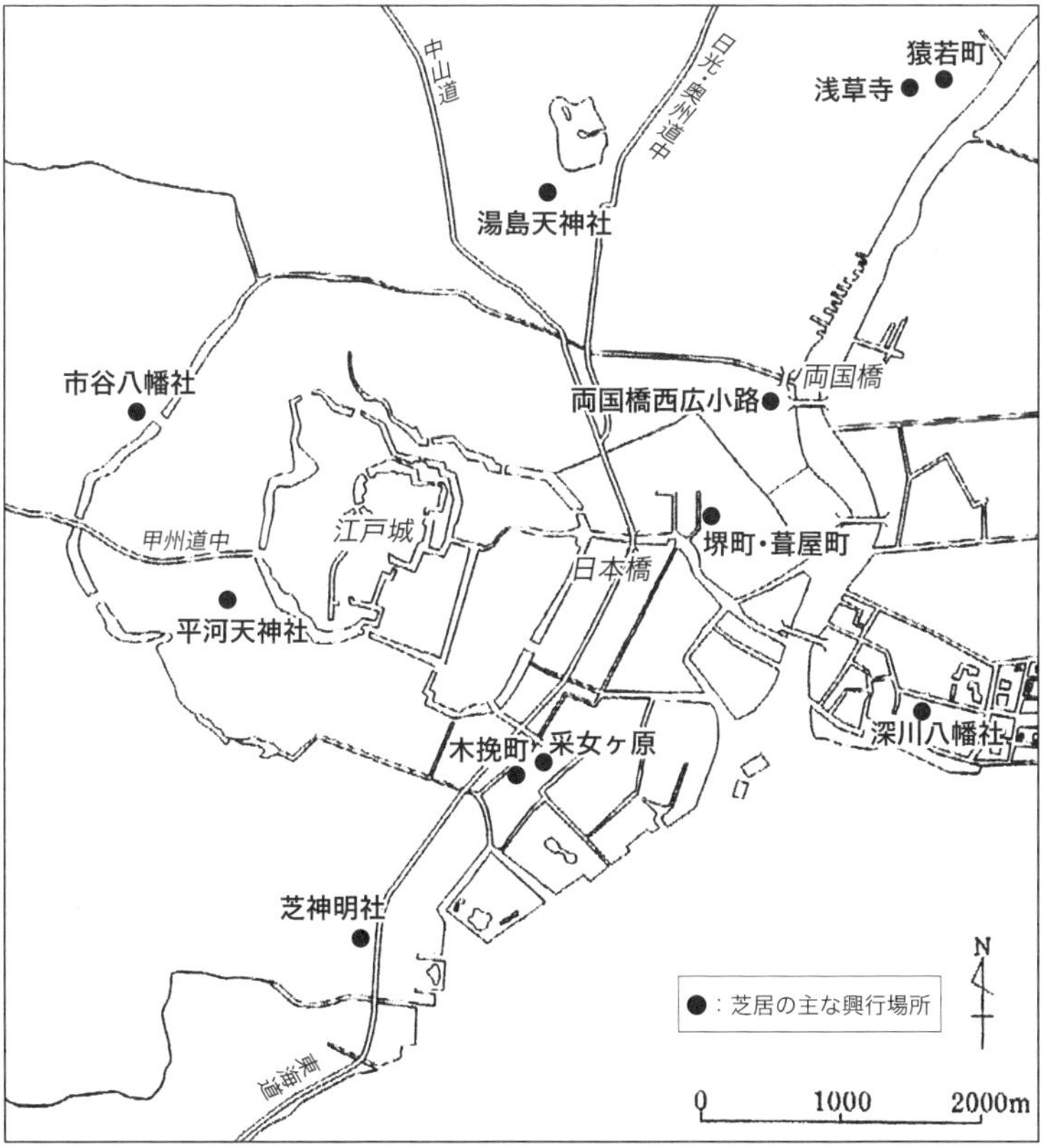

図9－2 江戸の興行場所

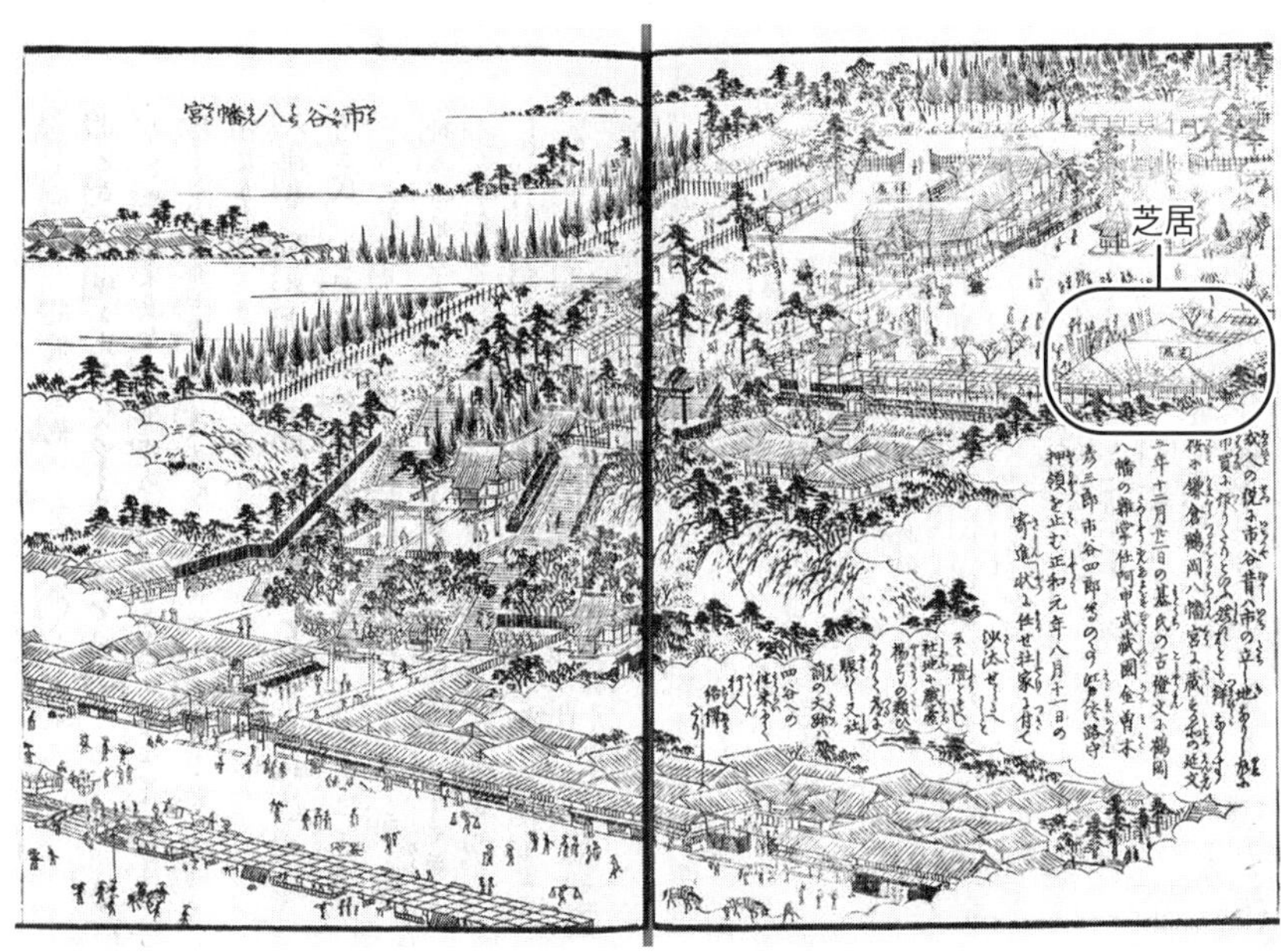

図9－3　市ヶ谷八幡宮（「江戸名所図会」国立国会図書館デジタルコレクション）

だき、役者の名前や演目の場面を記した看板を連ねる。こうした芝居地はおおよそ明暦三（一六五七）年の大火のあと、一七世紀後半頃に成立した。中村座・市村座のある堺町・葺屋町（現在の東京都中央区）、森田座・山村座（正徳四〈一七一四〉年まで）のある木挽町（現在の中央区）がこの頃の主な芝居地である。

その後、天保改革における役者の身分統制および風俗統制のため、天保一三（一八四二）年から歌舞伎の三座、および人形浄瑠璃の薩摩座・結城座も浅草の猿若町（現在の台東区）に強制的に移転させられる。表通りに芝居小屋と芝居茶屋が建ち並び、裏側には役者や裏方など芝居関係者が居宅を構えるという、芝居に特化した町＝芝居町のイメージは、この猿若町が最も近いかもしれない。

宮地芝居

しかし、三座の芝居は高額だったため、より手近で安価な宮地芝居や広場での芝居などに親しむ者も多かった。宮地芝居とは寺社境内に設けられた芝居で市中各地に存在した。なかでも市ヶ谷八幡宮、芝神明社、湯島天神社の芝居が代表的である。図9−3は市ヶ谷八幡宮を描いたものだが、境内に幟を掲げた「芝居」が見え、かなり大きな小屋が設けられていたことがわかる。

宮地芝居の経営主体は香具師で、香具商売（歯磨粉などを売る）の客寄せに芝居を見せるという名目で興行を許可されていた。小屋は仮設がたてまえ、興行期間も限定して許可されるのが原則で三座の芝居とは格差があったが、実際は花道も備えた舞台で常設化していた。役者集団も三座とは別々で、両者は少なくとも表面的には、かなり厳格に交流が禁じられていた。しかしこれも、三座でも宮地芝居でも役者集団の下層部分に弟子役者を抱えていたこと、また下層の役者はいずれも地方芝居と関わっていたという共通点がある。

たとえば、嘉永五（一八五二）年、上野国伊勢崎近くの芝宿八幡宮境内で江戸の役者が興行したかどで取締を受けた（『群馬県史』資料編一四巻）。その時の役者五人のうち、一人は猿若町一丁目専助店團十郎方同居の弟子福之丞（市川團十郎の弟子）、四人は「宮（地）芝居役者」であった。本来は別々の集団に属する役者たちが、弟子クラスともなれば、同じ地方芝居に出演していたのである。彼らは身分上は江戸役者の弟子ではあったが、はたして江戸の舞台を踏めたかどうか。日常的に地方を廻っていたのではないかとも考えられる。江戸から地方に芸能文化が伝えられたのは、もちろん人気役者の地方巡演のゆえもあるかもしれないが、こうした江戸の下層役者たちの功績に拠るところも大きかったといえよう。

広場と乞胸

その他、市中の広場や広小路でも各種の芸能が行われた。代表的なのが両国橋西広小路だが、ここでは広場の具体例として采女ヶ原の芝居を紹介しよう。采女ヶ原は、もともと今治藩主・松平采女正の屋敷であった。享保三（一七一八）年に屋敷が焼失した後、跡地が火除地（火事の際に類焼を食い止めるために設けられた空き地）とされる。そして木挽町四丁目に管理が任され、中央部に馬場、その周縁部に番屋、芝居小屋や茶店などが設けられた。芝居小屋や一部の店舗からは地代が徴収され、馬場の管理費用にあてられるシステムだった。つまり、采女ヶ原の芝居は、江戸市中の広場の管理システムと関わって成立したのである。

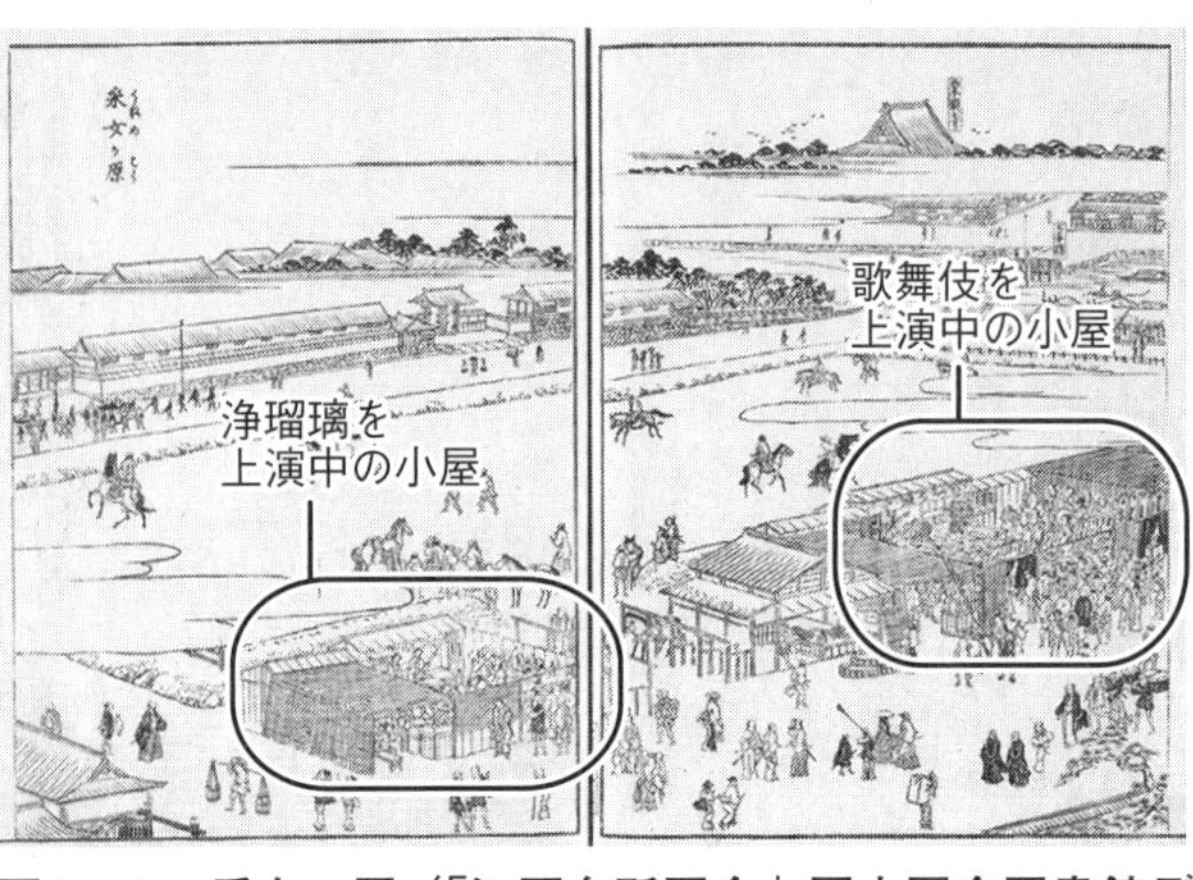

図9-4　采女ヶ原（「江戸名所図会」国立国会図書館デジタルコレクション）

図9-4を見ると、きわめて簡易な造りの屋根のない芝居小屋が二軒あって、人だかりがしている。手前の小規模な小屋では浄瑠璃（人形をともなわない語りと三味線だけの芸能）が、奥の小屋では歌舞伎が行われている。

この芝居に出演していた芸能者のなかに乞胸(ごうむね)という、身分は町人でありながら稼業は非人頭(ひにんがしら)善七の支配を受ける特異な身分集団があった。彼らは乞胸頭(ごうむねがしら)仁太夫に札銭を払って鑑札をもらい、仲間集団を形成して、江戸の寺社境内や広小路・広場で諸芸能を演じていた。

乞胸の稼業は歌舞伎、浄瑠璃、手妻(てづま)、物真似(ものまね)、万歳(まんざい)など、あらゆる芸能に及んでいる。そのため類似の家業の他集団、つまり同様の芸能を生業とするが乞胸仲間ではない者たちとの抗争が絶えなかった。なかでも寺社境内で芸能を行う香具師集団とは、乞胸頭仁太夫が、乞胸稼業をしているとの理由で鑑札を渡そうとすると、自分たちは薬や香具などを売る香具師であって乞胸とは別の稼業であると主張して町奉行所に訴え出るなど、両者は緊張関係にあった。

三座の役者と乞胸も別個の集団である。しかし、乞胸のなかには三座の役者への指向性が強くみられる。嘉永六(一八五三)年の史料には、采女ヶ原の芝居に出演した乞胸の名前が載っている(「市中取締類集」、表9-1)が、三座の歌舞伎役者を想起させる名前がみえる(「坂東三津五郎」ならぬ「三津十郎」など)。乞胸集団としては諸芸能を稼業にするとはいえ、少なくとも采女ヶ原に出演する乞胸の実態は歌舞伎役者で、三座の役者を強く意識し

表9-1 采女ヶ原芝居の乞胸

住所	名前
筑波町保太郎店	三津十郎
三田功雲寺門前町金蔵店	台助
本所入江町伝兵衛店	芝之助
浅草本仲町嘉兵衛店	鯛蔵
赤坂裏伝馬町三丁目嘉助店	岩子
本所入江町甚兵衛店	菊三郎
深川西町治郎吉店	枡之丞
南八丁堀二丁目又十郎店	しき蔵
北八丁堀漂杭屋敷長兵衛店	額之助
芝西応寺代地五郎助店	百太郎
橘町四丁目庄助店	亀三郎
神田鍋町東横町与兵衛店	友菊
湯島天神門前町藤兵衛店	繁右衛門
三田一丁目吉兵衛店	亀治郎
八丁堀岡崎町卯兵衛店	七十郎
麻布坂下町仙十郎店	定治郎
神田弁慶橋松枝町安兵衛店	亀治郎
浅草新鳥越三丁目儀兵衛店	利兵衛
同所同町	皆助
浅草浅草寺地中喜十郎店	喜代八

〔「市中取締類集」より〕

ていたことがうかがえる。

図9-4の歌舞伎芝居の小屋を詳細に見ると、登場人物の型や衣裳から『菅原伝授手習鑑』「車引の場」の上演場面とわかる。『菅原伝授手習鑑』は人形浄瑠璃として初演された（延享三〈一七四六〉年、大坂竹本座）が、翌年には江戸中村座で歌舞伎として上演されている。三座でも広場でも寺社境内でも、役者集団は異なるものの上演される演目は共通していた。もちろん、采女ヶ原の上演場面は想像図の可能性もあるが、その他の状況から考えて演目の共通性はあったと認めてよい。だからこそ、役者の所属や場所をめぐる集団どうしの争いも絶えなかったのである。

2. 大坂の芸能

都市の開発と芝居

では、大坂の場合はどうだろうか。一八世紀末における大坂の芝居の興行場所は、道頓堀、北の新地（曾根崎新地）、堀江新地、寺社境内の大きく四つに分けられる（表9-2、図9-5）。芝居小屋が建ち並ぶ道頓堀の芝居町や宮地芝居の存在など、一見すると江戸と同じような階層性があるように見えるが、かなり異なる部分がある。

第一に、都市の開発の経緯との関係である。近世初期の大坂では、新しく堀川を開削し土地を開発することで町づくりが行われ、都市が整備されていった。その過程で堀江新地（元禄一一〈一六九八〉年）、曾根崎新地（宝永五〈一七〇八〉年）も開発される。これらの新地では新たな開発地に人を呼び込むための装置として芝居や茶屋株などが赦免された。

延享三（一七四六）年「道頓堀・堀江・曾根崎・安治川　芝居主・名代・太夫本・座本・芝居屋

表9-2　近世大坂の芝居

場所	芝居の名前	芝居の種類・所在地
道頓堀	角の芝居	大芝居
	中の芝居	大芝居
	若太夫芝居	人形操芝居
	東竹田芝居	中芝居
	角丸芝居	中芝居
	大西芝居	竹田からくり
北堀江	荒木芝居	阿弥陀院門前
	豊竹芝居	市の側西側
	新芝居	市の側東側
北の新地	北の新地芝居	歌舞伎大芝居または人形操芝居
寺社境内	稲荷境内芝居	子供芝居
	座摩境内芝居	子供芝居
	御霊境内芝居	子供芝居

〔『増補戯場一覧』(『日本庶民文化史料集成6』三一書房、1973年) より〕

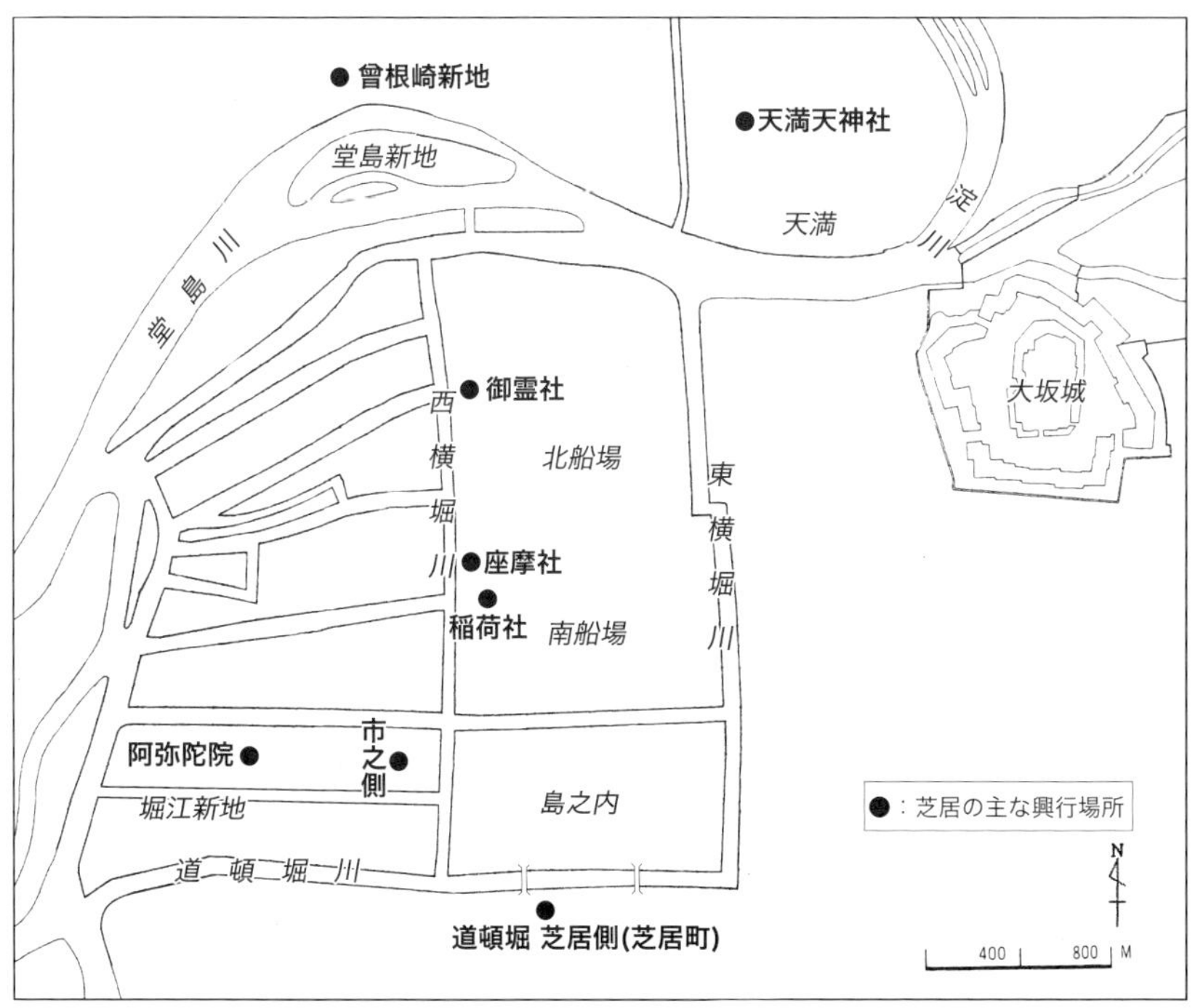

図9-5　大坂の興行場所

敷持主名寄帳」（大阪商業大学商業史博物館所蔵、佐古文書N３７―３７）では曾根崎新地（北の新地）芝居について「宝永五子年御開発の後、助成のため曾根崎新地三丁中へ下し置かれ候」とある。堀江芝居についても「元禄一一寅年御開発の後、繁盛のため堀江中へ下し置かれ候」とあって、両芝居はいずれも土地の開発にともない町の繁盛のために創始されたという共通性が見出せる。すなわち、〝土地の繁栄のため〟という論理が、大坂の芝居の底流にある。

道頓堀でも一七世紀に開発された土地に地主が確定され、彼らが中心となって町づくりが行われた（塚田孝、二〇〇九）。芝居の誘致はその一環である。地主が芝居主となり、そして芝居主仲間が芝居町を統合する存在となった。ただし、一八世紀には急激に芝居主は不在地主化して、「中の芝居」では小屋主と地主が分離するなど、土地をめぐる権利の細分化が進んだ。

興行のしくみ

第二に、興行のしくみにも大きな違いがある。近世では興行を成立させるには、芝居小屋の所有者（芝居主）、興行権所有者（名代）、芸能者集団の統括者（座本〈江戸では座元〉）の三つが必要だった。江戸の歌舞伎芝居の場合、狂言座（歌舞伎芝居を行う座）の座元である中村勘三郎・市村羽左衛門・森田勘弥・山村長太夫（正徳四年まで）が、それぞれの座について三つの要素を兼ねていた。すなわち、座元＝芝居主（小屋主）＝名代だった。

これは江戸では、幕府による野郎統制の過程で狂言座の座元が力を持ったためである。元禄二（一六八九）年に幕府は、それまで個々の役者が野郎と結んでいた奉公関係を解消して、座元―役者関係として一元化する政策を打ち出した。この時座元には、江戸市中すべての芝居（座元自身が営む狂言座はもちろん宮地芝居も含めて）と役者の一元的な管理が期待された。結局この試みは失敗に終わったが、こうした〝座元による統制〟という幕府の政策が、江戸の芝居のしくみに色濃く反映されている。

それに対して大坂の場合は、道頓堀では芝居小屋の起立の経緯から、まず開発主でもある芝居主（地主かつ小屋主）に興行権が認められ、芝居主の名前が「歌舞伎名代」として固定化した（塚田孝、二〇一〇）。その後、芝居主が交代すると、芝居主・名代・座本の三つの要素が別々の主体に分有されることになる。一九世紀には芝居小屋と座本の対応関係は希薄になり、座本の形骸化が進んだ。

新地芝居では、場所によって細かな違いはあるものの、おおむね芝居小屋は新地や町によって管理されていた（木上由梨佳、二〇一五）。宮地芝居では、江戸と同じく常設的な小屋や興行は禁止されたが、実際は新地芝居に許可された興行権や説教讃語（せっきょうさんご）名代（後述）を用いて恒常的な興行が行われていた。

説教讃語座

第三に、大坂では江戸とは違い、道頓堀芝居と宮地芝居・新地芝居を横断する役者仲間が形成され、芝居の階層ごとに役者集団が分離する状態ではなかった。とくに一八世紀以降は、大芝居に出演した役者が中芝居や宮地芝居、新地芝居に出演するなど、実際の座組においても、江戸よりもはるかに流動性が高かった（須山章信、二〇〇五）。ただし、役者や一座の格により出演可能な座や小屋は決まっていたようだが、これも時代とともに変動した。

一方、江戸のような同業他集団がなかったかといえば、そうではない。寺社境内での芝居には説教讃語座という芸能者集団が関与しており、他の芝居とは少し異なる興行形態をもっている。説教讃語座とは三井寺蝉丸宮の配下に属する説教者による芸能者集団のことで、歌舞伎や浄瑠璃など諸芸能にたずさわり、説教讃語をあらゆる芸能の根源とする由緒を掲げていた。

文政二（一八一九）年に稲荷社・座摩社・御霊社境内における説教讃語名代での興行が許可されると、中・子供芝居（歌舞伎芝居）や人形浄瑠璃芝居が行われるようになる。しかし、これらの寺社境内では説教讃語座以外による多様な興行も行われており、その一つである因講（浄瑠璃の太夫・三味線弾きからなる同業者集団）とは、両者が類似の業態をもっていたために争論となる。すなわち天保八（一八三七）年に説教讃語座側が因講を相手取り、「大坂の宮地芝居における興行はすべて同座の支配を受けるべきである」と町奉行所に訴え出たのである。結果は説教讃語座の敗訴であった。

さらに、江戸の乞胸の場合と同じく、大坂市中には説教者と類似の芸能を営みながら説教讃語座には属さない、諸芸能を稼業とする者たちが散在していた。説教者を統括する蝉丸宮では、こうした諸芸能者を取り込むべく、寛政期—文化期（一七八九—一八一七）と嘉永・安政期（一八四八—五九）と何度かにわたり調査を行い、説教者としての免許・免状を発行して彼らを把握しようと努めている（武内恵美子、二〇〇二）。とくに、天保改革を経て大量かつ多様な芸能者たちが出現したためか、安政期には祭文や俄、太鼓持、女義太夫など、おそらくこれまで説教者として把握されていなかった寄席や座敷、街頭にいる雑芸能者たちまでが免許・免状交付の対象となった。

3. 京都の芸能

四条河原芝居

京都は近世初期には鴨川の河原に芝居小屋が立ち並び、寺社境内でも芸能が行われるなど、古くから芸能の場であった。京都の興行も大坂と同じく、芝居小屋の所有者（芝居主）、興行権所有者（名代）、芸能者集団の統括者（座本）の三つの要素が別々の主体に分有されていた。芸能興行の慣行が確立される際に、江戸では役者の統轄者としての座元の権限が、大坂では開発主である芝居主の存在が、そして京都では、町奉行による名代の興行権所有の認可が大きく影響した。

すなわち京都では寛文九（一六六九）年に、それまでの「名代の血筋の者」が町奉行所に召し出され、改めて「名代」を赦免された。その数は、正徳期（一七一一—一五）の史料によれば、元禄期（一六八八—一七〇三）末の段階で三四を数える（荻野家文書「京四条河原諸名代改帳」）。名代の顔ぶれは、それまで舞台に立ったことのある芸能者で、そのうちの数名は、芸能者を率いて一座を組織する立場にある者、すなわち「座本」であった（守屋毅、一九八五）。後述する四条道場芝居で名代を務めた日暮八太夫と宇治嘉太夫も、この三四人のうちに入っている。江戸幕府の成立する以前から芸能者集団が成立していた京都では、その後の幕府による統制の段階で、古くからの芸能者集団の代表に既得の権利の保証として興行権が与えられたとみられる。

同じく寛文期に四条河原の東側が開発されるにともない、ここに京都におけるいわゆる芝居町が成立する。正徳期の段階で四条河原の東側には、四条北側芝居二軒、同南側芝居三軒、大和大路常盤町芝居二軒、合計七軒の芝居小屋があった。ただし一八世紀半ばには三軒、一九世紀初めには二軒になる。

宮地芝居

京都にも寺社境内芝居すなわち宮地芝居があった。たとえば、一七世紀末には寺町革堂内、因幡薬師堂境内、五条御影堂内、北野下の森など一四ヵ所を数えた。その後も宮地芝居は京都市中に展開し、一九世紀の段階では、上京の北野下の森、下京の因幡堂、そして中京の寺町筋を中心とするおよそ三つのエリアを中心に展開していた（図9－6）。

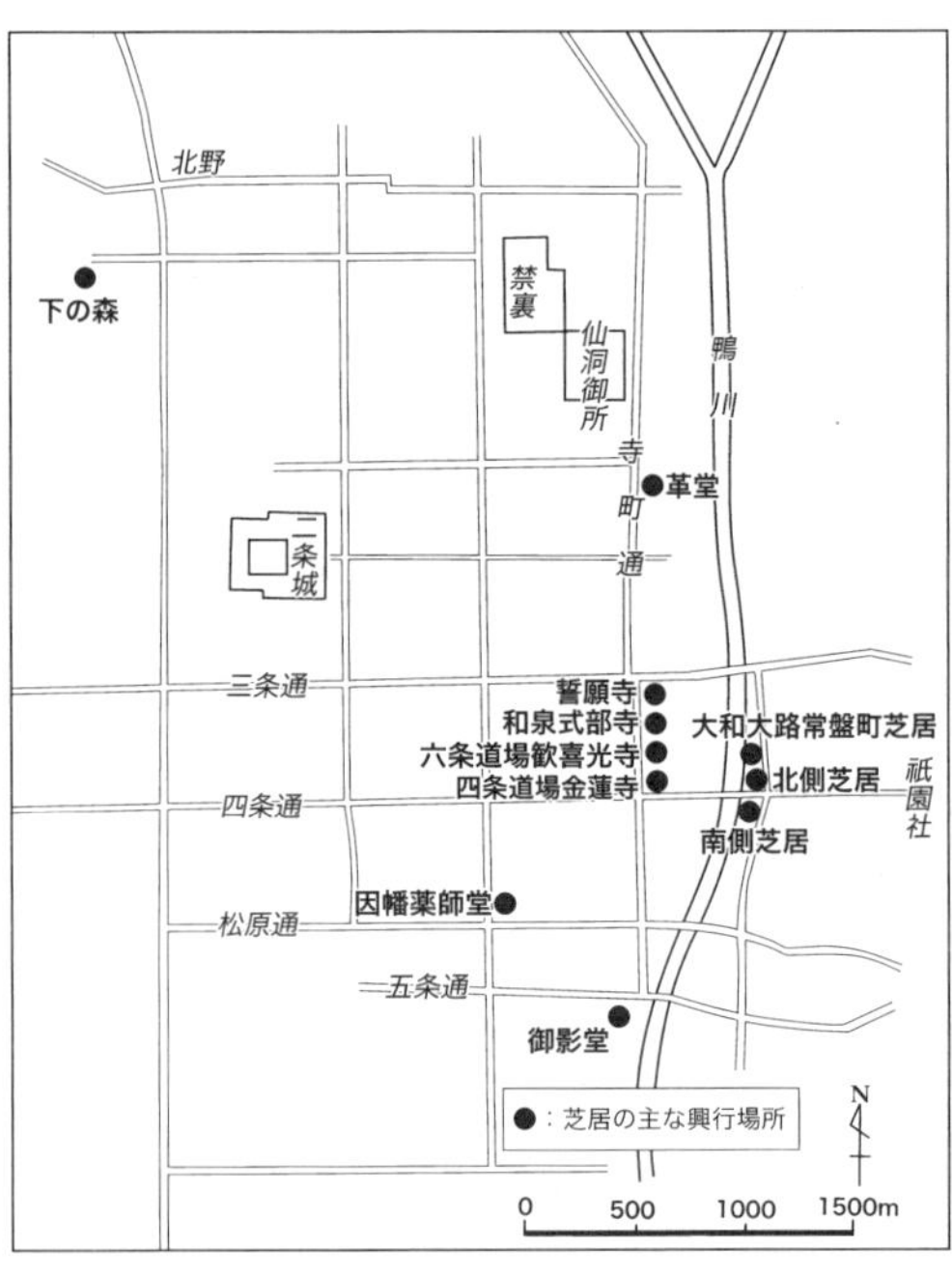

図9－6　京都の興行場所

また一九世紀になると、元来は四条河原芝居の芝居関係者が所有していた名代が名義化して、宮地芝居の名代に流用されるという事態が起こる。なぜこのような変化が起こったのか、その背景を具体的に解き明かすのは難しいが、すくなくとも京都における宮地芝居の隆盛があったことがあげられる。

そこで宮地芝居の具体例として、金蓮寺境内芝居の事例を紹介しよう。金蓮寺は四条寺町に位置する時宗四条派の本山で、中世には踊り念仏の拠点となるなど遊楽の場の系譜を引き、近世には四条道場芝居と呼ばれる、代表的な宮地芝居の空間となる。宮地芝居が展開した三つのエリアのうち寺町筋の一廓にあって、近くには同じく宮地芝居の誓願寺芝居、和泉式部芝居、六条道場芝居などが点在している。歌舞伎以外にも浄瑠璃や子供芝居、軽口咄(かるくちばなし)、見世物といった、さまざまな芸能が興行された。

文化二（一八〇五）年には境内に定小屋(じょうごや)（常設の小屋）が建設され、寛文九年に赦免された由緒ある「宇治嘉太夫」の名代を用いて、興行ごとに小屋主が寺から芝居地を借りて興行するというしくみが整えられる（金蓮寺所蔵、金蓮寺文書）。天保改革によって一時芝居小屋の移転を余儀なくされるが、安政六（一八五九）年には再び名代「宇治嘉太夫」から境内における定小屋建設の願いが出される。

このように芝居の重要な局面で、名代を前面に出した訴願がなされることから、京都の芸能における名代の位置づけを確認することができよう。なお、金蓮寺境内では明治期以降も各種の興行が行われ、やがて新京極の繁華街へとつながっていった。

本章のまとめ

以上、三都の芸能を概観してきたが、一見同じような階層構造をとるようにみえて詳細にひもとくと、興行のしくみにおける座元（座本）、芝居主、名代の位置づけなど、都市の成り立ちにも深く由来する個性が存在する。都市の文化を考える際には、こうした横断的な比較の視点も重要である。

学習課題

1. 江戸における芸能興行の特徴とはどのようなものか、大坂や京都との違いも考慮しながらまとめてみよう。
2. 大坂における芸能興行の特徴とはどのようなものか、江戸や京都との違いも考慮しながらまとめてみよう。
3. 京都における芸能興行の特徴とはどのようなものか、江戸や大坂との違いも考慮しながらまとめてみよう。

参考文献

神田由築「歌舞伎の周縁」吉田伸之編（『「髪結新三」の歴史世界』朝日新聞社、一九九四年）

木上由梨佳「近世大坂の芸能をめぐる社会構造―芝居地・新地芝居・宮地芝居のあり方に即して―」（塚田孝・八木滋編『道頓堀の社会＝空間構造と芝居』大阪市立大学　都市文化研究センター、二〇一五年）

京都市編『京都の歴史　5・6』（学芸書林、一九七二・一九七三年）

斉藤利彦「近世後期大坂の宮地芝居と三井寺」（『ヒストリア』一七八号、二〇〇二年）

須山章信『江戸後期上方劇壇の研究』（おうふう、二〇〇五年）

武内恵美子『歌舞伎囃子方の楽師論的研究　研究篇』（和泉書院、二〇〇六年）

塚田孝「近世大坂の芝居町」（塚田孝他編『上方文化講座　菅原伝授手習鑑』和泉書院、二〇〇九年）

塚田孝「近世大坂における芝居地の〈法と社会〉」（塚田孝編『身分的周縁の比較史』清文堂出版、二〇一〇年）

守屋毅『近世芸能興行史の研究』（弘文堂、一九八五年）

吉田伸之『身分的周縁と社会＝文化構造』（部落問題研究所、二〇〇三年）

10 芸能文化の浸透

神田　由築

《目標&ポイント》 三都から発信された芸能文化が、全国各地の都市や村に伝播・浸透すると、地域の文化に序列化と多様化が生じてくる。また、地方に拠点を置く芸能者も成長して巡演を繰り返すようになり、増大する芝居への需要に応えるようになるかたわら、素人芸能者や個人・家族単位の芸能者、そして興行を媒介する土地の顔役や若者の動きなども活発化する。本章では、芸能文化の拡がりがもたらしたこのような変化について学ぶ。

《キーワード》 地域社会、祭礼市、顔役、若者、素人浄瑠璃

1. 芸能者の序列化

役者の「家」と名跡

近世社会が成熟して経済や交通が発達するにつれて、芸能文化も三都から地方へと拡がりをみせるようになる。全国各地で新しい土地や市場が開発される際、人びとを呼び込むための手段として芸能が興行されたこともひとつの要因である。そして、一八世紀後半から一九世紀にかけての全国的な規模での芸能文化の伝播・浸透は、芸能者集団や地域間における序列化と、同時に芸能興行の局面における多様化をもたらした。

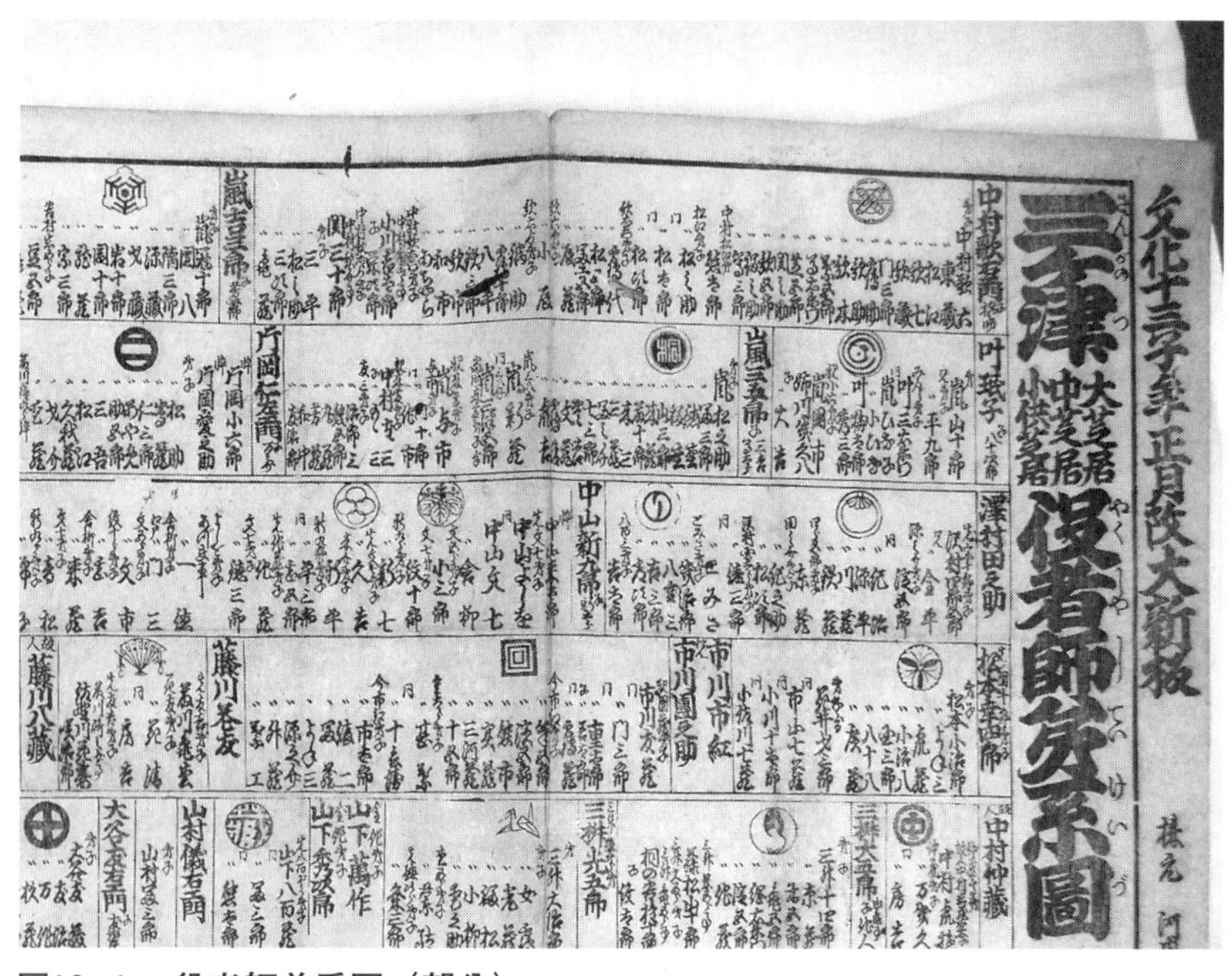

図10－1　役者師弟系図（部分）

まず芸能者における序列化とはどういうものだろうか。そのかたちを具体的に示してくれるのが、三都の役者における血縁や師弟関係を描いた一枚摺（いちまいずり）（ここでは総称して「役者師弟系図」と呼ぶ）である。一枚摺とは、一枚の紙に文字や絵などを摺り出した木版の印刷物で、近世には番付や役者絵など、芝居に関連する一枚摺が多く生み出された。その一種である「役者師弟系図」は、現在確認されるのは十種類未満だが、近世期にはもっと多くの版が出版されたと考えられる。

文化一三（一八一六）年刊行の「三ヶ津　大芝居・中芝居・子供芝居　役者師弟系図」（大阪大学文学部所蔵、難波家史料「番附帖　福」、図10－1参照）は、現在確認できる「役者師弟系図」のなかでも古いものである。中村歌右

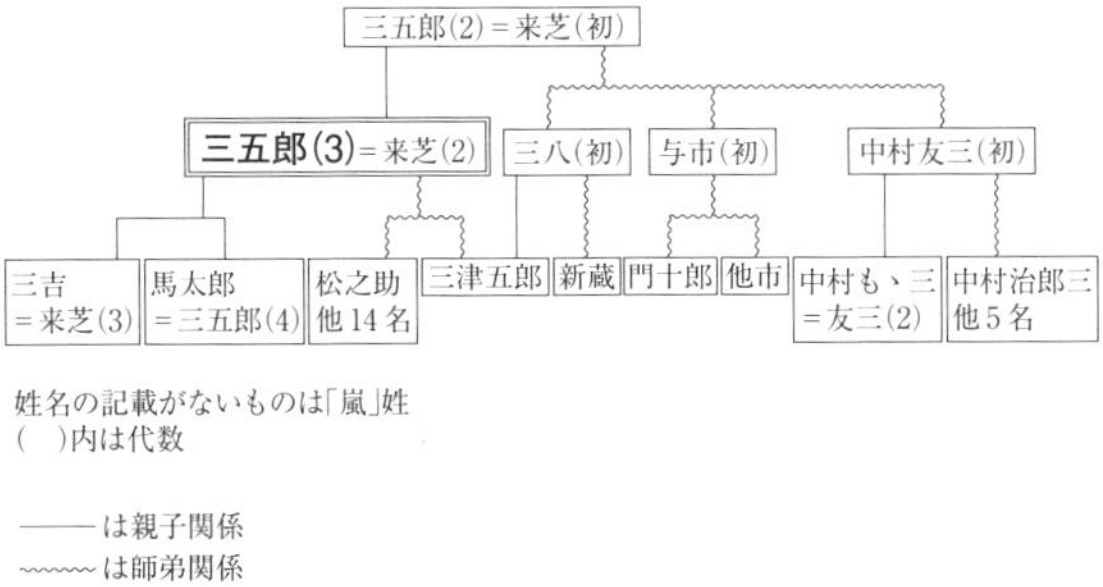

図10-2　嵐三五郎「家」の親子・師弟関係

衛門や嵐吉三郎など主要な役者を筆頭に、その弟子や又弟子といった師弟関係ごとに役者の名前が列記され、看板役者が率いる一族と弟子の陣容が一目でわかる。一例として嵐三五郎「家」の関係を図示してみた（図10-2参照）。いわば、一家一門からなる役者の「家」のかたちが、ここに可視化されている。看板役者の名跡（名前）の代数は、平均して二・六代目である。ということは、おおよそ一八世紀後半から一九世紀にかけて三都の役者集団において名跡に対する意識が定着し、襲名という行為を通して、看板役者を筆頭とする一家一門の序列も再生産されるようになったといえる。

この文化一三年版の「役者師弟系図」の板元は大坂の河内屋太助。他にも大坂の綿屋喜助などが板元（はんもと）として確認できる。いずれも、芝居関係の出版も手がけていた有力な板元で、役者の「家」や名跡への関心の高まりと、「役者師弟系図」の出版とが相互に影響しあって、芝居好きの顧客の需要を掘り起こしていったといえる。

三都役者と地方役者

この時期には、地方の役者のなかでも名跡や序列への意識が定着しはじめ、彼らが大坂（あるいは江戸）の役者の権威を見込んで師弟関係を結ぶ例が、全国各地でみられるようになった。越後国新潟の太夫元の息子は、江戸の五代目岩井半四郎の弟子となり岩井かほよと名乗ったが、江戸の大芝居にはあまりいつかず、半四郎が甲信越にかけて旅芝居をするときに「番頭」として活躍していたという（古井戸秀夫、一九九八）。

また一例として、長門国川棚村（現在の山口県下関市）を本拠地として西日本各地を巡演した若嶋座の事例を紹介しよう（「若嶋座一巻」『日本庶民文化史料集成　第六巻』三一書房、一九七三）。若嶋座は、寛延期（一七四八―五〇）頃に長府藩の御前座（藩主の御前で芝居を演ずることを許可された一座）となり、藩領内だけでなく西日本各地に興行先を拡げていった。この頃の座本・若嶋梅三郎が書き残した記録が「若嶋座一巻」として伝わっていて、地方の役者集団の実態を知る貴重な史料としてしばしば用いられている。

寛政八（一七九六）年四月、若嶋座は大坂の芝居に出演することになった。ちなみに梅三郎はその時の感慨をこう記している。

誠に田舎役者、三ヶの津の第一の舞台を踏み候事、山猿が花の都に出、人の真似する同然、たとえ笑いぐさと成るとも、古来まれなる儀、危うきに臨んで幸いを得るとはこの時節。人は一代、名は末代。日本に名をあらわす事、その職の誉れと存ずる。

この言葉からは、梅三郎が「田舎」と「三ヶの津」の格差を意識したうえで、三都の舞台を踏む自分に対して、役者としての職分と名誉をあらためて自覚したことが読み取れる。

この大坂公演の際に一座の八名の役者が大坂役者と師弟関係を結び、新たな名前をもらっている（表10―1参照）。ただし、師弟関係を結んだからといって、彼らは大坂の役者集団に入ったわけではない。あくまでも「名前」のみの関係で、それ以後の彼らの生活環境が激変したとは思えない。しかし、大坂役者と師弟関係を結び「嵐」「市川」などの姓をもつことが役者としての箔付けとな

表10-1　大坂役者の弟子

大坂役者	弟子入り後の名前	弟子入り前の名前
嵐雛助	嵐雛次郎	若嶋三吉
市川丹蔵	市川門蔵	中村亀八
沢村国太郎	沢村国吉	岩崎とら吉
岩井半四郎	岩井半之助	松本佐代吉
松嶋松太郎	松嶋松五郎	吉川勝三郎
中村のし尾	中村広三郎	(不明)
中村粂太郎	中村粂三郎	桜川駒吉
嵐吉三郎	嵐吉次郎	杉岡折八（植木出身）

〔「若嶋座一巻」より〕

り、ひいては西日本での興行におけるみずからの地位の向上に益するところがあると判断したのだろう。前後の文脈から判断すると、彼らは年少の役者であったらしく、将来を見据えての戦略だったのかもしれない。その背後には、三都と地方の序列への認識、およびそれを踏まえての上昇志向が見え隠れする。

こうした地方と三都とのつながりは、じつに昭和初期までみられた。豊後国杵築（きつき）（現在の大分県杵築市）の出身で後に東京で活躍した五代目上村吉弥（かみむらきちや）（一九〇九—九二）は、九州での修業時代の師匠・中村桂車（なかむらけいしゃ）について、大阪役者の中村魁車（なかむらかいしゃ）の「旅のお弟子」だったと語っている（西村彰朗、一九九三）。大阪役者が九州別府に巡業をした機会をとらえ、中村魁車から「桂車」の名前をもらったという。「旅のお弟子」という言葉は、「旅」＝地方の役者が、三都役者の師弟関係からなる序列の一端に組み込まれたことを、よく表現している。「役者師弟系図」に記された三都の役者集団のさらに外側にも、全国各地に展開する「旅のお弟子」たちの裾野が広がっていたのである。

2. 地域間の格差

三都役者の来演

役者の「家」のかたちや名跡の相続などが役者にも民衆にも意識されるようになると、より有名な役者を見たいという観客の欲求が生まれ、それと連動して地域間の格差への意識が生じてくる。では、地域間の格差とは、具体的にどのように意識されていたのだろうか。ここでは九州北部の事例を中心にみていこう（図10－3）。天保三（一八三二）年、福岡藩の城下町である博多で大坂役者を交えた興行が行われた。その時の様子を、城下から約二〇キロメートルほど離れた糸島半島の神在村（かみありむら）（中津藩領、現在の福岡県糸島市）の大庄屋納富家の記録「累年鑑」は、こう記している（糸島市立伊都国歴史博物館所蔵、納富文書「累年鑑」天保三年四月二三日条）。

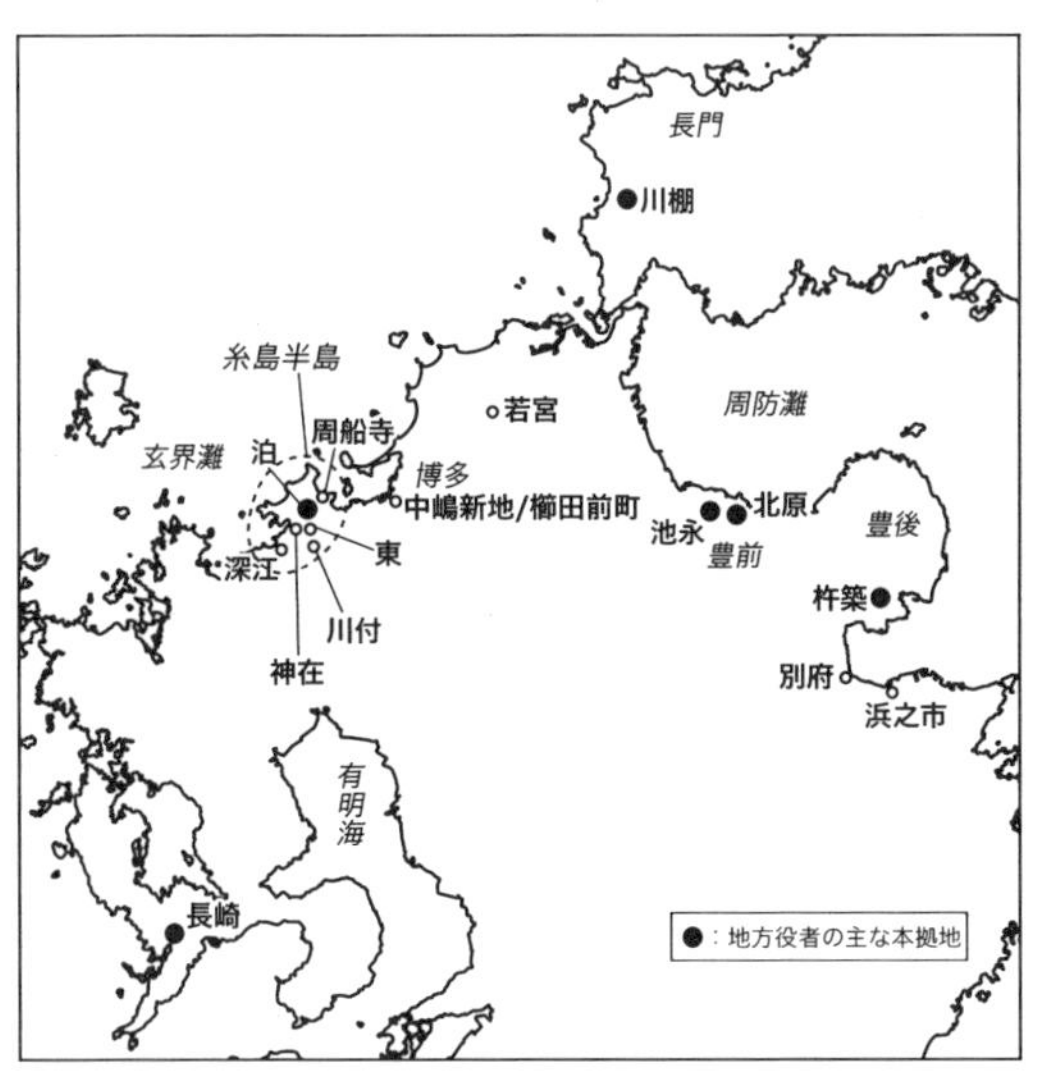

図10－3　九州北部の地図

○博多櫛田前町にて芝居興行、座本下ノ関住居嵐吉二郎、頭取小川他蔵
右座中に上方者初下り五人
嵐来芝、嵐三芝、嵐登美三、市川源十郎、中村枝助と申す五人、何れも名人、その内嵐来芝は上方大芝居にて九百両取る由、嵐三五郎

> の高弟にて名人にて、文政十亥年頃迄は大坂大芝居にて見物致し候ものこれ有り、然るに来芝老年に及び、当年七十六、もはや老年にて上方不景気の由にて九州へ相下り候趣、然れども至って名人、中々眉目を驚かし候噂、大芝居の者九州へ相下り候事はこの来芝初ての由也

櫛田前町での芝居に、上方役者が五人来た。なかでも二代目嵐来芝（あらしらいし）は、嵐三五郎の高弟（実は息子）で名人とうたわれ大坂の大芝居で九〇〇両の給金を取っていたが、近年では七六歳という高齢で大坂では人気を失って九州に下ってきたという。しかし、それでも九州の人々は、いたって「名人」であると評判し、大坂の人気役者が初めて九州に来たと、驚きの眼差しで迎えたのである。

ちなみに、座本は嵐吉二郎とあるが、この吉二郎は表10-1にみえる植木の杉岡折八こと嵐吉次郎と同一人物、あるいは名前の継承者かもしれない。大坂で嵐姓をもらったのを機に下関を拠点に座本として旗揚げし、岩井かほよが江戸と甲信越を結ぶ「番頭」の役割を果たしたように、大坂と九州を興行面で結ぶ役割を担うようになった可能性もある。

この頃、博多では三都役者の来演が相次いだ。天保五（一八三四）年には中嶋新地（中洲）に七代目市川團十郎改め市川海老蔵が、翌六年には同じく中嶋新地に市川海老蔵、嵐来芝ほかが来演している。この嵐来芝は三代目嵐来芝で、先ほど紹介した二代目嵐来芝の長男である。

重層化する格差構造

三都と九州の間のみならず、同じ筑前国内でも格差意識は生じている。やはり糸島半島の周船寺（すせんじ）村（むら）（福岡藩領、現在の福岡市西区）で商家を営んでいた冨永家の「日記」安政元（一八五四）年五月二〇日条には、次のように出てくる（福岡県立図書館所蔵マイクロフィルム写真版、冨永（泰）

文書「日記」)。

新宅忠蔵・大工儀三郎両人連れ、博多この度の芝居見物に赴き申し候、この度の歌舞伎は近代無双のよき役者にて、あやめ・鷲助・与市・鬼丸・澄之丞など上方役者の名いう(「名ある」の意味カ)名人ばかりにて、ことに博多表の事なれば舞台の美麗言うべからず

冨永家の当主が博多に来た上方役者の「名人」ぶりに感心するのは、前に紹介した大庄屋たちと同じ反応だが、ここでは、博多のことだから舞台も美しいと、周船寺村から博多への憧憬もうかがえる。すなわち、芸能文化が伝播するにつれ、上方―九州、博多―糸島半島、という重層的な格差構造が立ち現れたのである。

しかし、こうした重層的な構造は、観客の意識の上だけのものではない。この時、五月に博多に来た役者たちは、七月には周船寺村近隣の深江宿で興行している。冨永家の「日記」七月二〇日条には、「今日より怡土郡中津領深江駅芝居興行相始り申し候、役者は上方者ばかりにて、先頃博多にていたせし手合也」とある。当時の役者たちは、たとえば九州北部の博多や東北地方の仙台のような中核都市で数日間興行したうえで、周辺地域にも巡演の輪を拡げていった。こうして実際に芸能者が上方から博多へ、博多から周辺宿村へと移動を重ねたことが、地域間の序列や観客の格差意識を醸成していった。

地方役者の成長

一方で、三都の役者集団とはまったく別系統で、地方で独自に成長してきた芸能者集団もいたことを忘れてはならない。とくに、九州北部から中国地方にかけては、そうした芸能者集団が少なく

ない。先掲の長門国川棚の若嶋座もその一つだが、もう一つ、豊前国中津（現在の大分県中津市）の事例を紹介しよう。

中津藩の城下から約三─五キロメートルほど離れた北原村と池永村に、歌舞伎と人形浄瑠璃の一座が約一〇座ほどあったという（半田康夫、一九六一）。史料では「中津芝居」と総称されることもある。彼らは、中世には宇佐八幡宮やその末社の神社の祭礼・法会のおりに雑役を務めるかたわら傀儡子（人形遣い）として生計を立てていたとの由緒を有するが、歌舞伎や人形浄瑠璃の芸能者集団として本格的に活躍するのは、一八世紀になってからである。代表的な興行場所の一つが、豊後国府内藩領内の由原八幡宮の祭礼市である浜之市の芝居である。

現在のところ、浜之市芝居の記録に中津芝居がみえるのは、正徳二（一七一二）年の「とらや平七」一座、人数二三人が初めてである（大分県立大分図書館所蔵、「府内藩記録」甲20・正徳二年八月五日条）。この時、まだ浜之市芝居の観客には「中津芝居」はなじみがなかった。そこで、芝居の請元から府内藩に「中津芝居と申し候ては見物人御座有るまじく存じ奉り候間、長崎芝居と辻札立て申したく」という願書が出された。つまり、「中津芝居」と宣伝しても見物人が来ないだろうから、「長崎芝居」と〝偽装〟した「辻札」を立てたいという。

一八世紀初めの段階ではまだ、九州で高名な芝居といえば、「長崎芝居」だったのである。そのこと自体も興味深いが、あの手この手で客寄せをしようとする請元の内情が知れるのも面白い。しかし、これ以降、「中津芝居」はたびたび浜之市芝居に出演するかたわら九州各地でも巡演を繰り返し、いつしか豊後国の「杵築芝居」と並ぶ、西日本における芝居のブランドとして成長を遂げてゆく。

3. 芸能文化の多様化

顔役と若者

一八世紀後半以降に地域社会に芸能文化が浸透した背景には、第一に、興行の仕組みが整ってきたことがあげられる。近世では芸能興行には基本的に領主権力による許可が必要だったが、祭礼市や町・宿場などでは〝市や町・宿場の賑わいのため〟という理由から許可されることが多く、各地で興行をめぐる権利関係も作られていった。

興行権所有のありかたは時代や地域によってさまざまで、藩や寺社の統制が強い場合や、えた身分の者や長吏の権利が強いこともあれば、特定の芸能者集団（蝉丸宮の説教者など）が有している場合もある。

そのなかで芸能者と民衆を結ぶ媒介的な存在として、博徒や相撲取、遊女屋など〝土地の顔役〟が興行を仕切るようになったことも、この時期の特徴である。彼らは地域により「目明」「通り者」などさまざまな名称で呼ばれているが、社会的実態において共通する部分が多く、祖型としては①博奕打ち、②人足頭あるいは日用頭、③相撲取など渡世集団が考えられる。彼らは領主の支配領域を超えた集団的なネットワークを有し、移動を繰り返す芸能者に対する「宿」（身元保証者）の役割と治安維持機能を有していた。彼らが興行に関与するようになったことで、広域に拡大した興行地どうしの連繫が緊密になり、より多くの芸能者が、より多くの土地で興行するようになった。

もう一つの媒介的存在として「若者」もある。これは村の若者と都市の若者と、大きく二つに分けられる。村方の芝居では、その村の若者たちが主体となって芸能興行を招致することもあったが、そこに顔役が絡むこともあって、時には芝居をめぐって両者が衝突した。たとえば、地方では屋根のない小屋で「晴天〇日間」の契約で興行が行われることも多かったが、雨天が続くと、若者たちは日延べをしようとする。それに対して、役者をひとつの興行地から次の興行地へと動かす役割を担っている顔役は、役者たちを次の巡演先へ行かせようとして、顔役と若者の異なる主張が表面化し、確執が露わになることがあった。三都などの都市にも、たとえば江戸では各町ごとに町内の職人層・小商人層の青年を中心とする若者仲間とよばれる共同組織が存在し、祭礼や開帳の際にさまざまな活動を繰り広げていた（吉田伸之、二〇〇三）。彼らは一九世紀に増えた寄席ごとに結束して寄席の親衛隊のような役割を果たし、「贔屓の若者中」として芸能文化を守り育てた。

素人浄瑠璃

第二の背景としては、芸能者の多様化があげられる。一つは、「素人」芸能者の登場である。すなわち、芸能とは別に生業をもちながら、趣味で技芸を習得するばかりか、みずから舞台に立って芸を披露する者たちのことである。広義には、百姓が祭礼などで歌舞伎役者に扮する「地芝居（じしばい）」も含まれようが、ここでは特に「素人浄瑠璃」について紹介したい。浄瑠璃とは、太夫と三味線による語りの芸能で、近世期にはさまざまな浄瑠璃が発達した。なかでも物語性が強く、人形芝居と結び付いて人形浄瑠璃としても上演された義太夫節は、一八世紀半ば頃に次々と生み出された新しい作品が民衆に圧倒的な支持を得て、人形芝居をともなわない素浄瑠璃としても大きな人気を博した。また、素浄瑠璃は、歌舞伎に比べて人数や衣裳・道具を必要としないため、その簡便さによって「素人」にも浸透しやすかった。

素人浄瑠璃とは義太夫節の愛好者（および彼らの芸）のことで、とりわけ大坂では一八世紀後半頃から、素人ながら芸名をもち「社中」や「組」という結合を結成して、寺社境内での寄進興行などに出演する者が増え、素人浄瑠璃が流行する。同時に素人浄瑠璃人気を受けた各種出版物も多く刊行された。

また、素人浄瑠璃は地方にも拡大した。先に紹介した筑前国糸島半島の大庄屋の記録「累年鑑」にも素人浄瑠璃の記事が書き留められている（文政一一年四月一五条）。

御料東村染屋幸助儀、若年より音曲浄るり相嗜み居り候処、老年に相成り候間、今日西明寺において一世一代音曲会これ有り候、浄るり東村与吉を初めとして竹本芳太夫迄都合十七人、三味線三人也　竹本芳太夫は遠賀郡若宮村の産まれ也

これは、若いうちから浄瑠璃に親しんだ東村の染屋幸助の、いわば一世一代の引退音曲会である。糸島半島の村々にも広く素人浄瑠璃が流行していたことがうかがえる。竹本芳太夫は、東村から数十キロメートル離れた若宮村の出身だが、当時は大坂で浄瑠璃を生業としていた。つまり、素人ではなく玄人の芸能者である。このように、素人浄瑠璃から玄人の浄瑠璃渡世集団に入る者も珍しくなかった。浄瑠璃文化の広がりを考えるとき、こうした「素人」の存在は大きい。「素人」は浄瑠璃の愛好者であるだけでなく、場合によっては浄瑠璃を生業とする玄人に転向しうる、玄人の母体、あるいはそれに準じた存在でもあった。

家族や個人の芸能者

もう一つは、一座という集団単位ではない、家族や個人単位の芸能者である。とくに浄瑠璃は、

究極的には弾き語りというかたちで一人でも上演が可能である。先に紹介した冨永家の「日記」からも家族・個人単位の芸能者の記事を拾うことができる。

　六月十三日（嘉永六年）先年当所に滞留仕り候女太夫巴松太夫父子三人、先達より博多津に下り居るよし専ら風聞申し候に、誠なるかな、今はむかしと思い当たるもに来り候が、古門弟は申すに及ばず、老者の男女すわこそ巴松が来たったりと（略）悦び合いにける、今夕は新宅に宿り出がたりいたし候

　『日吉丸』（『日吉丸稚桜(ひよしまるわかきのさくら)』）三段目　浄瑠璃　倅平三郎　三味線　聟又吉

　『盛衰記』（『ひらかな盛衰記』）三段目　巴松　弾きかたり

文面から推察するに、この巴松太夫という女太夫は、以前にも周船寺村に来て、近所の百姓たちに浄瑠璃の稽古を付けていたようである。巴松太夫を中心に、夫が三味線を弾き、息子が浄瑠璃を語るという、家族のみの一座である。この女太夫巴松のような、一時期滞留した芸能者を中心に「門弟」が形成され、それがまた素人浄瑠璃の定着をうながすという連環が成立することも珍しくなかった。

近世芸能というと現在の歌舞伎や文楽のイメージから、担い手は男性芸能者に限ると思われがちだが、実際にはこのような女性芸能者も多かった。女性で歌舞伎を演じる芸能者もいたし、女義太夫から芸者・芸妓、そして町方で歌舞・音曲を教える女師匠など、さまざまな女性芸能者がいた。また、ここでは十分に言及できなかったが、盲人や瞽女(ごぜ)など、独自の組織をもった芸能者たちもいたことを申し添えたい。

学習課題

1. 芸能文化が全国各地に伝播・浸透することによって、地域の文化にどのような変化が生じたか、まとめてみよう。
2. 芸能文化が伝播・浸透することで、どのような人々が芸能に関わるようになったのか、まとめてみよう。
3. ある地域を一つ選び、そのなかで芸能（歌舞伎や人形浄瑠璃に限らなくてよい）がどのように展開してきたのか、具体的な事例を調べてみよう。

参考文献

荻田清『上方板歌舞伎関係一枚摺考』（清文堂出版、一九九九年）
神田由築『近世の芸能興行と地域社会』（東京大学出版会、一九九九年）
神田由築『江戸の浄瑠璃文化』（山川出版社、二〇〇九年）
神田由築「芸能と文化」（『岩波講座日本歴史　第13巻　近世4』岩波書店、二〇一五年）
西村彰朗編著『一方の花』（京都新聞社、一九九三年）
半田康夫「傀儡子から役者へ―豊前北原芝居の研究―」（『大分大学学芸学部研究紀要』人文・社会科学　A集　第一〇号、一九六一年）
古井戸秀夫『歌舞伎　問いかけの文学』（ぺりかん社、一九九八年）
吉田伸之『身分的周縁と社会＝文化構造』（部落問題研究所、二〇〇三年）

11 芸能文化の再編

神田　由築

《目標＆ポイント》 芸能文化が拡大した要因の一つは、一八世紀半ば以降に次々と誕生した新作浄瑠璃が大ヒットして、その物語が各地で共有されたことである。『仮名手本忠臣蔵』に代表されるこれらの新作浄瑠璃は、身分制社会の変容など当時の状況を鋭敏に反映しつつ、普遍的な情愛をも丹念に描き込み、民衆の物語として長く受け継がれた。その影響は、時代を超えて広範におよび、今日の伝統芸能の基盤にもなった。

《キーワード》 物語、新作浄瑠璃、『仮名手本忠臣蔵』、身分的周縁、伝統芸能

1．新たな芸能作品

「物語」の共有

一八世紀後半頃から芸能が本格的に全国レベルに浸透する。なぜこの時期にこうした状況が現れるようになったのか。その要因については第一〇章でもいくつか述べたが、本章ではそれに加えて、芸能の内容という点からも考察を加えたい。

まず、実際にどのような芸能が行われていたのか、史料からみてみよう。第一〇章でも紹介した筑前国周船寺村の商家・冨永家の「日記」には、次のような記述がある〈安政元〈一八五四〉年四

月二四日条)。

今日、乞食の親子者来たり、『忠臣蔵』の「定九郎場」いたす、十才ばかりの倅与一(市)兵衛をいたし、親父が定九郎をいたす(略)『忠臣蔵』九段目も仕る、この親父至ってしゃれ者と見え、生まれ付きの非人にもあらざると見え、さまざまの戯れを交え、倅の十才ばかりなるを相手として大音にて芸をいたす、これを見るに可笑しさ語り難し(略)

乞食のような親子が来て、『仮名手本忠臣蔵(かなでほんちゅうしんぐら)』五段目(通称「定九郎場(さだくろうば)」)と同じく九段目を演じた。冨永家の当主は、この父親がきわめて洒落者で、生まれつきの芸能者とも見えないと評している。おそらく本来は町人か百姓であったのが何らかの理由で没落し、身に付けた芸能でわずかに生計を立てていると推察したのであろう。このような、芸能者集団にも属さずに個人または家族単位で芸能を披露しながら流浪する人びとも、当時は多かったと考えられる。

では、彼らの芸とはどのようなものだったのか。この親子が演じたのは『仮名手本忠臣蔵』という演目の一場面である。五段目には斧定九郎という山賊と、彼に殺される与市兵衛という老百姓が登場するが、定九郎の方がこの場面の中心人物であるため、父親の方が青年の定九郎役を、十才の息子が老け役の与市兵衛を演じている。つまり、演者の年齢と役柄の年齢の逆転が生じているのだが、観客はそれも趣向として楽しんでいる。また九段目は、本格的に演じれば最低でも六名の人物が登場するはずの、『仮名手本忠臣蔵』でも屈指の大曲である。それをたった二人で演じたとは、さまざまな工夫をして一人何役もこなしたとみえる。そこに著者も感じ入り、この父親が「洒落者」であり、さまざまの戯れを交えて演じた、と書き留めたのである。

ここで指摘したいのは、この時の観客が、すでに『仮名手本忠臣蔵』がどのようなあらすじで五段目や九段目がどういう場面かを、十分に理解していた点である。わずか二人しか人数がいない、しかも一人は十才の少年という悪条件のなかでも芝居が成立したのは、演者と観客の間で、すでに「物語」が共有されていたからである。何を演じるか、ではなくて、いかにして演じるのかという点に、観客の関心は注がれた。求められたのは、完成度の高い芸ではなく、趣向と工夫であった。

泊役者の「芸題」

糸島半島の川付村（かわつきむら）（中津藩領、現在の福岡県糸島市）庄屋・川上家の「御用留帳」（糸島市立伊都国歴史博物館所蔵　志摩町史編纂資料　川上家文書写真版・三五七）には、興味深い記録が書き留められている。それは、「泊（とまり）」の役者が演じることができる演目（芸題）を列記したものである。「泊」とは、糸島半島に位置する泊村（福岡藩領）という、芸能者集団が集住していた村のことである。泊村の芸能者も、九州北部に多い中世以来の由緒を有する芸能者集団の一つで、近世には福岡藩領の御前座としての地位を得て、領内の村々を中心に巡演していた。

史料に記された「芸題」および、その作品としての初演の年号をまとめたのが表11-1である。泊村の役者は歌舞伎を生業としており、これらの「芸題」はすべて歌舞伎の演目である。表中に初演（人形浄瑠璃）と分類した演目は、人形浄瑠璃として初演されたのち歌舞伎としても上演され、以後泊役者によって上演された作品である。

この表から指摘できる第一は、泊役者の「芸題」のほとんどが、一八世紀半ば以降に初演された人形浄瑠璃または歌舞伎である点である。しかも人形浄瑠璃として初演されたものが多い。第二に、先述の乞食の親子が演じた『仮名手本忠臣蔵』や、第一〇章で紹介した女太夫が語った『ひらかな

表11-1　泊役者の芸題

史料表記の芸題	（正式名称）	初演（人形浄瑠璃）	初演（歌舞伎）
太閤記	（絵本太功記）	寛政11年（1799）	
一ノ谷	（一谷嫩軍記）	宝暦元年（1751）	
姫小松	（姫小松子日の遊）	宝暦７年（1757）	
道満	（芦屋道満大内鑑）	享保19年（1734）	
ひらかな	（ひらかな盛衰記）	元文４年（1739）	
二十四孝	（本朝廿四孝）	明和３年（1766）	
亀山敵討	（勢州亀山敵討カ）		享保13年（1728）
躄仇討	（箱根霊験躄仇討）	享和元年（1801）	
千本桜	（義経千本桜）	延享４年（1747）	
玉ものまへ	（玉藻前曦袂）	宝暦元年（1751）	
恋女房	（恋女房染分手綱）	宝暦元年（1751）	
布引	（源平布引滝）	寛延２年（1749）	
新薄雪	（新薄雪物語）	寛保元年（1741）	
千代萩	（伽羅先代萩）		安永６年（1777）
彦山	（彦山権現誓助剣）	天明６年（1786）	
近江	（近江源氏先陣館）	明和６年（1769）	
忠臣蔵	（仮名手本忠臣蔵）	寛延元年（1748）	
矢口渡	（神霊矢口渡）	明和７年（1770）	
五右衛門	（釜淵双級巴カ）	元文２年（1737）	
双蝶々	（双蝶蝶曲輪日記）	寛延２年（1749）	
いもせ山	（妹背山婦女庭訓）	明和８年（1771）	

〔「御用留帳」（川上家文書357）より〕

盛衰記』もここに含まれる点である。つまり、芸能者の単位が集団であれ個人・家族であれ、提供される「芸題」は変わらなかったのである。第三に、じつはこれらの「芸題」は、今日の歌舞伎や文楽で上演されるレパートリーとほぼ重なる点である。

一六世紀末から一七世紀にかけて、芸能の世界では「かぶきおどり」の誕生や古浄瑠璃（義太夫節以前の語り）の成立など、大きな変化が起こった。近松門左衛門の歌舞伎や浄瑠璃は、そのひとつの到達点であった。

これらの変化を第一の波とすると、一八世紀半ば前後に相次いだ新しい作品の誕生は第二の波である。一八世紀の作者たちは、先行する歌舞伎や浄瑠璃の世界を踏まえながらも、同時代の社会や感覚に合わせた作品を編み出し、新しい生命を吹き込んだ。それはあたかも芸能文化の再編ともいうべき動きだった。なお、これらの作品群においては表11-1に見るごとく、歌舞伎よりも人形浄瑠璃として初演された作品が多い。

よってここでは一八世紀半ば前後に成立した新たな作品群のことを、総称として「新作浄瑠璃」と呼ぶことにする。

新作浄瑠璃は全国で人気を得て、多くの観客を獲得し、人びとが新作浄瑠璃の「物語」を共有するようになった。その結果、中世以来の由緒を有する大きな規模の芸能者集団から、何らかの理由で芸能を生業とするようになった個人や家族単位の者に至るまで、さまざまな芸能者の存立が可能になったのである。こうして演者と観客との交歓が成立するようになったことこそが、芸能文化の浸透の大きな要因と考えられる。しかも、一八世紀の芸能文化の再編によって生まれた新作浄瑠璃が今日の伝統芸能の直接のルーツになっていることは、「伝統」とは何かを考えるうえで非常に重要である。

2.『仮名手本忠臣蔵』

作品構成

では新作浄瑠璃は、なぜ民衆から圧倒的な支持を得たのだろうか。その手がかりを具体的な作品を読み解くことで探ってみたい。素材として取り上げるのは、先ほどの史料にも登場した『仮名手本忠臣蔵』である。

『仮名手本忠臣蔵』は寛延元（一七四八）年に大坂竹本座で人形浄瑠璃として初演され、同年のうちに歌舞伎として初演された。作者は二代目竹田出雲、三好松洛、並木千柳。元禄一四（一七〇一）年に江戸城内で赤穂藩主・浅野内匠頭が吉良上野介に斬り付け、即日切腹となったことに端を発する、いわゆる赤穂事件を描く時代物の浄瑠璃である。今日、赤穂事件を描いた諸作品や、

表11-2　『仮名手本忠臣蔵』の構成

段目	現行文楽における段の名前	五段構成の区分
大序	鶴が岡兜改めの段／恋歌の段	初段
二段目	桃井館力弥使者の段／桃井館本蔵松切の段	
三段目	下馬先進物の段／腰元おかる文使いの段／殿中刃傷の段／裏門の段	
四段目	花籠の段／塩冶判官切腹の段／城明渡しの段	二段目
五段目	山崎街道出合いの段／二つ玉の段	三段目
六段目	身売りの段／早野勘平腹切の段	
七段目	祇園一力茶屋の段	四段目
八段目	道行旅路の嫁入	
九段目	雪転しの段／山科閑居の段	
十段目	天河屋の段	五段目
十一段目	花水橋引揚の段／光明寺焼香の段	

場合によっては赤穂事件そのもののことを「忠臣蔵」と呼んだりするが、その語源となったのがこの作品である。それほど後世に大きな影響を与え、かつ今日に至るまで何度も上演を重ねてきた、赤穂事件を描いた諸作品の集大成である。以後『忠臣蔵』と略す。

全一一段の構成は表11-2に示した通りである。塩冶判官《えんやはんがん》（史実の浅野内匠頭）や高師直《こうのもろのお》（史実の吉良上野介）などの登場人物の名前や時代設定などは「太平記」の世界を借りているが、三段目で殿中（史実の江戸城内）での刃傷、四段目で判官切腹、一一段目で大星由良助（史実の大石内蔵助）による敵討ちが描かれるなど、ある程度、史実の展開を反映したつくりになっている。

しかし、ドラマとしての眼目は、また別なところにある。一般的な時代物の人形浄瑠璃は全五段で構成され、そのうち三段目の「切《きり》」（一段を「口《くち》」「中《なか》」「切」に分けたうちの最後の場面）と四段目の「切」にクライマックスが来るのが作劇上の約束である。『忠臣蔵』は全一一段構成なので変則的になるが、比定するならば、三段目の「切」が六段目、四段目の「切」が九段目にあたる。つまり、作者が最も重要な場面と位置づけ力を入れて書いたのが、六段目と九段目ということになる。そして、民衆の高い人気を誇ったのも、六段目（およびその前後の五段目と七段目）と九段目であった。先述の親子が演じたのが五段目と九段目というのも、いかにも巷の人気を反映している。

忠義と金

五段目から七段目にかけては、塩冶判官の近習・早野勘平と恋人お軽にまつわる話が描かれる。勘平は主君が殿中で高師直に刃傷におよんだ時に、お軽と逢い引きをしていてその場に居合わすことができなかった。不忠の悔恨から一時は切腹しようとする勘平だったが、お軽に説得されて、お軽の実家である山崎の百姓与市兵衛のもとに駆け落ちする。ここまでの前提が三段目で描かれる。その後、五段目と六段目では摂津山崎街道からお軽勘平が身を寄せる百姓与市兵衛の家が舞台となる。

不忠の汚名を雪ぎたい勘平は、偶然出会った朋輩の千崎弥五郎から、亡君の廟所に石碑を建立することにかこつけ敵討ちの計画が進行していることを聞かされる。浄瑠璃の詞章を紹介しよう（以下、詞章は『浄瑠璃集』小学館、二〇〇二を参考にした）。

　ハアアかたじけない、弥五郎殿、なるほど石碑と言い立て御用金の御こしらえある事、とっくに承り及び、それがしも何とぞして用金を調え、それを力に御詫びと、心は千々に砕けども

勘平は、すでに石碑建立の噂を知っていた。かつ金を調えて、それで不忠の詫びをしようとしていた。その最中弥五郎に会い、いっそう金を調達したいとはやる。一方、お軽と両親は、勘平に内緒でお軽を祇園に売って金を調達しようと画策する。しかし、父の与市兵衛は祇園からの帰路、盗賊・斧定九郎に殺され身売りの半金の五〇両を奪われる。その直後、勘平は猪と間違え人を鉄砲で

撃ち殺す。それは実は定九郎だったのだが、暗闇で誰ともわからぬまま、懐の五〇両に気付きこれを奪って弥五郎のもとに届ける（ここまでが五段目）。

勘平が家に戻ると、ちょうどお軽が祇園に売られて行くところだった。その時の話の様子から、勘平は昨夜殺したのは舅与市兵衛だったと思い込む。おりから訪ねて来た原郷右衛門と千崎弥五郎から「不忠不義のお前の金は石碑料には用いられぬと、由良之助殿から金子を戻された」と金を返される。不忠の詫びが叶わぬと知り、勘平は二人の前で腹に刀を突き立てる。しかし、舅を殺したことが亡君の恥辱とあるならば、ひと通り申し開きをしたいと、苦しい息の下から事情を話し始める。

アアいずれもの手前、面目もなき仕合わせ、拙者が望み叶わぬ時は切腹とかねての覚悟、わが舅を殺せしこと、亡君の御恥辱とあれば、ひと通り申し開かん、両人ともに聞いてたべ、夜前弥五郎殿の御目にかかり、別れて帰る暗まぎれ、山越す猪に出会い、二つ玉にて撃ち留め、駆け寄って探り見れば、猪にはあらで旅人、南無三宝、誤ったり、薬はなきかと懐中を探し見れば、財布に入れたるこの金、道ならぬ事なれども、天よりわれに与うる金と、すぐに馳せ行き、弥五郎殿にかの金を渡し、立ち帰って様子を聞けば、打ち留めたるはわが舅、金は女房を売った金、かほどまで、することなすこと、いすかの嘴ほど違うというも、武運に尽きたる勘平が、身のなりゆき推量あれと、血走るまなこに無念の涙

武運に尽きたと嘆く勘平。しかし、その直後、勘平が鉄砲で撃ったのは与市兵衛を殺した定九郎だったことが明らかになる。むしろ舅の敵を討ったことになる勘平は、その敵討ちの功績が「いまだ武運に尽きざるところ」と、四六番目の義士として一味に加わることを郷右衛門に認められ、連

判状に血判を押して息絶える。

昭和を代表する文楽の太夫・豊竹山城少掾（とよたけやましろのしょうじょう）は、この六段目に「金」という文字が四七回出てくることに気が付いた。もちろん、吉良邸に討ち入った人数が四七人であったという、赤穂事件にまつわる四七という数字の因縁から考えて、それは偶然ではない。作者は、勘平が不忠の罪をあがなうために欲した「金」を、六段目の核心に仕込んだのである。この「金」は、いわば勘平の忠義と同義である。ここには、金の力が社会に浸透した時代ならではの、作者の冷徹な視線がある。

足軽の忠義

さて、お軽には平右衛門という兄がいる。お軽は腰元として、平右衛門は足軽として、ともに塩冶家に奉公していた。七段目では祇園に身売りをしたお軽のその後と、平右衛門が四七番目の義士になる過程が描かれる。平右衛門は身分は足軽ながら、主人の御恩への感謝の念は人一倍強く、是非とも敵を討ちたいと思っている、という設定である。千崎弥五郎らに一味に加わりたいと頼んだところ、家老・大星由良之助に願ってやろうということになり、祇園の一力茶屋で遊ぶ由良之助のもとに連れられて来る。そして直談判におよぶが、由良之助はにべもない。

> そこもとは五両に三人扶持の足軽（略）はっち坊主の報謝米ほど取っていて、命を捨てて敵討ちしようとは、そりゃ青海苔もろうた礼に太々神楽を打つようなもの、われら知行千五百石、貴様とくらべると敵の首を斗升で量るほど取っても釣り合わぬ

「はっち坊主の報謝米」とは、托鉢をする坊主に与えるほどわずかな米のことである。つまり由良之助は、お前は、自分のような一五〇〇石の知行を取る武士とは違って、ほんのわずかな給料の

足軽なのだから、命を捨てて敵討ちをするほどの御恩にあずかっていない、と敵討ちを諦めるように諭したのである。平右衛門は、御恩に高下はないと、なおも食い下がるが、由良之助は寝たふりをして取り合わない。

平右衛門は百姓身分の出身ながら、塩冶家の足軽奉公をして給料をもらっている。当時、こうした百姓や町人身分の出自をもつ武家奉公人の存在は全国にあふれており、観客のごく身近にあった。七段目は、祇園一力茶屋において大石内蔵助が遊興にふけったという逸話をもとにしており、史実との距離が近い。しかし、話はあくまでも百姓・町人の目線に近い、お軽・平右衛門の兄妹を中心に展開する。

一力茶屋には、お軽が遊女として奉公していた。お軽は偶然、塩冶判官の妻顔世から由良之助のもとに届いた文を見てしまう。そこには、敵師直についての情報が書かれてあった。密書を見られたと知った由良之助は、お軽に身請けを持ち掛ける。そこへ「妹でないか」「ヤア兄様か」とバッタリ出会うお軽と平右衛門。平右衛門はお軽と話すうち、密書を見られた由良之助がお軽を請け出して密かに殺そうとしていることを知る。そこで平右衛門は、お軽をみずからの手に掛け、その功績によって一味に加えてもらおうと考える。

小身者の悲しさは、人にすぐれた心底を、見せねば数には入れられぬ、聞きわけて命をくれ、

死んでくれ妹と、事を分けたる兄の言葉

平右衛門の切ない胸のうちを、浄瑠璃は「小身者の悲しさ」と表現する。小身者とはすなわち身分の低い足軽のこと。足軽ゆえに敵討ちに加われず、それゆえ大功を立てねばならず、それゆえ妹を殺さなくてはならない。この模様を蔭で見ていた由良之助は事情を察し、平右衛門に敵討ちの一

味に加わることを許す。こうして四七番目、最後の義士が誕生する。この場面の平右衛門のお軽に対する激白は、七段目のなかでも強く心に響く旋律と詞章を以て人びとの感情に訴える。

『忠臣蔵』のモチーフの一つが「忠義」であることは確かである。しかし、赤穂事件からすでに半世紀近くが経ち（ちなみに、この作品は奇しくも江戸城での刃傷から四七年後に初演された）、作者が描いたのは〝抽象的な武士の忠義〟ではない。一つには、「金」という具体的なものに託された、勘平の忠義のかたち。二つには、〝武士ではない〟人びとの視点を通して描かれる武家社会の姿である。作者が焦点をあてたのは、武家社会から脱落してもがく勘平や、百姓身分の出身ながら塩冶家という大名家に奉公したことで騒動に巻き込まれたお軽・平右衛門という、武家社会の〝周縁〟にいる人びとであった。

3. 身分的周縁

「身分的周縁」のリアリティー

近世の浄瑠璃作品は、同時代の民衆の日常生活に近い話題をあつかった世話物（せわもの）と、それからは遠い歴史的事件や武家・公家社会に取材した時代物（じだいもの）と、大きく二つのジャンルに分けられる。ただ、たとえば『忠臣蔵』六段目の舞台が百姓与市兵衛の家であるように、時代物の話の筋のなかにも「世話」に近い、民衆の生活に寄り添った場面が出てくる。こうした世話場は民衆にとって、非日常の物語世界のなかに自分たちを投影できる、いわば民衆世界への回路として作用した。一八世紀中頃に成立した浄瑠璃作品が人気を得たのは、時代物に組み込まれた世話場に大きな魅力があったことも要因だろう。

では、なぜ世話場が魅力を放ったのだろうか。それは、そこに同時代のリアルな感覚が盛り込まれていたからである。『忠臣蔵』が初演された一八世紀中頃、お軽と平右衛門のように百姓や町人身分の出身でありながら武家に奉公する男女は、実際に多く存在した。また、そうした存在が武家や町方・村方に一定数を占めるようになって、ひとつの社会階層を形成するようになった時代でもあった。

近年の近世史研究では、このような従来の「士・農・工・商」に分断された身分概念ではとらえきれない人びとを「身分的周縁」と呼び、またそうした固定的な身分制になじまない人びととの多様な営みを焙り出す試みがなされている。お軽と平右衛門は、作品上で「時代」と「世話」の要素を繋ぐ役割を果たすとともに、「身分的周縁」が展開する現実社会における民衆の身分感覚の表徴でもあった。もう少し踏み込むなら、六段目の主役たる早野勘平も九段目の加古川本蔵も、かつては武家社会に身を置きながら現在は浪人となっている、やはり武家社会の周縁に位置する「身分的周縁」である。

『双蝶蝶曲輪日記』

いわゆる「忠臣蔵」（赤穂事件を脚色した作品）は武士の物語と思われがちだが、その本家たる『仮名手本忠臣蔵』の本当の主役は「身分的周縁」ではないかと思えてくる。その感触は、同じ作者（二代目竹田出雲・三好松洛・並木千柳）による別の作品を見ることでいっそう強まる。たとえば、寛延二（一七四九）年に大坂竹本座で人形浄瑠璃として初演された『双蝶蝶曲輪日記（ふたつちょうちょうくるわにっき）』を一例として紹介したい。

全九段のうち六段目（通称「橋本（はしもと）」）と八段目（通称「引窓（ひきまど）」）には、町人身分ながら領主から政務の一端を請け負い、社会的には「武士」として認知されている「郷代官（ごうだいかん）」という存在が出てくる。一八世紀半ばには実際にこうした百姓・町人と武士の間に位置する中間的な身分階層が形成され、近世社会に大きな変化をもたらした。そうした社会の動きに敏感に反応したこの作品は、全編を通じて「身分的周縁」がモチーフと言っても過言ではない。

しかも「引窓」では、ドラマの核心部分において郷代官の身分の二重性が問われることになる。山城国八幡（やわた）の町人・南与兵衛は、役所で武士としての名前「南方十次兵衛」と衣服・大小を与えられたうえ、ある命令を仰せつかる。それは、殺人を犯した濡髪長五郎（ぬれがみちょうごろう）という相撲取が領内に入り込んだため、夜になったら捕縛せよ、というものだった。しかし、やがて与兵衛は濡髪が義母の実子であることに気付く。郷代官としての役目と親への孝心とに引き裂かれた与兵衛は、濡髪の人相書を売って欲しいと頼む母を前にして、役目に背いて濡髪を逃す決断をする。与兵衛の両義性は、次の詞章によく表されている（詞章は『浄瑠璃集』、二〇〇二を参考にした）。

ヘッエ、是非もなやと大小投げ出し、両腰させば十次兵衛、丸腰なれば今までの通りの与兵衛、相かわらず八幡の町人、商人の代物、お望みならば上げましょう

この場面は、与兵衛が二つの身分を意識的に使い分けることで母の気持ちに応えようとする見せ場の一つで、現代の歌舞伎や文楽の上演においても、「両腰させば十次兵衛」までは「時代」の様式を用いて武士として、「丸腰なれば」でグッと「世話」の様式で町人に砕けて、という演技様式が意識されている。そして結局、与兵衛は、領主から仰せ付けられた探索の役目は夜間に限ることを利用して、引窓から差し込む月光を七つ半（午前五時頃）の曙光に見立て、夜が明けたから自分

の役目は終わった、と濡髪を逃がすのである。

「武士」と「町人」の使い分けに「夜」と「昼」を重ね合わせ、武士の義理は夜のうち、昼は町人としての人情を通すという論理を導き出したこの結末からは、与兵衛の身分的な周縁性がドラマの核心と結び付いていたことが読み取れる。郷代官という身分の周縁性が認識されなければ、この芝居の本質的な部分が理解できない。逆に言えば、作者は同時代の観客にはそれがよく理解できると思ったからこそ、このようなトリックを仕組んだのである。

このように見てくると、一八世紀半ばに誕生した新作浄瑠璃は、鋭敏でリアルな同時代感覚を備えていたことがわかる。そしてそれが、人形浄瑠璃から歌舞伎にも移行され、あらゆる演者や観客に圧倒的に支持され、またたく間に全国に伝播・浸透した理由であろう。

それと同時に、それらの作品は、時代を超えて共感しあうような、人間の変わらぬ情愛をも描いていた。芸能文化に起こった第二の波は、長らく——少なくとも高度経済成長期から場合によっては今日に至るまで——人びとの心に訴え続け、今日のいわゆる伝統芸能の基盤となったのである。

学習課題

1. 具体的な歌舞伎または浄瑠璃作品を、できれば実際の舞台やビデオ等で鑑賞して、そのなかで民衆の物語がどのように描かれているのか、考えてみよう。

参考文献

『身分的周縁』（部落問題研究所、一九九四年）、シリーズ『近世の身分的周縁』全六巻（吉川弘文館、二〇〇〇年）、シリーズ『身分的周縁と近世社会』全九巻（吉川弘文館、二〇〇六—〇八年）

神田由築「近世の身分感覚と芸能作品—『双蝶蝶曲輪日記』にみる」（『お茶の水史学』五三号、二〇一〇年）

鈴木俊幸『江戸の読者熱—自学する読者と書籍流通』（平凡社選書、二〇〇七年）

12 「鎖国」と都市長崎

木村　直樹

《目標＆ポイント》 本章では、「鎖国」と一般的に理解されてきた近世日本の対外関係について検討する。「鎖国」という言葉の登場と人々への浸透を確認し、鎖国ができあがったとされる一七世紀の実態を長崎に舞台に考える。

《キーワード》 鎖国、オランダ東インド会社、明清交替

本章と次章では、近世の貿易都市であった長崎をとりあげ、その特質を考えてみたい。長崎は異国との貿易を特権的に許された政治的な都市であるので、外交や政治的な外からの枠組みと、長崎の都市の内部の構造という、二つの観点から見る必要がある。本章では、近世の対外関係と長崎との関係を「鎖国」という言葉と、その時期に起きたことを実例にして考えてみたい。

1．長崎の人口からみる都市の姿

人口変化の特徴

最初に、近世長崎の特質を、人口から見てみよう。近世の長崎の都市部分は、現在の長崎市より、はるかに小さいエリアである。現在の町に即してみると、長崎駅周辺から、観光客でにぎわう新地

中華街周辺までで、主要な部分は南北・東西ともに距離は一キロメートル余りでしかない。この小さなエリアに、近世の長崎の都市住人の多くが住んで活動していた。

長崎の人口は元亀二（一五七一）年に長崎に最初のポルトガル船が入港した直後は一五〇〇人ほどの小さな都市であったが、慶長一六（一六一一）年には、十倍の一万五〇〇〇人にまで達している。その後一六五〇年前後に四万人に達し、一七〇〇年前後には推定五万三〇〇〇人にまで達する。ところが、享保元（一七一六）年には四万一〇〇〇人ほどにまで急速に減少し、その後さらに三〇年あまりの間に減少を続ける。一八世紀後半に三万人程度になると、幕末まで横ばいの状態で推移していった。

琉球や蝦夷地を除く日本の人口は、一七世紀の間に二倍前後の爆発的な伸びを示し、一八世紀初頭には三〇〇〇万人に達して、その後緩やかに微増しながら幕末を迎えた。それと比較すると、長崎の人口の変化は、日本全体の傾向とは大きく異なることがわかる。

なぜ、そうなるのか、長崎における貿易と密接に関係がある。長崎での異国人との貿易は本章で詳しくのべるが、一六八五年以降急速に規模を拡大する。それに対し、幕府は様々な貿易抑制策を打ち出し、正徳五（一七一五）年の有名な正徳新例（しょうとくしんれい）が画期となり、以後幕末まで貿易の仕組みは正徳新例を基本路線として固定していくこととなる。まさに貿易が最も盛んだった時期、五万人を超える人々が都市には必要とされ、一七一五年以降、貿易体制が抑制されるようになると減少して三万人規模で一定の状態となる。長崎は江戸幕府の貿易政策、あるいはその前提となる外交政策によって町のありようが規定されていることがわかる。町の構成員の九割以上は町人であり、一見政治とは無縁に見えるが、政治によって都市の姿が大きく変わっていく。

近世都市長崎は、江戸幕府の外交政策や貿易体制と不可分であり、政治の側からも長崎を読み解くことができる都市とも言える。

2. 近代に広がった「鎖国」

鎖国という言葉の由来

海外との外交・経済・文化の諸関係を対外関係と総称するが、江戸時代の特徴は、一般的に「鎖国」という言葉で理解されており、負のイメージがつきまとう。長崎は、そのような体制の中で例外的に西洋に開かれた町としてみられている。

そこで、「鎖国」という言葉の由来を考えてみよう。この言葉は、出島のオランダ商館の医者として元禄三（一六九〇）年に来日し長崎に二年間滞在した、現在のドイツ出身の医師ケンペルが、帰国後体験をつづった『日本誌』（原書はドイツ語、だがフランス・英語など各国語に訳され、オランダ語版は一七二七年出版）が出典とされている。その中にある「日本国が国に鎖して（傍線筆者）、自国民の出国、外国人の入国を禁じ、また世界諸国との交通を禁止することに当然の理由があることの立証」というケンペルの書いた論文が「鎖国」という言葉のおおもとになる。この論文を、享和元（一八〇一）年になって、長崎で元オランダ通詞だった志筑忠雄（しづきただお）がオランダ語版を翻訳して日本社会へ紹介した際に、論文名が長すぎたため、それを縮めた表題として「鎖国論」と名付けたことから、鎖国という言葉はうまれた。つまり、江戸時代がはじまって二〇〇年ほどして、ようやく「鎖国」という言葉が日本社会に登場したことになる。江戸時代の三分の二の時代は、その言葉すらなかったのである。

また論文を書いたケンペルにしても、もともとの論文で「当然の理由」と書いてあることからもわかる通り、来日した一八世紀初頭の日本の対外関係は、確かに海外との関係は限定されており、奇妙にも見えるが、それこそが日本社会の安定をもたらす合理的な体制と理解しており、肯定的に捉えている。

ケンペルが考えていたように、この体制を日本独自のものととらえるべきか、あるいは現代の研究者の中で同時代の東アジア世界に通底する政策として鎖国という言葉自体はあまり使うべきではないと評価すべきという意見にするか、現在の歴史学では議論にもなったが、少なくともケンペルの日本を見つめる視線に、否定的な意味合いは含まれていない。

近世の長崎人がみた「鎖国」

一方、ケンペルと同じ時代に、その「鎖国」の出入り口であった都市長崎の人々は、どのように認識していたのだろうか。

長崎の町人出身で代表的な学者であった西川如見（一六四八～一七二四）の著作『長崎夜話草』を手がかりに見てみよう。如見は、長崎の都市を説明するにあたり、次のように述べている。

> 長崎・山里・淵村の三庄合て三千四百余石、民口五万の喉をうるほすに乏しといへども、華夷の船の商い物二十万金のぞめきあれば、家は四千余り、竈は一万に及びて、魚菜鳥獣、唐土の菓菜、華夷の珍菓口に饒かに、唐人の管絃耳を富し、珠玉錦繍目をよろこばしむ。能書あり、能画あり、詩あり、歌有、唐様蛮風の細工品々おほかり。楽みを求むるに華洛を羨むべからず。
>
> （岩波文庫『町人嚢・百姓嚢・長崎夜話草』より、一部表記を改めた）

ここでは、長崎の都市は、周辺には食料などを供給する長崎・山里・淵の三村を配し、農村部こそ小さいが、それでも如見の生きた一七世紀末の段階で、貿易によって四〇〇〇軒の家屋と一万あまりの竈があり、五万人の人口を養うことができた。都市の中は、食べ物をはじめ珍しい文物にあふれ、楽器や衣服も海外のものがあり、工芸品にもあふれている。華洛、すなわち京都をうらやむ必要すらない、とまで言い切っている。繁栄する都市長崎を如見は肯定的に捉えており、そこに否定的な意識はない。

一八世紀初頭、長崎において否定的な視線は、町人にも異国人にもあまりにも少ない。

また、「鎖国」という言葉は右のように一九世紀初頭に生まれたが、すぐに人々に知られるようになったわけではない。「鎖国論」という書物は、印刷されず写本を繰り返すなかで徐々に流布していて、幕末には一部の知識人の間では知られた言葉であったが、江戸時代の日本人の多くは知らなかった。

むしろ、この言葉が多くの人々が用いるようになるのは、明治時代以降である。例えば明治時代に、日本の近世史を描いた徳富蘇峰（とくとみそほう）が、鎖国によって日本社会の発展が遅れたと述べたことからわかるように、欧米諸国に遅れをとってしまった日本という近代の人々の意識を反映して「鎖国」という言葉は広まっていったといえる。明治時代なぜ欧米の列強に日本は遅れているのか、その原因は、江戸時代の「鎖国」によって閉ざされたために、文明の発達が遅れたと明治時代の人々は考えたからである。

それでは、江戸時代の「鎖国」と称される実態はどうであったのか、その「鎖国」の出入り口の一つであった、都市長崎を本章では、法の普及と紛争問題の二つの視点から読み解いてみよう。

3. 鎖国令は法令か

鎖国令は伝達されたか

現在、中学や高校の歴史教科書では、寛永年間に五回にわたっていわゆる「鎖国令」が幕府より発せられ、最終的に寛永一六（一六三九）年のポルトガル船追放とキリスト教の厳禁を命じる（キリシタン禁制という）ことを中核的な内容とする第五次鎖国令によって、鎖国は完成したと説明されることが多い。

だが、そもそも、これら五回の法令はどのように伝達されていったのだろうか。

現代では、法令は、国会において審議され可決されたのち、形式的ではあるが天皇の御璽御名（ぎょじぎょめい）が据えられ、さらに官報（かんぽう）などを通じて公布されることによって、すべての人々に知らされたことになり、適用されるようになる。

一方、近世社会は、法がさまざまな諸集団の中で重層的に存在しており、幕府の法律だけが、社会全体を覆う法でもなければ、幕府法自体も広く周知されているとも限らなかった。

「鎖国令」の内容

そこで、この第一次から第五次と称される法令を、当時の史料の形式から考えてみたい。

①寛永一〇年令（第一次令）　寛永一〇（一六三三）年一二月二八日付長崎奉行曽我古祐（そがひさすけ）・今村正長（いまむらまさなが）宛江戸幕府年寄五名連署下知状（げちじょう）をさす。一七ヵ条からなり、表題は「覚」とされ、将軍の意思を長崎奉行へ伝達する手紙の形式をとる。文章の最後は「右可被守此旨者也、仍て執達如

件」と宛名となる長崎奉行二名に対して、趣旨を守るよう伝達するという意味が記されている。

内容は、海外へ出る船舶は幕府年寄たちが認めた奉書船に限り、海外に居住する日本人の帰国を原則を禁じることや、キリシタン禁制や長崎での貿易方法などが指示されている。

また、鹿児島に到来していた唐船（とうせん）や、平戸（ひらど）に到来していたオランダ船に対して、長崎と同じ糸割符（いとわっぷ）制度を適用することが表明された。糸割符制度は日本側に有利な貿易方法で、一番多くマカオから生糸を長崎に運んでいたポルトガル船に適用された。それをきらって長崎以外に寄港しようとした唐船などに対する制限となった。

②寛永一一年令（第二次令）　寛永一一年五月二八日付長崎奉行榊原職直（さかきばらもとなお）・神尾元勝（かんおもとかつ）宛幕府年寄五名連署状をさす。表題は「条条　長崎」となり、文章の最後は①と同様。長崎に適用する法令一七ヵ条からなり、特に寛永一〇年令との大きな変更は見られない。

③寛永一二年令（第三次令）　寛永一二年長崎奉行榊原職直・仙石久隆（せんごくひさたか）宛幕府年寄四名連署下知状をさす。一七ヵ条からなり、新たに日本人の海外渡航が全面的に禁止された。前年より別の命令で唐船の長崎集中が命じられたため、鹿児島来航の唐船への糸割符制度適用についての記述がなくなった。

④寛永一三年令（第四次令）　寛永一三年五月一九日付長崎奉行榊原職直・馬場利重（ばばとししげ）宛幕府年寄五名連署下知状をさす。一九ヵ条からなり、新たに日本人とポルトガル人との間に生まれた子供やその子孫の追放が決められた。子孫が日本人へ養子などに出ていても適用されるとされた。

⑤寛永一六年令（第五次令）　寛永一六年七月に四通出された。一通目は幕府の老中・大老らが連署したキリスト教禁止とポルトガル船の追放を宣言した「条々」。二通目は諸大名宛の「条々」

で一通目と内容は同じだが、自分の領地での沿岸警備の強化を命じている。三通目は唐船、四通目はオランダ人にあてられ、文言は同じだが、ここではキリスト教厳禁を確認し、宣教師などを密航させないようにと通達している。

業務としての「鎖国令」

ここで見えてくるのは、第一次から第四次までの「鎖国令」と称されるものは、三代将軍徳川家光から、長崎に下向する長崎奉行に対して長崎で実施するべき職務命令として発令されたものである。したがって、宛先も長崎奉行となる。また、第一次令から第四次令は、下知状という将軍の意思を幕府年寄が宛先に取り次ぐ形式をとっており、法を広く周知する触ではない。

例えば寛永一〇年令の内容は、翌寛永一一年に薩摩藩主に長崎奉行が面談し、薩摩領内における貿易を断念させる言質をとっていることからもわかるように、状況に応じて、必要な相手に関係する部分だけが個別に通知されている。

第一次から第四次までの命令を与えられた寛永一五年以前の長崎奉行は、長崎に常駐するのではなく、異国船の来航が集中する初夏から秋にかけて毎年派遣されていた。そのため当時は、「上使（じょうし）」と称されることも多かった。そして、四つの「鎖国令」とされてきて指示は、長崎奉行（上使）が派遣されるにあたって、その年の任務や現地での基本方針を示すために、将軍から与えられていることがわかる。

もともと、第一次令が出された時は、不正により罷免された九州の大名でもあった長崎奉行竹中（たけなか）重義（しげよし）にかわって、新たに二名の旗本が任命されており、従来からの貿易やキリシタン禁制の方針を確認する必要から発給があったと考えられる。また、前年の寛永九年に大御所として外交に対して権限を握っていた二代将軍だった徳川秀忠が死去し、将軍徳川家光が自身の考えにそって対外関係を再構築する必要もあった。そして、毎年派遣されることから、寛永一〇年から一三年まで連続して発給されている。毎年発給されるはずが、寛永一四年は、家光が重病にかかっており、命令を発する状況ではなく、翌一五年年頭は天草・島原一揆の真最中で、長崎奉行も現地へ督戦のための軍目付（いくさめつけ）として派遣されている状況であった。

このような発給の仕方から、内容としては、確かに幕府の貿易・外交政策にかかわり法令に相当するが、実際は業務命令であり、長崎の人々を含めて万人に知らされたわけではない。もちろん完全に秘匿をするわけではなく、キリシタン禁制政策や貿易などで利害関係や連携が発生する九州の大名たちには適宜知らされており、それらが、現代まで各大名家の史料に写しなどで残っているが、当時としては限定的にしか広まっていない。

実態としての「鎖国」政策を包括的に理解している人々は限定的であったと言える。支配階層である武士階級でも、すべてを知っているわけではない。

有名な「鎖国令」について考えると、私たちが鎖国に向かっていると後世から見える事態も、当時の立場からすると、最初からあるべき姿として鎖国があり、それにむかって、着々と法律を固めていったのではなく、結果的な現象であることがわかる。

後世の人間が歴史を見る見方や概念と、当事者たちの見方とは必ずしも一致していない。

4．長崎に持ち込まれた異国船間紛争

延宝元年の幕府の命令

延宝元（一六七三）年正月、薩摩藩主島津光久（松平大隅守）に宛てて、江戸幕府の老中稲葉美濃守正則から、老中奉書という形式の将軍の意思を取り次ぐ書状が送られた。この史料を読んでみよう。

御札令拝見候、去々年大清江従琉球貢納之使者船、於唐之地遭海賊候付而、長崎ニ而東寧船之輩御穿鑿之処、海賊無紛候、雖然身命者御助、為過料白銀三百貫目依差上之、右之銀其元江遣之、琉球江渡候様、岡野孫九郎申達候、中山王於被承知者忝可被存由、得其意候、依之被差越使者候、入念候通各申談及　高聞候、恐々謹言、

正月二十六日　　稲葉美濃守正則　判

松平大隅守殿

（『鹿児島県史料　旧記雑録追録』）

この史料によれば、一昨年前に、中国の清へ派遣された琉球船が、中国近海で海賊に襲われた。長崎で台湾（東寧）の鄭成功一族の船舶を調べたところ、海賊行為は、鄭氏側の船舶によることが判明した。そこで、江戸幕府としては、罰金として銀三〇〇貫目を鄭氏側の船舶からとりあげ、長崎奉行岡野孫九郎貞明から、薩摩藩主を経由して、琉球国王へ還付するよう命じている。

この事件は、寛文一〇（一六七〇）年年末、琉球船が海賊の被害にあったことに始まる。この事件を薩摩藩が長崎奉行へ報告したところ、奉行は「多分錦舎方之海賊ニ而可有之と之物音ニ候」

(『鹿児島県史料 旧記雑録追録』)と、鄭成功を継いだ鄭錦舎の船によるもとの推定し、鄭氏の船が長崎に入港した際に調査するとした。その結果が、右のような史料になったのである。

台湾鄭氏は、中国の先の王朝である明王朝の復活を目指す側として、一六六一年以降、台湾を拠点として二〇年以上清と対峙していた。一方、被害にあった琉球王国は、中国大陸の明から清への王朝交替に際して、一六五〇年代には清側に帰属しており、台湾鄭氏からすれば敵対勢力の一つであった。

幕府介入の論理

それでは、幕府は、琉球船の問題に対して、何を根拠として介入することができたのであろうか。この理由は、同じ延宝元年のオランダ商館長への幕府の通告からわかる。

毎年江戸へ参府したオランダ商館長は、長崎へ戻る暇乞いに江戸城へ登城するが、通常、その際に、日本でのキリシタン禁制と唐船への海賊行為禁止からなる三ヵ条の達を聞かせられる。そして延宝元(一六七三)年、新たに「琉球国は日本江附属之国に候間、何方にて見合候共、彼船ばはん仕へからさる事」との通知が付け加わった。琉球は、日本に属する国であるから、琉球船への海賊行為(ばはん)はいかなる海域においても、全面的に禁止するという内容である。

琉球は、清王朝と薩摩藩を経由して日本、双方に属する両属状態にあったが、幕府はその関係から琉球船への保護権を、オランダに対して宣言している。

流動化する東アジア

このような背景には、当時の複雑な東アジア海域の状況がある。中国大陸における明から清の王朝交替によって、旧明側について抵抗を継続した鄭成功一族は中国南部沿岸地帯で戦っていたが、やがて大陸から駆逐されて、新たな根拠地をもとめた。そして、一六六一年に当時オランダ東インド会社が治める台湾を攻撃し、オランダを追い落とした。そのため、オランダと鄭氏とは戦争状態に陥り、日本近海から東南アジア方面で、互いの船舶が攻撃し合う事態が発生していた。

重要なのは、台湾鄭氏も、オランダ東インド会社も、そして、中国大陸で新しい清王朝に仕えることになった商人たちも、みな長崎に来航し、貿易を行っていたことである。特に、台湾系の唐船とオランダ東インド会社は、長崎貿易の中心的存在であった。彼らは、長崎を目指して航海してくるため、日本の近海でも紛争が一六六〇年代から七〇年代、頻発していた。江戸幕府は、日本から船を海外に派遣できないので、貿易は外国船に依存しており、紛争処理に腐心した。基本的には、日本に来航する予定である船舶を攻撃することを禁じ、もし攻撃が明らかとなった場合、相手勢力から罰金（過料）をとり、被害を受けた側に戻すこととしていた。実際、上記の例以外にも、一六六二年にはオランダ東インド会社が長崎奉行を経由して唐船に賠償金を払っている事例なども見受けられる。

つまり一七世紀の後半は、明清交替に端を発した東アジア世界の政治的大変動は、日本近海において紛争を多発させていた。いわゆる一六三九年の鎖国と称される時代から二〇年以上たっても、日本は海外の紛争に巻き込まれていた。

そして、注目すべきなのは、長崎の役割である。今回史料を紹介した事例からも、このような紛争問題は、長崎に相次いでもちこまれていた。長崎奉行が賠償金の取り立てに関わっていることからも調停者としての役割を果たすことになった。それ以上に問題なのは、長崎という都市に、敵対する異国の人々が同時に滞在している状況となっていることである。

当時、唐人（とうじん）といわれた人々は、まだ彼らを収容することになる唐人屋敷が設けられていない時期であったので、長崎の町々に分宿しており、時として衝突する可能性すらあった。銃や火薬などの主だった異国船が装備していた武器は長崎入港時に、日本側が預かり出港時に返す規則となっていたので、全面的武力衝突こそはなかったが、いざこざなどは発生していたと考えられる。オランダ東インド会社の職員は、出島に収容されていたので、その心配はなかった。しかし、長崎の沖合では武器が返却されるので、以後は紛争の可能性が高まる。

長崎奉行としては、貿易の円滑を第一に考え、長崎の都市や周辺海域での平和を維持する必要があった。そのため、長崎奉行は、罰金という方法を用いながら、日本に来航する船舶と琉球船の保護という幕府の方針にしたがって、長崎や周辺の安定を目指していた。当時の異国人の処罰は、現在のような属地主義はとられていなかったので、海賊行為などの処罰に対しては拘禁や肉体的処罰はできず、罰金という方法が有効であった。また、海賊行為を相互におこなっている各勢力は、長崎奉行の調停機能を期待し、賠償金を求めて訴願することもたびたびあった。

貿易で繁栄しつつも、紛争の可能性を秘めていた長崎は、アジア世界の政治情勢の「鏡」であった。

本章のまとめ

本章では、長崎をとりまく政治・外交の状況を、有名な「鎖国令」の伝達と、一六六〇―七〇年代に頻発した日本近海の異国船間の紛争を、事例に考えてみた。

「鎖国」という概念は、江戸時代の長崎の人々にとっては、あまり当てはまらないものであること、そして、海外との窓口であった長崎には、海外のトラブルが持ち込まれていたことがわかるかと思う。江戸時代、日本国内でも大都市であった長崎は、政治的状況や、外交・貿易政策に大きく影響された都市であることがわかる。

学習課題

1. 五回にわたる「鎖国令」は、それぞれどのような違いがあるだろうか。また現代の法令とどのように違うのか。
2. ケンペルや西川如見は、近世の対外関係をどのように認識していただろうか。
3. 延宝元年に薩摩藩に送られた老中奉書の国際的背景を説明してみよう。

参考文献

荒野泰典『近世日本と東アジア』（東京大学出版会、一九八八年）
荒野泰典「海禁と鎖国」（荒野・石井・村井編『アジアの中の日本史Ⅱ外交と戦争』（東京大学出版会、一九九二年）
山本博文『鎖国と海禁の時代』（校倉書房、一九九五年）
木村直樹『幕藩制国家と東アジア世界』（吉川弘文館、二〇〇九年）

13 都市長崎と長崎奉行

木村　直樹

《目標＆ポイント》　本章では、近世期に都市長崎の特徴を、長崎奉行の都市政策を通じて考える。長崎奉行が課題であると認識する都市の諸問題は、近世社会を考える時代の鏡であることを理解する。

《キーワード》　長崎奉行、都市の成り立ち、キリシタン、長崎貿易

本章では、長崎の特徴を江戸から派遣された長崎奉行の都市政策を通じて考えていきたい。江戸幕府にとって、都市長崎とはどのような意味を持っていたのだろうか。寛政の改革の中心的存在であった松平定信（まつだいらさだのぶ）は、幕府老中就任直前の天明六（一七八六）年の年末頃、将軍徳川家斉（とくがわいえなり）へ送った意見書の中で「とにかく長崎は日本の病の一ツのうちにて御座候」とまで言い切り、江戸幕府にとって、長崎を治めることの難しさを指摘していた。

定信が、江戸幕府が開かれて二〇〇年近くたっているにもかかわらず、いまだに支配に問題があるとみなした長崎は、どのような都市であったのだろうか。時期ごとの長崎奉行たちの直面した課題から、長崎の様相をみてみよう。

第一二章で述べたように、長崎の町は江戸幕府の貿易外交・政策に大きく影響される都市でも

あったことから、都市政策は幕府の貿易・外交政策ともつながっている。

1．都市長崎の姿

都市と諸集団

まずは、長崎の都市の基本的な姿について話を進めたい。現代の長崎市の中心部は、近世都市の区画を比較的保持している。図13-1をみてみよう。近世の長崎の土地の利用形態を概念図にしたものである。（近世都市長崎の概念図　長崎大学広報誌 CHOHO　五九号　二〇一七年春号より）

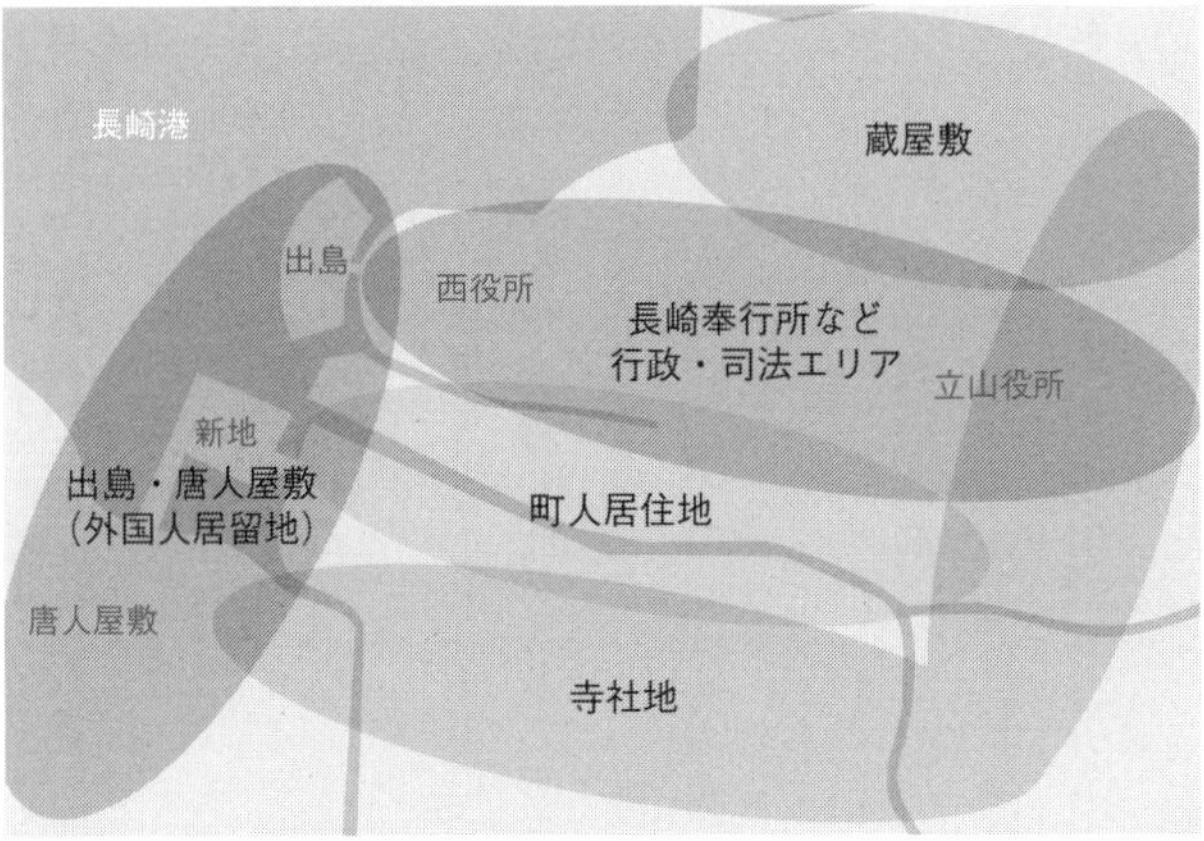

図13-1　近世都市長崎の概念図

このような近世都市としての長崎の姿が整うのは、寛文三（一六六三）年におきた寛文大火による。町は壊滅的な被害をこうむり、その後の新たな都市復興計画によって現在にいたることとなった。

大火後は、図のような土地利用形態となった。（i）中央部の海につき出る細長い丘陵に、二つの長崎奉行所（立山役所と西役所）や代官・牢屋などの諸施設、（ii）東側低地の多くの町人たちが住むエリア、（iii）南側周縁部の海に面した部分には唐人屋敷と出島という異国人滞在地区、（iv）西側から南側の海岸線にそった九州諸藩の蔵屋敷、（v）北から東側周縁部の長崎の町を囲う丘陵の麓や中腹には寺社、がそれぞれ存在する。

長崎の都市を構成する人々は、様々な集団であった。（i）幕府から派遣された奉行やその下僚と家臣、（ii）町人、（iii）一定の期間滞在するオランダ東インド会社社員や唐人などの異国人、（iv）蔵屋敷に詰める九州諸藩の藩士、（v）宗教者が、それぞれの地区で活動していることがわかる。各集団は異なる身分でもあり、活動する場や集団内の編成原理も異なる。長崎は、住民構成の九割以上が町人からなる町人の都市のように見えるが、細かく内実をみると、様々な集団が複合的に存在している都市であったと言える。

都市運営を支える地役人

また、町人の中に、現地採用され長崎奉行に仕える地役人（じやくにん）という下級の役人たちが多数存在していることも長崎の特徴である。一八世紀末ぐらいの段階で二〇〇〇人弱の地役人がいた。当時は女性が役人になることはなかったことを考えると、成人男子の六人から七人に一人が役人である。地役人は、一般的な都市運営にもかかわったが、貿易業務を長崎の都市全体として請け負っているために多くの人数を必要とした。貿易品の評価や、会計、通訳、異国人に対する警備など様々な職種の職員が必要であり、他の近世都市には見ることのないきわめて特異な構成となっている。

都市長崎を分析するための史料

ところで、そのような複合的な都市の実態を、現在まで残された史料に基づいて解明しようとすると、歴史的に長期的にまとまって伝来した町方の史料は、極めて少ない。出島のオランダ商館の文書群や、警備のため深く長崎にかかわった佐賀藩の史料が例外的にある。そのため、長崎を分析する場合、都市の諸課題と政策の関係から見つめることになる。

2. 長崎奉行の時期区分と課題

長崎奉行の資質

江戸から長崎に派遣された長崎奉行とはどのような資質をもった人物がむいていたのだろうか。一九世紀になってかかれた『明良帯録（めいりょうたいろく）』（文化一一〈一八一四〉年）という幕府の諸役職を解説した書物には、長崎奉行について、長崎湾の沿岸警備や抜荷対策などの業務について触れた後に「此奉行職、清廉の仁を撰ふ事、当時の仕方なり」と記している。何より清廉潔白な人物を選ぶことが、その時期の選び方であったとしている。なぜ、一九世紀の長崎奉行には、そのような資質が求められたのか。そこに、長崎という特権貿易都市がかかえる問題が反映している。そこで、おおよそ半世紀ごとに、江戸幕府が、長崎の都市支配に関して抱えた問題を通じて、長崎の町を考えてみたい。

(1) 一七世紀前半

江戸時代初期の長崎奉行は、来日した外国人たちから「将軍の買物掛」といわれることも多かった。任命される者も、将軍の側近の中で、半分商人のような存在でもあった。徳川家康側室の一族であった長谷川家の人間があいついで任命されたことなどは典型的である。初期の実質的な都市内の統治は、長崎代官がおこなっていたが不明な点が多い。（一八世紀以後の長崎代官は周辺の農村部支配を行い、職掌は全く異なっている）

このような支配のありかたが変更になるのは、寛永九（一六三二）年に三代将軍家光による親政が開始されてからのことである。第一二章でみたように、寛永一〇年以降は、長崎奉行二名が任命され、貿易シーズンに派遣された。いわゆる「鎖国令」を伝達する幕府の上使としての役割であった。この中で、幕府による貿易管理の一元化や九州におけるキリシタン禁制の徹底化がもとめられていくことになる。しかし、寛永一四（一六三七）年末から天草・島原一揆が勃発すると、以後、長崎奉行は、一名が現地に赴任し（在勤奉行）、もう一名が江戸で調整にあたる（在府奉行）体制になり、奉行たちは九月に長崎で交代するようになる。一揆以後、全国的により厳しくなったキリシタン禁制政策の実施と、新たに作られた沿岸警備体制の、現地における中核として位置づけられることになった。これは寛永一七（一六四〇）年にマカオからのポルトガル人使節を処刑にした結果、ポルトガルからの報復の可能性が生じたためである。もっとも、家光が存命の時期は、幕府大目付井上政重（おおめつけいのうえまさしげ）が「長崎仕置（ながさきしおき）」、すなわち海防・キリシタン禁制・外交政策に積極的に関与し、井上の屋敷が長崎にもあり、随時長崎奉行に指示を与えたり、九州で摘発したキリシタンを井上家の屋敷で収容したりしていた。将軍―老中―大目付井上―長崎奉行という命令系統で動いていた。

(2) 一七世紀後半

一七世紀後半になると、大目付井上の個人的な資質に依存していた長崎支配への関与は井上の高齢化によって薄まっていく。そして幕府老中が直接長崎奉行へ指示を行うようになり、また長崎奉行の職掌もおおよそ成立する。この時代は江戸幕府において、様々な役職の職掌が固まる時期にあたり、長崎奉行もその流れにのっていったと言える。また、長崎代官末次家（すえつぐけ）が大規模な不正貿易

（抜荷）に関与したことから、取り潰しとなり、長崎の都市支配を長崎奉行が担当することになった。そうなると、長崎奉行もある程度、幕府の人事政策の中で一つの通過していくポストとして位置付けられていく。それでも五年前後で交代することが多かった一八世紀と比べると、一〇年近い在職者も存在する。長崎奉行の多くは、幕府の使番などの軍事系統のポスト、当時の言葉で言えば「番方」経験者が多く着任しており、長崎の都市支配には一定の軍事力発動も必要であると理解されていたと考えることができる。

キリシタンによる一揆などの懸念は、明暦四（一六五八）年四月二十七日付の長崎奉行に宛てた幕府老中の書付（国立公文書館所蔵「長崎御役所留」）にも見られる。そこでは、長崎奉行と老中との間でポルトガル船などの南蛮船が交渉のため長崎港に入ってきた時の対応を協議している。長崎奉行は、港の入り口の伊王島で南蛮船は留めるべきであると主張する。なぜなら「長崎いつれも、きりしたんころひ者にて御座候」と、長崎の町人は皆もともとキリシタンなのであるから、南蛮船入港を見ると気分が高揚し不測の事態が発生しかねないという懸念を表明している。長崎奉行としては依然として、キリシタンの問題と切り離すことはできないと考えていたといえる。

実際長崎でこそ発生しなかったが、一六五〇～六〇年代にかけての大村郡崩れ（一六五七年）・豊後崩れ（一六六〇年）・濃尾崩れ（一六六一年）など、徹底的な禁教命令から四半世紀がたっているにもかかわらず、まとまった人数のキリシタンの露見が九州や中部圏では起きていた。

ところが、このような体制は第一二章で述べたように、東アジア海域の情勢が大きく変わった一六八三年以降、変化することになっていく。それまで長崎における唐人貿易は、台湾鄭成功一族が多くを担っていたが、鄭氏政権が清朝に帰服したため、清朝は展海令を出し、清朝の商人たちが相次いで長崎へ来航し、貿易量が急増した。そのため、幕府は、貞享二（一六八五）年に定高貿易法などを出し制限貿易に乗り出したが、その結果として、せっかく長崎へ来航しても十分に取引ができなかった唐人たちによって抜荷（密貿易）が急増した。そこで、抜荷対策が重要な長崎の都市支配のテーマとなり、以後貿易問題が長崎奉行の中心的な課題となっていった。

また一七世紀後半は日本における金銀の産出もピークを越えてしまい、江戸幕府の年貢と鉱山という一七世紀的な二大財源の体制も行き詰まりをみせ、そのことは長崎貿易と都市長崎に大きく影響した。

(3) 一八世紀前半

一七世紀の金銀枯渇や貿易統制の流れを受けて、一八世紀の長崎奉行は、都市政策と貿易政策とが連動しているものとして認識し、いかにそのバランスをいかにとるかが、重要な課題となっていった。正徳五（一七一五）年の有名な正徳新例は、貿易政策としてしられている。しかし、正徳新例とは、単なる貿易制限策にとどまらず、影響が直撃する長崎の都市政策に関する二〇本以上の都市に対する法律も含み、包括的な都市政策でもあった。

一方、一七世紀のキリシタン禁制のための警備体制は逆に形骸化している。宝永五（一七〇八）年、宣教師シドッチが屋久島に潜入し、すぐに捕縛され長崎に尋問のため連れてこられた際、しばらくの間、彼を宣教師として認識できなかったことは、言葉の問題もあるが、外国人宣教師やキリシタンを直接見たことがない世代によって担われる長崎支配の限界をよく示している。

また、都市政策と貿易政策が内在的に連動するものと理解された結果、勘定奉行所と長崎奉行の関係に変化が見られ、勘定奉行所など財政部門出身の旗本が長崎奉行に就任するようになった。江戸幕府にとっての長崎のもつ意味の変化を読み取ることができる。

ただし、都市政策を実施しようにも、長崎奉行経験者である大岡清相が、正徳新例を主導した新井白石に送った書状の中で「惣じて当地（長崎）の事は、表向き道理にたち候様に聞へ候へ共、裏に入候而は透とちかい申事にて候」と、表向き幕府の支配が行き届き、順調なように見える長崎と、実態としての都市の運営は大いに異なると嘆息したように、良き長崎奉行であると長崎の町人から評判を得るためには、長崎の町人たちの既得権益を侵害しないように何もしない方がよいという矛盾も抱えていた。長崎の都市支配は、一七世紀とは異なる意味で非常に難しいと理解されるようになった。

(4) 一八世紀後半

八代将軍吉宗による享保の改革は、従来の田畑からの年貢に重点をおいた財政政策であり、その限界点に達していた。そのため幕府は、新たな財源を模索するようになる。いわゆる田沼時代になると、幕府がいかに長崎貿易の利潤を収公するのかが課題となった。幕府の財政、当時の言葉で言えば「御益」への寄与を求められていく。長崎奉行石谷備後守清昌はまさにそのような時代にふさわしい奉行であった。石谷は勘定奉行であったが、その任期中に間に八年間も長崎奉行も兼務していた。また、石谷の時代の前後には、幕府の鉱山政策に明るい佐渡奉行経験者が長崎奉行に相次いで就任するなど、財政との関わりが深くなる。そして、彼の作った長崎支配の仕組みは以後幕末まで続くこととなる。半世紀以上たった天保改革の時代においてですら「佐渡も長崎も御勘定所も、備後守の跡を以よりどころとする」（川路聖謨「遊芸園随筆」）と幕府の財政の主要な役所である佐渡奉行・長崎奉行や勘定奉行所も、一八世紀後半にできた枠組みで動いていると認識されていた。

しかし、正徳新例以後、規模の限られた貿易から得られる利潤を巡って、長崎奉行たちの中でも、長崎の都市町人たちの生活＝成り立ち、を重視し、貿易規則などの運用要件の緩和をする奉行と、厳格に課税や厳密な貿易の仕方を支配することなどを通じて着実に利潤を江戸に収公しようとする奉行とが、相次いで登場し、長崎支配が揺れ動いた時代でもあった。先ほど述べた石谷が明和八（一七七一）年に長崎の町の役人たちに申し渡した書付には次のようにかかれている。

此長崎の益を好候時は、御国益を失ひ候との趣は、俵物諸色不足にて船払ひ遅り候節は、近来迄も俵物諸色の代りに、銅を渡候類の事にて、長崎にては随分益に相見え候事ゆゑ、地下の心にては左も可有之哉、長崎の繁華を祈候は、自然と御国の衰微を招くに可相当事に候、（『通航一覧』）

石谷によれば、長崎にとって利益があってよい時は、国の利益を失う。その理由は、輸出品のフカヒレや鮑など俵物が不足して貿易の支払いが遅れると、最近まで俵物のかわりに銅を渡している。そのようなことをすると貿易が活発になり長崎には利益のように見え、長崎の町人（地下）達の立ち場としてはそのようなことがあるべき姿だろうが、結局長崎の繁栄を願うと、おのずと国の衰微を招くことになる、としている。

長崎の利潤を大切にすると幕府の国家的利益がなくなってしまうとの懸念が表明され、二つの路線の違いの深刻さを物語っている。

そして、この時期になると、江戸からの指示は、長崎奉行と本来は上下関係にない勘定奉行とが連名で指示を与える場合が目立つようになり、幕府財政への長崎の貢献が期待される。

そして、一八世紀末の寛政の改革では、長崎貿易の総量の規制が強まり、オランダ貿易は名目的には半分とされ、奉行所の支配強化もめざされていった。

(5) 一九世紀

このように、幕府の財政との関係強化が進む中で、一九世紀になると、あらたに外国船の問題が長崎では浮上し、海防や蘭学の受容との関係がクローズアップされてくる。

一八世紀末から始まるロシア・イギリス・フランス船の来航や接近は、近代の出発点ともいえる。フランス革命に始まるヨーロッパの政治変動は、オランダに飛び火し、オランダ東インド会社が解散し、オランダ船も来航できずオランダ側が契約した中立国傭船が来航し、その結果として世界的には知られていなかった長崎港への入港航路などがオランダ以外の勢力にも伝播するようになる。一八〇〇年代初頭、長崎港には無許可の異国船来航が相次ぎ、長崎奉行は、警備対応も含め、その処理に追われることとなる。さらには、レザノフ来航や、イギリス軍艦フェートン号による長崎港侵入も生じ、フェートン号事件の時の長崎奉行松平康英(まつだいらやすひで)は切腹に追い込まれてしまう。都市問題だけではなく、外交や海防問題に長崎が巻き込まれることになった。

そして、海防のために、新たに西洋の科学技術を日本に導入することは国家的な課題となったが、一方で、幕府内では蘭学をいかに支配するのかが問題となった。西洋科学の受容を実際に行う長崎の現場では、シーボルト事件なども発生した。この事件では、出島で通訳にあたるオランダ通詞などが多数処罰され、政治と蘭学とのつながりの中で、長崎の町人たちもまた、政治の流れに翻弄されていくことになる。

また、寛政の貿易半減令や、薩摩藩が公的に琉球経由で手にした唐物の販売権を得たことは、長崎の唐人貿易の不振を招き、年々来航する唐船が減少していき、一八五三年には唐船がゼロ隻にまでなった。貿易額の減少は、都市へ還元される貿易利潤の縮小を意味し、長崎の人口も少しずつ減少傾向にあった。その上、異国船の相次ぐ到来にともない、長崎の警備体制の強化が目指され、非常時には長崎の町人たちも割り当てられた詰め所で警備にあたることが求められたり、あるいは佐賀藩や福岡藩の長崎警備兵力が到着した時に家屋を提供することになったりと、町人の負担が増えた。

この一九世紀前半、将軍徳川家斉あるいは家斉が大御所だった時代は、社会の様々な身分において、上昇志向が強くみられ、嘆願を通じて実現する場合が多くみられた。長崎の町人の中でも、同様のことが起き、従来の秩序が乱れ混乱も生じた。たとえば長崎の都市支配に関わる地元町人出身の地役人たちの中でも、役職によって突如として彼らが公的な場で帯刀する刀が一本から二本へと変わり、そのことは役人たちの活動において席次や待遇のバランスを大いに混乱させ、長崎奉行も収拾に手間取った。

さらに、長崎周辺の幕府領である浦上村では、村落における運営をめぐる村人と庄屋との騒動が、異宗騒動と呼ばれるキリシタンの露見へと発展した。長崎奉行は、これを仏教などとは異なる宗教であってキリスト教ではないとして、事態を収めたが、結局、同じ村で起きた幕末の浦上四番崩れでは、村民たちが最終的にはキリシタンとして認定されている。一九世紀前半段階では、長崎奉行は、むしろ穏便に民衆を治める方向をみることができる。

でもあった。

(6) 幕末へ

天保改革の時期になると、前項で述べたように、長崎の貿易が小さくなる中で、都市支配の強化は学問の流入などでみられるようになる。一方で、種痘などの導入も始まり、新たな時代の幕開けでもあった。

幕末、開港後、長崎の状況は一変する。都市としては、様々な人々がやってきたことによって、現在の外国人居留地として、長崎の町の周辺に位置していた大浦地区が開発され、都市の拡張がみられた。そして、自由貿易体制へ組み込まれたことにより、長崎での貿易は、横浜に次いで、貿易規模第二位となり、様々な国の商人や外交官たちが長崎を訪れることになる。また、西国諸藩も長崎で藩の特産物などを利用した大規模な貿易にのりだしてくる。長崎の町は、経済的には再び活況をしめすことになる。

しかし、同時期に開港された箱館や横浜の登場は、長崎の人材不足にもつながった。各国との修好通商条約によって、自由貿易が始まったといっても、外国語での取引や貿易品の評価や、実際の決済などについて知識をもった者は日本全体では不足していた。たとえ、それ以前の制限貿易の時代の経験であったとしても、貿易の具体的ノウハウをもっていた長崎の地役人たちは、幕府の要請によって箱館や横浜へ相次いで派遣されてしまうのである。大政奉還が行われた慶応三(一八六七)年には兵庫の開港準備もしていた。そのため長崎における貿易そのものは拡大しているが、担う人材の空洞化が顕著になる。

また、外交折衝の舞台は、幕府の中枢の江戸に、外国問題を専管する老中や、外国奉行が設置されたことにより、主として横浜や江戸に移行していく。異国船がもっぱら長崎に交渉のため来航し、そして長崎奉行も公的な対外交渉の最前線にたっていた一九世紀前半までとは大きく変わってしまったのである。

また、オランダの支援による長崎海軍伝習所（ながさきかいぐんでんしゅうじょ）の創設にはじまる大規模な西洋文化を学ぶ機関は、その後の洋式の小島病院の設立や、英語などを学ぶ学問所へとつながっていき、文化的活動も活発化させていった。

しかし、明治元（一八六八）年、鳥羽伏見の戦いによる旧幕府軍の敗北を受けて、最後の長崎奉行河津祐邦（かわづすけくに）が、急きょ長崎から脱出し、以後、明治新政府の直轄地としての新たな時代をむかえることになる。

明治以後の長崎は、造船と中国航路の都市として、九州でも指折りの大都市として第二次大戦以前まで発展をとげることとなる。

学習課題

1. 近世都市長崎について、身分と土地利用の関係をまとめてみよう。
2. 一七世紀と一八世紀の長崎奉行の就任者の特徴の違いは、どのような幕府の政策的課題によるものだろうか比較しよう。
3. 一七世紀、一八世紀、一九世紀の長崎における外交・貿易・都市政策の特徴を比較しよう。

参考文献

赤瀬浩『「株式会社」長崎出島』（講談社、二〇〇五年）
赤瀬浩『新長崎市史第二巻近世編』（長崎市、二〇一二年）
木村直樹『長崎奉行の歴史』（KADOKAWA、二〇一六年）

14 天草・島原一揆から考える近世都市

木村 直樹

《目標&ポイント》 本章は、日本史上有名な事件である天草・島原一揆（島原の乱）をとりあげる。一揆を鎮めるために集まった幕府軍に参加した人々を通じて、近世都市の特徴は何かを理解する。

《キーワード》 キリスト教禁制、牢人、兵農分離、近世的軍隊

1．天草・島原一揆とは

一揆の概要と参加者

天草・島原一揆とは、寛永一四（一六三七）年一〇月に始まり、翌一五年二月末に終わった一揆である。肥前島原半島と肥後天草諸島の各地で始まり、最終的に一揆勢は原城に立てこもった。

原城（「はらじょう」、ただし、当時は「はるじょう」とも呼ばれることもあった）は、近世初頭まで島原地方を治めていた有馬氏の旧城で慶長九（一六〇四）年ごろ完成した近世城郭である。一揆が勃発したころは廃城となっていたが、石垣は破却されずにのこっており、近年の発掘調査から、一揆勢が立てこもった時、建物も一部残存していた可能性もある。

参加した一揆勢は、推定三万七〇〇〇人ともいわれ、農民がほとんどであった。また農民と言っても、中世はこの地域を治めた土豪や国人といわれた武士の系譜をもつ旧領主有馬家の元家臣がいた。彼等は、有馬氏の日向移封に従わず現地に残って庄屋などの村の上層部を形成していた。さらに関ヶ原の合戦後、牢人となった肥後の小西行長(こにしゆきなが)の旧臣なども参加していた。戦国末期以来の実戦経験豊富な人々が一揆勢には含まれ、彼らが籠城戦の軍事的指導を行っていたとみられる。そして、天草や有馬地方の農民たちについては、元々キリシタンだった人々と、一揆の中で半ば強制的にキリシタンになった者などがいた。さらに、女性や子供なども多く原城に立てこもっていた。非戦闘員といっても、石打ちや熱湯を上から浴びせかけるなどして、原城という特殊な条件下では、戦闘に参加した。様々な人々がいたことが確認できる。

一揆の理解

従来の研究では、一揆の原因について、大きく言えば二つの説がある。一つには、寛永一九・二〇年にピークをむかえる近世屈指の大飢饉、寛永飢饉の前段階にあり、領主より農民たちへ重税が課せられていたこと。もう一つは、厳しいキリシタン禁制政策である。現在では、複合的にとらえ、飢饉の厳しい状況下で、キリスト教の紐帯が大きな動きを作り、一揆になっていったと理解されることが多い。

一揆の最終的な目的については、殉教を念頭においたキリシタンとしての反抗、農民一揆としての体制への反抗、さらに中世以来の上級権力への異議申し立ての方法としての一揆、などの説があるが、一揆の参加者の属性が、段階によって変化していることから、一概に言えないことも確かである。

そして、この一揆を経て、江戸幕府は、内政面では全国的により厳しいキリシタン禁制政策を展開し、やがて、訴人制度の強化や宗門改や絵踏などにつながり、外交面では寛永一六年のポルトガル船追放につながる。九州の一地方で起きた事件が、近世の幕藩制国家にとって極めて大きな影響を与えていることがわかる。

2．史料からみた天草・島原一揆

一揆の史料の残り方

天草・島原一揆は近世社会にとって重要な事件であった。ところで、現在伝来している史料という観点からすると、一揆勢の生の声がほとんどない。幕府軍との間で矢文を通してやりとりした手紙や、落城前に城から脱出して捕虜となった者の取り調べ書（口書）など、わずかにしか伝来していない。最終段階まで籠城していた二万人以上の一揆勢のほとんどが死亡したことが大きな要因である。

歴史像を組み立てる上で、その一番の基礎となる当時やその直後に作られた史料について伝来状況を検討すると、そのほとんどが、攻めた側の幕府軍や参加した大名家や武士たちが作成したものであり、彼らの行動の視点から描かれている。歴史学の目的の一つは、過去の事実を明らかにすることだが、実際に天草・島原一揆については、現存する史料に即して読み解くと、どのようなことがわかるだろうか。今回は、その点から考えてみたい。

なぜ、このような問いをたてるのか。それが近世社会の本質にかかわる問題だからである。

一揆と近世の諸身分

近世社会は、一般的に兵農分離が行われ、身分制が確立した時代とされる。兵農分離によって、城下町には、武士や、多くの職人や商人が集住し、村では、農民と一部の職人が生活をするようになる。そして、城下町に武士たちは専業の戦闘集団として常にいることから、主君の命令次第、ただちに戦闘に出かけ、安定した補給体制に支えられ前線で戦い続ける。そして農民や職人たちは後方から、それぞれの職能に応じた奉仕を行い、補給を通じて戦闘を支える。身分制を前提とした社会的分業によって、武士たちは専念して戦い、長期戦を乗り切ることができたとされる。

それに対して、中世の軍隊は、その構成員の兵農分離があまり進まず、また補給も参加者が自弁であることが原則であるため、どうしても農閑期を中心に断続的な戦闘になりがちであった。近世社会を生み出した近世的軍隊は、中世的軍隊と根本的に異なる運営システムをもっており、その力こそが織田信長や豊臣秀吉以来の不断に続く天下統一の戦いを支えたとも言える。

ところが、近世社会では大規模な武力行使をともなう騒乱が、天草・島原一揆のあと幕末まで二〇〇年以上ない状態が続く平和な時代であったため、近世的軍隊が長期戦を戦ったことを示す事例は、実は少ない。四ヵ月近く戦闘を繰り広げた天草・島原一揆は、近世社会の原理が、実際にどのように機能したのかを検証するのに、ふさわしい事件と言える。

そこで、本章では、幕府軍を構成した人々に着目して、どのような契機で参加し、どのような役割を担っていたのかを確認してみたい。

3. 幕府軍の構成

幕府に公式に届けた人数と、実際に参加した人々

　幕府軍の中心となったのは、動員された九州諸藩の大名家の軍隊であった。これに、督戦のため歴戦の譜代大名二家（備中福山藩水野勝成と美濃大垣藩戸田氏鉄）と、総司令官である松平信綱も一大名でもあるので、信綱の家臣たちの軍勢がしたがった。さらに、あとで述べるように、様々な人々が戦場やその周辺にいた。

（一）大名家

　九州からは、原城の包囲に一二の大名が参加した。大藩は、当主がちょうどなくなり、わずかな軍勢しか参加できなかった薩摩藩島津家を除いて、最初は各家の世継ぎ、寛永一五（一六三八）年正月以降は当主が着陣し、指揮をとった。

　幕府は、もともと、各大名に対して、大名の領地を示す石高の数値に応じた軍役を定めていた。おおよそ一万石あたり四〇〇人となっている。したがって、各大名は、その規定に従って、出兵すればよかったのであるが、実態は大きく異なっていた。

　例えば、参加した大名家の中で最大数の人数を派遣することになっていた熊本藩細川家の場合を考えてみよう。細川家の石高は、五四万石であるので、おおよそ二万一六〇〇名が参加すればよい。幕府軍司令官松平信綱の息子輝綱が従軍中に記した日記『島原天草日記』の中では、熊本藩参加者は二万一六〇〇人と記されている。また近世後期に、幕府の正史として作成された『徳川実紀』で

は二万三七〇〇人が参加したとされる。なお『徳川実紀』のあげる数字の出典などの根拠はわかっていない。

戦闘終了後、幕府は、参加した軍勢に対して、滞在中の食費＝扶持米（ふちまい）に相当する金額を支給するが、寛永一五年三月四日に、熊本藩家老松井興長（まついおきなが）・有吉英貴（ありよしひでたか）から、幕府から派遣された上使の能勢（のせ）頼安（よりやす）・山中信時（やまなかのぶとき）へ宛てた、領収したことを示す請書には、熊本藩は、七四五二石京升分の米穀に相当する金額として、銀三七二貫余りを幕府から受けとったという史料が残されている。この額面の根拠は、五四万石÷一〇〇石×四人＝二万一六〇〇人分、その六九日分として計算されている。

ところが、ほぼ同じ寛永一五年三月三日に、熊本藩で戦時中、経理を担当した家臣堀江勘兵衛が家老たちに送った書状には「「御人数之覚　一、弐万八千六百人　惣人数上下・雑兵・舟手共ニ　一、馬弐百六拾六疋　自分之馬・家中者頭分馬」と記している。実際の部隊編成に関与した者の認識としては、二万八六〇〇人と馬二六六匹が参加している。

幕府に、扶持米を受け取るために提出した「公式」の人数より、実態は三〇％も多いことになる。（馬の数が極端に少ないのは、密集地での戦闘であったので、極力連れてこないよう命令がでていたためである。）

このように幕府へ公式に届け出されている人数よりも、実際の動員数が大きく異なるのは、熊本藩に限ったことではなかった。

柳川藩立花家の場合、後世の幕府の正史である『徳川実紀』では八三〇〇人、さきほどの松平輝綱が書いた『島原天草日記』では四七八〇人とされる。

ところが、城攻めの最終局面である寛永一五年二月二一日の段階での柳川藩の動員数は、「有馬一揆旧記」という史料によれば「惣人数四千五百五拾六人」とされている。内訳は、（i）直接の現地戦闘員として、侍中四二二人・足軽以下四七九人・御家中者三六五五人・馬一七二匹（藩主六匹　家中一六六匹）、（ii）現地で後方支援にあたる船頭・水主二五〇人・人夫七五三人（「御台所夫・御家中渡り夫・御手廻方、惣而有馬江定詰之人数也」からなり、原城周辺に展開する軍勢（i）＋（ii）＝「有馬御在陣惣人数」は五五六九人である。

さらに、柳川藩は、有明海を挟んで原城の対岸が領知であったので、そのほかに、（iii）「有馬柳川ニ懸渡海仕候、又者、柳川浦廻りニ居候浦水主夫共ニ」という、現地へ海を利用した物資輸送と水上警備のため、浦水主夫（うらかこふ）一二三〇人も動員している。（i）から（iii）まで、あわせて六七九九人となり、幕府の正規の記録や、幕府軍の中枢近くにいて把握していた人数とは大きく異なる人数となっている。

熊本藩や柳川藩にみられた、幕府が公式に把握している人数と、実際の動員数が大きく異なるのは、他の藩でも同様に見られる。現在わかっている藩の事例からすると、一割から二割程度多い人数が参加しているケースが多い。各藩は、大坂夏の陣以来の久しぶりの戦場に、幕府の定める軍役を超え、戦費がかさんだとしても、自分たちの存在を示そうとしていたと言える。

（二）牢人

各大名家の陣には、多くの牢人（ろうにん）たちが参加していた。先ほど見た柳川藩の場合、牢人は一五〇名加わっている。ところが、史料に名を記された牢人は、もともと馬で戦場に参加できる馬廻りクラス以上の武士であり、各人は、数人程度の従者を従えていたと推定される。そうなると、牢人の数は、柳川藩だけで五〇〇人前後となり、現地に展開していた陸上の正規兵に対して、一割程度多く参加していたことになる。

そして、一五〇名のうち、居住地や前の主君は誰であったのか、ある程度履歴が示されている牢人たちをみると、①元藩士ないし藩士縁者で、柳川周辺に居住していた牢人、②藩主や藩士が上方や江戸でつながりをもった人物の仲介や口添えで参加した牢人、③もともと立花家の誰かと直接の関係があった牢人、の三つに分類することができ、戦場のある九州以外に各地から集まっていた。

牢人たちは、武勲を求めて、三々五々、各地から参加してきており、その統制について各大名たちは苦心していた。熊本藩主細川忠利（ほそかわただとし）は「諸牢人・使者以下、上使之御衆へ付、其上先手へ無理ニ可参候間、先手迷惑可仕候条」と、統制の取れない牢人たちや、あとで述べる他の大名からの使者たちに対して、不安をいだいていた。幕府軍司令官からは、命令に従わない場合は切り捨ててもやむなしと指示が出ている。

戦闘終了後の牢人たちは、参加した大名の家臣になる事例は少なく、戦場でたてた武勲を、各大名家から証明する手紙などをもらって、全国で再仕官活動にいそしむことになる。ちょうど一揆の真最中に、松江藩へ松平直政（まつだいらなおまさ）が、松本藩に堀田正盛（ほったまさもり）が大幅な加増を受けて入部する。松江藩は二倍以上の加増で、牢人たちにとっては絶好の機会であったが、松平家は縮小され四国へ去った旧領主の京極家の旧臣など現地に精通した者を多く召し抱え、島原で活躍した武士の仕官はあるものの、全体的には少なかった。

また、武勲だけが、仕官の条件とはならないこともこの時期の特徴である。この時期の、証明書には、「軍法」をきちんと守って戦っていたかどうか、という文言が含まれるようになってきてい

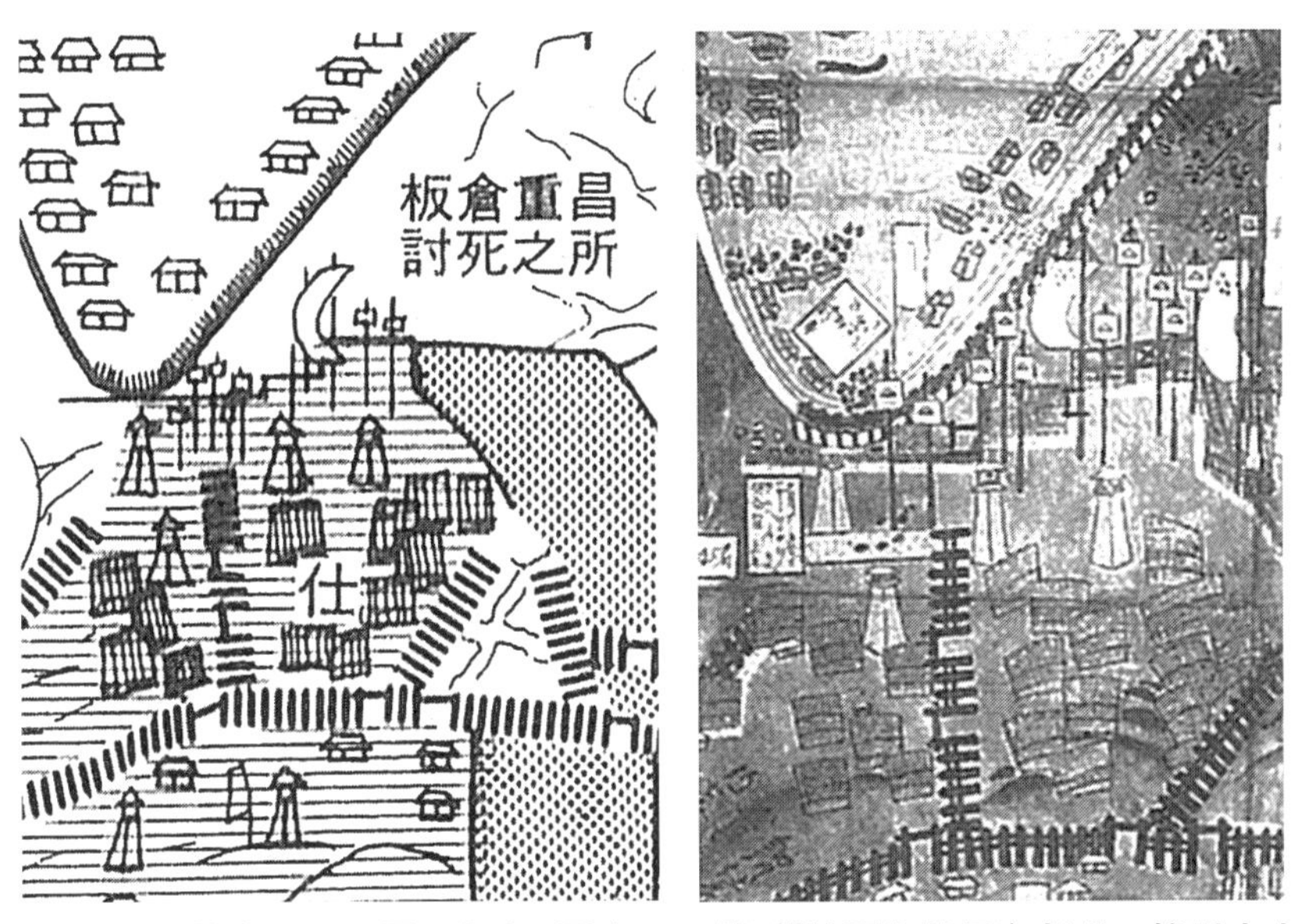

図14-1　幕府軍の配置図とその写真の一部（「嶋原御陣図」部分　柳川古文書館所蔵）

る。武士にとって必要な資質は、戦闘者としてのそれだけではなく、一七世紀の日本社会が安定化する時代に向かっている中で、秩序も重要な指標になっていることがわかる。

(三) 職人・輸送

幕府軍が攻めた原城は、三方は断崖絶壁の海につきだし、陸地との間は低湿地帯が広がっており、難攻不落の城であった。そのため、幕府軍は、水軍によって海上封鎖をしながら、陸上では、湿地帯に土を詰めた俵を沈めて接近するための道を何十本も作り、また城から鉄砲による狙撃などされるので、竹束や厚手の板で作った盾、攻撃部隊の接近を支援射撃などで助けるため「勢楼（せいろう）」という火の見櫓のような構造物を多く仮設した（図14-1）。さらに、城内の井戸の水脈を切ったり、心理的圧迫を加えるため、横穴をほったりした。

これらの工作行為は、武士たちが行うのではなく、大工や木工細工の職人、俵の蓆(むしろ)をあむ職人、さらには鉱山の職人たちまでもが動員され、最前線から少し離れたところで、戦闘に必要な道具などを作成していた。また、幕府軍は、公称でも一二万人以上いるため、幕府から派遣された上使や、大名家の上級武士たちが寝泊まりする仮小屋設営も含め、長期にわたる戦場での生活を支えるための職人たちも必要であった。

そして、少なくとも一二万人以上の人々が現地に滞在しているため、膨大な量の食料や武器が必要になった。例えば、幕府への届け出は二万五〇〇〇人あまりとしていた佐賀藩鍋島家は、実態としては三万二〇〇〇人もの軍隊が現地に展開しており、藩では陣中での規定として、戦闘のあった日は一人一日九合、何もなかった日でも五合もの米穀を支給していた。平均一日あたり七合程度配給されていたと考えられ、一日あたりの米の消費量だけでも莫大である。そのため、佐賀藩の実働数三万二〇〇〇人のうち、「夫(ふ)」と称された輸送を請け負うために徴発された農民や、輸送の専門業者などだけでも八〇〇〇人近い人々が従事していた。

輸送は、九州の大名の場合、領知から有明海の海上輸送などを利用して行われていた。

このように、原城周辺には、武士以外の様々な身分の人々が、直接戦闘には加わらないが、戦線を維持するために相当数動員されていたことがわかる。

(四) 諸国使者

さらに、原城の戦場には、「諸国使者」といわれる多くの人々が参集しており、幕府軍としては、その対応に苦慮していた。諸国使者とは、原城へ派遣されなかった大名家が、現地の幕府からの派遣者や、知己の大名へ、陣中見舞の名目で、送りこまれた武士たちである。

単に見舞のため現れ、挨拶だけして帰る武士はほとんどいなかった。落城の一ヵ月前の寛永一五年一月末の段階で、幕府軍司令官松平信綱のもとに、一〇〇名あまりの使者がおり、しかも、信綱から「御用ニなく候間、罷帰候へ」と、幕府軍としては他の大名に指示することはないので帰るよう命じても、誰も帰らないありさまだった。また、一人の使者が何人もの大名達を順番に見舞うわけではなく、複数の使者が一つの大名家から派遣されてくる。また、時期をみて一〇日ぐらいおきに派遣する大名もいた。

そして、使者は一人で来ているわけではなかった。出兵をしなかった長州藩毛利家の場合をみてみよう。毛利家では、寛永一四年一一月二八日に、その段階で幕府現地指揮官であった板倉重昌(いたくらしげまさ)に使者を派遣することとした（『毛利三代実録』）。毛利家は、正規の使者として乃美元宣(のみもとのぶ)・国司正就(くにしまさつぐ)を任命した。ところが、この二名には、自分たちの息子以外にも、鉄砲組の者二一名が付き添っている。三〇名近い武士たちには、さらに、それぞれ自分たちの武家奉公人という下級武士たちが随行している。一〇〇名程度の集団となっており、独立して戦うことのできる小さな部隊構成となっている。そして、実際に、この毛利家の小部隊は、戦場に居続け、寛永一五年二月二八日の総攻撃に参加している。

各大名家から使者をまとめた「諸国からの使者の次第」という史料によれば、五〇家から、一四〇名あまりの使者が派遣されたことが記されている。この五〇家には、あとで動員された大名もいるが、それを除いても一〇〇名近い使者が戦場に現れ、彼らがそれぞれ、小さな戦闘部隊を付随していたと考えると、正規の幕府軍に対して、数千名あまりの命令もされていないのに戦闘に加わる集団が付随していたことになる。

実際、各藩からは、使者として、武芸達者な者や、戦場経験豊富は老武士たちも送りこまれていた。彼らの目的は、藩の名誉のため、現地に踏みとどまり戦うことであり、また、戦場が遠くなったこの時期に、武士としての人生を戦場でまっとうしようと志願した者もいた。現在、原城の本丸には、一揆軍の大将天草四郎（あまくさしろう）の慰霊碑があるが、その近くには、使者として派遣され、最終局面の二月二七日・二八日の戦闘に参加して戦死した鳥取藩士佐分利九之丞（さぶりきゅうのじょう）という人物の墓碑が近世期から建てられている。鳥取藩は、のべ九〇人近い武士を送りこんでいたことが確認される。佐分利を顕彰することからも、参加できなかった大名たちの意識をうかがい知ることができる。

（五）幕府軍一二万人の虚像

このように、丁寧に、参加した人々をみてくると、実際の幕府軍の参加者はどのようになるだろうか。近年の日本史の通史や、高校の教科書では、一二万から一二万五〇〇〇人程度と、記述されている場合が多い。これらの数字の根拠の多くは、幕府が近世後期に作った正史『徳川実紀』の一二万四〇〇〇人あまりの数字が根拠となっている。また、『天草島原日記』では一〇万人余りとされ、さらに近世に作られた各藩の記録でも数字はさまざまである。

ところが、実数は、少なくとも、一二万人程度にはならないことは、本章で示したように、明らかである。その理由は（i）各藩の動員数は幕府軍役規定よりも一割から三割程度多いこと、（ii）牢人の参加がかなり多いこと、（iii）他の大名家からの「使者」たちの存在、である。さらに、（iv）

各大名家の国元との間を結ぶ大規模な輸送部隊が編成され、（V）今回は詳細を述べなかったが主戦場以外の場所で動員された兵力も存在する。例えば一揆勢が当初攻撃対象とした島原城や天草冨(とみ)岡城(おかじょう)には警備のための兵が、原城包囲網形成後に入り、またキリシタンの連動した武装蜂起を警戒して大村藩は長崎市中に、治安のための軍勢派遣を命じられている。

以上の点から、全体としては少なくとも、一五万人程度はかかわったと推定され、また、一揆勢も含めると、原城とその周辺などで二〇万人近い人々が、関係したことになる。当時の日本人の人口からすると、相当狭い地域に、関ヶ原合戦以上の人数が集まっており、前近代の日本社会の中でも、指折りの大きな戦争であったことがわかる。

本章のまとめ

本章では、一見、都市とは関係のないような、天草・島原一揆の問題を考えてきた。そして、原城を攻めた側の身分を考えると、戦闘行為に専念して現地で長期にわたって戦い続ける各大名家の武士、戦闘を支えるために技術を提供する職人たち、長期間の戦場での補給を支えるために食料などを運搬してくる農民たち、戦場を求めて日本中から集まってくる牢人や正規に参加できなかった大名家の武士たち、の存在が浮き上がってくる。

人々の集まり方は、今回冒頭で触れた都市の構成員たちと、極めて類似の存在であることに気づく。つまり、原城を攻めて長期滞在した人々の在り方は、近世都市の本質的な姿を見せてくれるのである。戦う人々と、支える職人、都市郊外からの物資の流入、都市の機能を見出すことができる。

また、研究としての今後の課題だが、後世の軍記物などには、原城周辺には、商人や傾城の仮店舗まで軒をつらね、当時の日本の人口の一％の以上の人々が集まった現地の需要をまかなったともいわれる。後世に写された地図には、商人たちの「小屋掛け」すなわち、仮設店舗の存在があったと推測させる記述もある。九州屈指の大都市である長崎ですら当時は推定四万人程度であったことを考えると、商業の要素が、原城周辺になかったとは考えにくい。

そして、突如、島原半島に出現した「大都市」は戦争の終結とともに、また忽然と消え去っていったのである。

学習課題

1．天草・島原一揆が起きた原因は複数あるが、それらを書きだしてみよう。
2．天草・島原一揆の鎮圧にでてきた幕府軍は、大名の家臣となっている武士以外に、どのような人々が参加したのだろう。
3．2に登場した人々はどのような役割をしたのだろうか。
4．2に登場した人々と、近世の城下町に住む諸集団との違いはあるだろうか。

参考文献

大橋幸泰『検証島原天草一揆』吉川弘文館、二〇〇八年
神田千里『島原の乱：キリシタン信仰と武装蜂起』（講談社、二〇一八年）
木村直樹「島原の乱と軍事動員数」（『長崎歴史文化博物館紀要』九、二〇一五年）
木村直樹・牧原成征編『十七世紀日本の秩序形成』（吉川弘文館、二〇一八年）
山本博文『江戸城の宮廷政治』（講談社、二〇〇四年）

15 近世の社会と文化

杉森哲也・岩淵令治・海原亮・神田由築・木村直樹（担当章順）

《目標&ポイント》 本章では、五名の講師それぞれが、担当章のまとめを行う。さらにそれらを通して、近世の社会と文化について考え、本科目のまとめとする。

《キーワード》 社会＝文化構造、出版業、自然の商品化、文化・学問の「担い手」、芸能文化、長崎

1．出版業にみる近世の社会＝文化構造

本項では、第三章で取り上げた十返舎一九という人物の生き方、近世における出版業のあり方を通して、改めて近世の社会と文化という問題について考えてみたい。

一九は、明和二（一七六五）年、駿府で幕臣の子として生まれた。本名は重田貞一。長じて江戸に出て、旗本・小田切直年に仕えた。天明三（一七八三）年に直年が大坂町奉行に就任したのに伴って、大坂に移っている。しかし、当地で致仕して材木屋の婿となり、浄瑠璃の著作を始めている。妻とは後に離縁し、寛政六（一七九四）年に江戸へ戻っている。第三章史料4で示した『東海道中膝栗毛』七編冒頭の「述意」には、「僕浪花に七とせあまりも居住せしが」とあり、大坂に七年以上居住したと記している。直年の家臣として大坂に移ってからは一一年間なので、これは職を

辞して町人になって以降の年数を記しているのかもしれない。

江戸では通油町の版元・蔦屋重三郎（一七五〇―九七）の下で出版活動を始めている。重三郎の死後の享和二（一八〇二）年、同じく通油町の版元・村田屋治郎兵衛の下で滑稽本である『東海道中膝栗毛』初編を出版して成功を収める。以後、二〇年間にわたり『東海道中膝栗毛』と『続膝栗毛』の執筆を続けるとともに、洒落本・読本・人情本などさまざまなジャンルの著作を多数刊行し、当代を代表する流行作家となった。しかし、晩年の約一〇年間は中風のため著作活動は停滞し、天保二（一八三一）年に六七歳で亡くなっている。

一九の経歴で注目されるのは、幕臣の子として生まれ、旗本に仕えていたにもかかわらず、致仕して材木屋に婿入りしていることである。詳細な経緯や理由は未詳であるが、一九は武士から町人へと身分が移動していることになる。また居住地も、駿府、江戸、大坂、江戸と、遠距離の都市間を何度も移動していることがわかる。特に致仕後に居住し続けた大坂、その後転居した江戸は、自らの意志で選んだ居住地である。個別事例ではあるが、一八世紀末から一九世紀の都市社会において、こうした身分と居住地の移動が見られることは、この時期の近世社会のあり方の一端を示しているといえよう。

江戸に戻り戯作者として執筆活動を始めた一九は、『東海道中膝栗毛』のヒットにより、当代を代表する戯作者としての地位と名声を確立する。曲亭馬琴とともに、執筆を専業とした最初の職業作家とも言われている。このような職業作家の登場は、当時の社会＝文化構造を考える上で、格好の事例となる。近世の出版や出版文化については厖大な研究蓄積があるので、ここではそのごく一端に触れるのみであるが、本を供給する側と供給される側の双方のあり方を通して、この問題について考えてみたい。

まず本を供給する側として、版元を挙げなくてはならない。版元は、出版の企画・編集・製造・販売を全て手がける総合出版業者である。江戸の版元である地本問屋（じほんとんや）の下には、企画者、原稿を書く筆者と絵師、本を製造する彫師・摺師・製本師などの職人、販売者が存在した。現代の出版業と比べても遜色のない、高度な分業が成立していることがわかる。さらにこうした版元の存在によって、大量部数の出版と販売が可能となったのである。また版元は、江戸だけでなく京都と大坂にも存在しており、都市を越えて共同で出版することも行われていた。『東海道中膝栗毛』が江戸と大坂の版元から出版されたのは、こうした事例の一つである。

次に本を供給される側とは、貸本屋と読者のことである。仏書や儒学書などの典籍、滑稽本・読本などの戯作では、当然のことながら読者層は異なる。前者は一七世紀から京都で出版されていたが、もちろん読者はほぼ僧侶や武士、学者に限られていた。一方、後者は一八世紀末から一九世紀にかけて、三都をはじめとする都市に居住する庶民が読者として加わることになる。また後者は、読者が直接購入するものではなく、貸本屋を通して読者に供給されたのである。こうした前提として、庶民の識字率の向上、知的探究心の広がり、娯楽としての読書の普及、貸本屋の広範な展開などが指摘されよう。

こうした出版業の隆盛は、近世の都市社会の特徴を反映したものであるだけでなく、広く近世社会のあり方をも反映していると考えられる。すなわち江戸・京都・大坂という三都それぞれの都市内だけで完結しているのではなく、三都を越えて人・物・カネ・情報が行き交う実態が存在していたのである。さらに一九世紀以降は、地方都市や農村にさえも三都と同様に本が普及していくのである。このように出版という文化の問題を取り上げるに際しては、社会との関係を抜きにしては論じられないことは明らかである。そういう意味において、社会＝文化構造という視点は有効であり、社会と文化との関係を具体的かつ丁寧に明らかにしていくことが今後の課題となるといえよう。

（杉森哲也）

2. 江戸の文化と社会

江戸時代において、文化の商品化・大衆化が著しく進展したのは、とくに都市であった。なかでも、自然の商品化はすぐれて都市の文化といえるだろう。中世までの庭園文化の発展に加え、自然を移動可能なものとした鉢植えが展開し、自然を愛でる要素を持った都市近郊や小高い丘の名所が出現する。これは、自然に渇望した人間が都合よく自然を切り取ったものとみることもできよう。ここでは、江戸を事例に自然の商品化をみておきたい。江戸を緑のあふれる都市とする評者もみられるが、大名屋敷の庭園は、公開される近代的な公園ではない。庶民が暮らす長屋や、武家の家臣が暮らす邸内の長屋には広大な緑は望むべくもなかった。ここに自然への需要が生まれることとなる。こうした自然の商品化には、さまざまな人々がかかわり、また印刷媒体による宣伝も大きな役割を果たした。

園芸文化の場合、重要な役割を果たしたのが植木屋である。染井の伊藤伊兵衛はその代表格で、武家の庭園の庭師から、一般への普及、「奇品」の創出へと広く活動した。変化朝顔の場合、とくに第二次ブームで新たな品種の創出と普及にかかわったのが下谷の成田屋留次郎であった。近代になってからの伝承によれば、成田屋は、最新の商品「黄泡雪縮緬鳥足 抱葉紅花笠袴着」という品種を金七両二分という高額で寛永寺の門跡に納め、また寛永寺の子院などで年一〇〇両余りを稼ぎ、さらに大名・旗本や富商にも販売したという。さらに、江戸近郊の利根川沿いの河岸安食（現千葉県栄町）の作り手斎藤武右衛門も、わざわざ購入に訪れている。成田屋は、花を寒天で固めたものをいわば商品見本として持ち歩いたとも言われている。「朝顔図譜」の出版も、三回にわたって手がけた。最先端の技術や種は、秘伝とはならず、江戸府内、そして近郊都市の者にも販売されたのである。商売という形で技術を開放した植木屋の存在は、変化朝顔のひろがりを考える上で重要であろう。

また、こうした文化は周辺地域のみならず、各地に普及していった。参勤交代もそのきっかけの一つであった。八戸（現青森県）の場合、八戸藩の上級藩士遠山屯・庄七親子（一〇〇石）は、江戸滞在中に頻繁に寺社の縁日に出かけ、万両、梅、霧島つつじ、染井で買った「植木色々」、朝顔の種など多彩な園芸品種を購入し、またじょうろや植木鉢などの道具も入手して、舟で八戸に送っている。さらに、藩士のみならず、八戸藩の御用商人（「御用聞」）で酒造家の河内屋（橋本家）は、交流のあった下級藩士を通じて、江戸の植木鉢や、八戸藩の江戸屋敷に出入りしている庭師五左衛門による松・桜・椿・サザンカ・蘇鉄・松葉蘭・万年青・「駿河菊」・「松葉菊」の育成法の技術書「植木扱書」を入手していた。

ただし、江戸の文化は至上のものではなく、地域によって受容のありようは多様であった。遠山家には菊作りのマニュアル「菊作方覚書」の写本も残されている。同書は、同じ八戸藩の上級藩士徳武新蔵（一五〇石）が下屋敷に近い渋谷の宮益町の隠居僧から聞いた話と、同僚の親戚である湯長谷藩の藩士、下屋敷に出入りしている商人の妻から聞いた話をまとめた書であった。江戸の園芸技術が藩士の間で流布していたことがうかがえる。ただし、同書では、気候の違い（「寒国」）、土質の問題、土地の広狭の問題、江戸の道具を持ち込むことを世間に対して遠慮するといういわば社会的な自制から、先行する八戸の風土や習慣に合った菊作りの「御国風」を意識して、「江戸風」を取捨選択していたのである。

一方、名所については、既存の自然を名所として発見するだけでなく、植樹によって創られる場合もあった。寺社の境内のみならず、江戸では、菊細工などの作り物も出された染井の植木屋の庭や、梅屋敷、文人が植木屋の協力を得て作った向島の百花園（文化元〈一八〇四〉年開園）や浅草の花屋敷（嘉永六〈一八五三〉年開園）は、商売であるとともに、庶民に緑を提供した。さらに、名所が政治的に利用される場合もあった。たとえば、飛鳥山は、八代将軍徳川吉宗の命によって享保五（一七二〇）年より翌年にかけて桜が植樹されたことから、桜の名所となった。このほか、吉宗は、隅田川堤・品川御殿山に桜を、中野に桃を植樹し、名所を創出した。そして、自身の事績を賞する飛鳥山碑が建てさせた。それは、演出した自然で不特定多数の都市民を広く集め、紀州家から将軍となった吉宗の正当性を示すという政策であった。

以上、自然の商品化にかかわって、植木屋という商人的要素、文化の展開と受容、名所の創出をみてきた。文化自体を研究する視線は、作品評価が中心となるきらいがある。その一方で、江戸時代の文化を庶民文化の「伝統」と価値付けることも多い。園芸文化において「奇品」のみを評価し、庶民に流通した部分と混同するのはその典型であろう。江戸時代に創り出され、はげしく交代していった江戸名所を、安易に「伝統」とみるのも問題であろう。また、こうした文化のありようは、近代以降に変容している部分も少なくない。江戸時代の文化を、その作品分析のみならず、当時の社会において理解することが重要ではなかろうか。

（岩淵令治）

3．文化・学問の担い手について

第六―八章では、三都（江戸・京都・大坂）の文化・学問についてとりあげた。

庶民信仰として盛んに催された、全国諸寺社の江戸出開帳。

近世における医学の進歩、とりわけ京都を中心として進化を遂げた、観臓と種痘。

鎖国＝海禁体制下の近世日本で、実は、国際都市としての性格も強かった大坂。

このように、内容はバラバラだが、それぞれのテーマに沿っては、これまでに数多くの先行研究（文化史・学問史）が蓄積されている。

今回の講義のポイントは、文化・学問の内容だけではなく、その「担い手」、すなわち、文化・学問の形成に関わった人びとの、具体的な動向に焦点をあてたところである。

あたりまえのことだが、文化・学問の担い手には、文化・学問を「創り出す」側と「消費する」側、両方がある。

従前の研究は、このうち前者、文化を創り出す側の動向に関するものが大半だった、とみなし得るのではないか。たとえば、文学や絵画、音楽、メディアなどについての歴史研究を例にとるならば、そこで表現される主題は何か（作品論）？　作者は誰か（作家論）？　どのようなテクニック・技法が使われたか？　といった論点が、突き詰められてきた。

これに対して、社会＝文化構造論の分析視角は、どちらかといえば後者、文化・学問を消費する側の解明こそを当初の作業としている。つまり、文化・学問の恩恵を実際に享受する人びとの側に立って考えることである。少し前の議論になるが、文学研究における出版・流通機構の分析や、「読者」論への注目という視角は、たいへん示唆的な潮流だった。

文学を消費する主体としての読者は、近世社会では容易に字を解さない人びとをも含んで、広範に展開した。「商業主義化した出版企業と結びつき、貸本屋の回路を通じて大量に流布された近世後期の戯作小説は識字者の限界を超えて、その周辺に潜在的読者をつくり出」した、と前田愛は指摘している（「音読から黙読へ」『近代読者の成立』岩波現代文庫、二〇〇一年）。

文学の歴史をとりあげるにさいし、文学作品それ自体や、創り出す側だけに焦点をあてるのではなく、出版側の事情や消費者＝読者との関係をも考慮に入れようとする手法は、まさしく本講義でとりあげる、社会＝文化構造論の分析視角に通じたものである。

第六章では、京都清凉寺の江戸出開帳をとりあげた。開帳が庶民の真摯な信仰を前提に成立したことは疑いないが、加えて開帳場所の愉しさは、大きな魅力だった。

信仰と、遊興・娯楽。当時、開帳が頻繁におこなわれた背景を、はたしてそのふたつの要素で説明できるだろうか。ここで社会＝文化構造論の手法を取り入れる。開帳を創り出す寺社、実際の運営をサポートする商家、そして開帳を消費する人びと、信徒の集団＝講中の存在。それぞれの立場を細かく整理していけば、開帳の成立した背景は、よりクリアに理解できるだろう。

第七章では、近世の医学史を概観した。「観臓」は、ものごとの真理を（観念論ではなく）細密に追究していこうとする姿勢。漢方の内景（からだの内部）論が主流を占めた時代、からだを切り開く意思を持ち、それを実現することが如何に大変だったか。彼らの画期的な研究活動は、期せずして西洋における医学の展開と酷似していた。

いまひとつ「（牛痘）種痘」について。これは、病を未然に防ごうとする、予防医学の考え方の萌芽であり、医学の成果を広く社会へ普及しようとする試みだった。

近年、種痘のわが国への移入に関しては史料研究が進み、多くの事実が明らかになっている。しかし、種痘を消費する側、実際に接種がおこなわれた現場については、まだ十分な分析が進んでいない。先行研究では、各地の著名な種痘医の輝かしい事績がたくさん顕彰されているけれども、ほんとうに社会の抵抗なく、スムースに種痘の普及は実現したといえるだろうか？　そんな率直な疑問を、たいせつにしたいと思う。

最後に第八章、近世都市大坂の国際性について。社会の前提として、鎖国＝海禁体制が存在したことは事実ながら、実際には海外物資の交易がおこなわれていたことは、近年の研究でも強調されている。とはいえ、いわゆる「四つの口」を通じ、ほとんどの場合が清（中国）を最終の対手とした関係だったことは見逃せない。

近世の文化・学問で「国際性」といえば、どうしても、蘭学＝西洋の新知識が移入した事実を思いうかべてしまうが、いくつかの例外こそあれ、実際に西洋の文化・学問が、わが国の社会に姿をみせはじめるのは、一九世紀半ば以降にすぎない。

それ以前の時代では、中国または朝鮮との交流が、国際関係のほとんどを占めていた、といってよい。講義ではオランダ商館長一行のケースを紹介したが、これはあくまで例外的な様相だった、と考えるべきだろう。

もちろん、西洋の文化・学問は、当時の社会に対して小さくない影響を与えた。ここで留意したいのは「漢訳洋書」という存在である。学者ではない一般の人びとにとっては、当然コトバの壁は大きいから、西洋の文化・学問を直接、わが国へと移入するのはとても難しい。そのため、中国または朝鮮での理解を援用し、漢字に翻訳された（西洋の）文化・学問を咀嚼するのが手っ取り早いのだ。

実は、このような文化・学問を消費する側の分析は、対外交渉史・洋学史などではこれまでほとんど検討されたことがなかった。そういった視点に立ち、あらためて史料をていねいに読みとくことで、私たちはその特質を、より精緻に理解し得るだろう。

社会＝文化構造論という分析視角は、もっといろいろな文化・学問のテーマにも、必ずや応用できるはずだ。皆さんのなかから、それにチャレンジしてみようとする、意欲あふれる方があらわれることを、願ってやまない。

（海原　亮）

4．芸能文化にみる長崎

幕藩体制における長崎の意義は第一二―一四章にて紹介された通りだが、芸能文化の世界でも長崎は、大坂以西の地域における重要な拠点だった。いわば三都に次ぐ第四の文化都市といってもよい。そこでここでは第九―一一章の内容を踏まえながら、芸能文化における長崎の位置づけについて述べたい。

第一〇章でも指摘した通り、すでに一八世紀初頭の段階で「長崎芝居」は一種のブランドとして九州の祭礼市で通用していた。その地位は、中津芝居など地方の芸能者集団が成長をとげ、各地で芸能が興行されるようになっても、低くなるどころかますます高まりをみせている。

文政―天保期（一八一八―四三）に江戸を起点に三都と東北地方を渡り歩いた富本繁太夫という

音曲芸能者は、ある日京都で出会った人物から「是非〳〵長崎へ参るべし」と言われ、先々への紹介状をもらう（東北大学附属図書館所蔵狩野文庫、「筆まかせ」天保六〈一八三五〉年五月一六日条）。この人物がどういう者なのかは不明だが、彼は長崎にいる七代目市川團十郎の贔屓を複数あげ、「海老蔵贔屓の衆中ゆえ、團十郎を讃えさえなせばよし」、長崎に行ったら頼るといいと繁太夫に助言するのである。その贔屓衆中の中には「阿蘭陀通事石橋様（若旦那様・御隠居様）」や生糸貿易商人の「村上様」も含まれていた。

七代目團十郎は天保六（一八三五）年頃に長崎で興行している（若浦重雄、一九八〇）。弘化三（一八四六）年に團十郎が「村上御旦那様」「永見御旦那様」に宛てた書簡も残っており、当時の長崎には七代目團十郎の贔屓からなるサロンのようなものがあったとみられる。

第一一章で取り上げた作品の中にも、長崎が独特な位置づけで出てくる。まず『仮名手本忠臣蔵』六段目だが、家に戻った勘平がお軽を抱えに来た祇園一文字屋の主人と出会う場面で、まだ与市兵衛の死を知らぬ勘平は、契約金の半金五〇両を持った与市兵衛が帰らぬうちは女房は渡されないと言い張る。それに対して、一文字屋は

イヤこれ京・大坂をまたにかけ、女護の島ほど奉公人を抱える一文字屋、渡さぬ金を渡したと言うて、済むものかいの（『浄瑠璃集』小学館、二〇〇二年）

と居直る。これが浄瑠璃の本文だが、歌舞伎に移入されてからだいぶ改変される。一つには勘平に詰め寄るのが一文字屋の主人ではなく判人（奉公人を遊女屋に斡旋する女衒）源六になるということ。もう一つが、いつの頃からか残念ながら特定できないが、おそくとも明治初期までに、台詞の中に「江戸・長崎」が入ってくる点である。

イヤサそれでは済みやせん、はばかりながら判人の源六と言われりゃア、京・大坂は言うに及ばず、江戸・長崎までも顔の通った源六だア（『仮名手本忠臣蔵』白水社、一九九四年。底本は早稲田大学演劇博物館所蔵の「明治廿四年六月大吉日」の年記をもつ台帳）

祇園のお膝元の京・大坂だけでなく遠方まで顔が通っている、ということを表現するために、東の江戸、西の長崎、という具体的な地名が加わっている。これはあくまでもフィクションだが、幕末から明治初期の人びとの間で、京・大坂を中心に江戸と長崎を東西の極地とする地理的感覚が共有されていたのではないだろうか。また一つには、実際に芸能興行や相撲興行、そして遊女商売において長崎が最西の拠点となっていたことも、こうした改変がなされた背景にあろう。

『双蝶蝶曲輪日記』「引窓」にも長崎相撲の一端がうかがえる。殺人の罪を隠した相撲取の濡髪は、実母にそれとなく今生の別れを告げに来る。その台詞に

何時知れぬ身の上、これがお別れになろうも知れず（略）、長崎の相撲に下りますれば、長うお目にかかりますまい、随分御息災でお暮し（『浄瑠璃集』小学館、二〇〇二年）

という言葉がある。濡髪は本当はあの世＝〝遠いところ〟に行くつもりだが、それを実母に言えないので〝遠いところ〟＝長崎と変換して伝えている。

近世の人びとにとって長崎は、実際の相撲興行地でもあった。そうでなければ実母に対して説得力がなくなる。と同時に、長崎は最果ての土地という感覚も並立していたのである。（神田由築）

5. 対外関係からみる長崎

第一二章と第一三章では、近世都市長崎に焦点をおいて、その特徴を考えた。

長崎は、江戸幕府の外交・貿易政策を実行する上で最前線になるため、二つの側面をもっていた。一つには、外交・貿易など、異国へ開かれた「口」であり、異国の人々と日本人との接触の場である。もう一つは、そのような「口」としての機能を担うために形成された近世の大都市としての姿である。つまり、長崎は外交・貿易の場として、政治的に枠組みが作られ、そして、異国の人々との日常的な接触が行われた。ところが、近世期を通じて、三万から四万人もの都市の住民をかかえた大都市であり、都市であること自体が、都市としての内在的な展開や諸問題を生じさせることにもなった。

そのため、長崎に江戸の幕府から派遣される長崎奉行の視点からすると、長崎での任務は外交や貿易交渉だけではなく、都市の運営についても、時代の経過とともに深くかかわることになっていく。そして、都市の課題も、キリシタン禁制や異国船に対する海防・貿易制度の変更など幕府の政策とも連動している部分もあるため、近世の三大都市である江戸・大坂・京都とは大きく異なる様相をしめしている。

文化という観点からすると、長崎の特徴は、海外からの文化の影響を大きく受けることになる。一般的には、シーボルトに代表される西洋科学（蘭学）、特に医学などのゲートウェイとして長崎は知られるが、同時に、儒学の書物など、最新の中国大陸からの漢籍の入り口でもあり、最新の朱子学の理論書などももたらされた。また、一七世紀には黄檗(おうばく)宗の入り口でもあった。

また、生活文化という点では、例えば、近世中期から砂糖が大量に輸入され、菓子や料理の調味料などとして盛んに消費され、長崎独自の生活習慣を形成していった。このような独自の文化を持つ長崎について、他の地域の人々はどうみたのだろうか。一七世紀に長崎に遊びにきた町人の見聞録という体裁で出版された遊女評判記「長崎土産」（延宝九〈一六八一〉年刊）では、長崎の陸からの入り口となる日見峠を越えると、旅人は、長崎はくさいという、ある種の負のイメージをともなった感想をもつ。異国船入港時に鳴らされる爆竹などの火薬や、異国船に便乗して長崎では増えてしまったジャコウネズミの独特のにおいなど、その理由は様々考えられる。少なくとも、長崎は、同じ日本社会にありながら異質なものであるという見方が存在する。その異質な空間の中に、日本社会が新たに受容しようとした蘭学や漢学があると考えることができる。

そして、江戸幕府の直轄都市であることも、新たな文化の受容の場として重要であった。九州は、一国ないしそれに近い領国を有する、佐賀・薩摩・熊本・福岡などの大藩が存在しているが、一方でこれらの藩では、必ずしも藩の外の人に向けて開放的ではなかった。ところが、長崎は、長崎遊学という名目で、日本中からの人々が集うことができた。九州のもう一つの直轄都市豊後の日田と、長崎は、相似形の学問の場として、西日本では精彩を放っていた。日田には有名な広瀬淡窓の作った咸宜園があり、長崎には、鳴滝塾だけではなく、蘭学や漢学を学ぶ場があったのである。

長期にわたって、日本社会の国内外から人が集まる磁場として長崎が成り立つためには、外交や貿易の枠組みと同時に、持続可能な仕組みも影響する。

天草・島原一揆を第一四章で検討した際に、戦争継続を可能とするシステムは都市の特徴の一つであることを述べたが、あれほど多くの人々が集まった原城周辺は、四ヵ月の戦闘後は農村に戻ってしまう。これは、幕府軍の構成の中に、女性や子供たちの存在が一揆勢以外に、ほとんどなかったため、人が世代を越えて継続的に存在することができなかったことを示している。

したがって、長崎と、長崎の近くで一時的に成立した都市のような場の比較から、近世都市の構成要件として、軍事的な機能に対応する社会構造を有するとともに、多くの「イエ」が継続的に存続することの重要性がわかるのである。

（木村直樹）

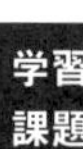

1．本科目で取り上げた近世のさまざまな文化の中から、自分で興味のある個別作品や個別事象を選び、社会＝文化構造という視点からはどのように捉えられるのかを考えてみなさい。

参考文献

今田洋三『江戸の本屋さん―近世文化史の側面―』（日本放送出版協会、一九七七年）
岩淵令治「参勤交代と菊作りの広がり」（国立歴史民俗博物館・青木隆浩編『人と植物の文化史―くらしの植物苑がみせるもの―』古今書院、二〇一七年）
松方冬子「近世後期「長崎口」からの「西洋近代」情報・知識の受容と翻訳」（『歴史学研究』八四六号、二〇〇八年）
若浦重雄『長崎の歌舞伎―長崎歌舞伎年代記　第一集―』（私家版、一九八〇年）
木村直樹『長崎奉行の歴史―苦悩する官僚エリート―』（KADOKAWA、二〇一六年）

平次郎臓図　124,125
兵農分離　227,230
変化朝顔　86,89,90,92,94,95,98,99,244,245
棒手振　88
細川晴元＊　35,36
ポルトガル　24,217
ポルトガル人　23,24,31,205,217
ポルトガル船　23,200,204,205,218,229
盆栽　81,84

●ま　行

町触　102,103,105,131,135,139～142
松平定信＊　213
松平信綱＊　231,237
松平康英＊　222
曲直瀬玄朔＊　120
曲直瀬道三＊　120
身分的周縁　13,183,193～195
都名所図会　43,45,47,48,56,58～60
宮地芝居　157,160,163,164,166,167
明清交替　24,199,210
無縁の講中　101,116
名所　27,29～31,36,37,40,41,43～46,51,52,59,61～64,66,67,70,72,73,76～78,244,246
名所案内書　61～63,73,78
名所絵　29,63
名所記　43～45,48,59
名所図会　43,45,48,59
モーニッケ＊　130
物語　183,185,187,196
守貞謾稿　52
森田座　154,156

●や　行

役者師弟系図　170,171,173
香具師　157,159
山伏　68,70
山村座　156
山脇東洋＊　123,125
結城座　156
遊興・娯楽　101～103,105,106,117,142,248
有信堂　130～132
吉田伸之＊　12,13,26,116,118,179
吉野五運＊　149
吉村蘭洲＊　124,125
寄席　76,106,164,179
四つの口　23,24,249
予防医学　119,132,249
読本　45,49,242,243

●ら　行

洛外　28,30,31,45,52
洛中　28,30,31,45,104
洛中洛外図屛風　27～31,33,35,36,41
蘭学　151,222,249,253,254
略縁起　68～70
琉球　24,136,200,208,209,223
料理茶屋　72
ルイス・フロイス＊　27,31,34～42
レザノフ＊　222
牢人　227,228,233,234,238,239

●わ　行

若嶋座　172,173,177
若者　169,178,179

鄭成功＊ 208～210,218
出開帳 106～109,112,113,116～118,247,248
出島 23,24,201,211,214,215,222
伝統芸能 183,187,196
天皇 16～19,27,29,204
天保改革 77,156,164,167,220,224
ドゥーフ＊ 144
東海道中膝栗毛 43,53～60,241～243
東寺（教王護国寺） 35
等持院 35
唐人屋敷 24,211,214
唐船 205,206,209,210,223
道頓堀 160～163
銅吹屋 114,140,143,144
東福寺 35
徳川家斉＊ 213,223
徳川家光＊ 25,82,137,206,207,217
徳川家康＊ 16,24,25,43,216
徳川秀忠＊ 25,207
徳川慶喜＊ 25
徳富蘇峰＊ 203
泊 185,186
富籤 102,103,117
豊臣秀吉＊ 18,20,23,43,137,138,230

●な 行

中川喜雲＊ 44
長崎 14,21～24,26,31,108,126,129,130,133,136,144,147,149～151,199～203,207～225,239,240,241,250～254
長崎海軍伝習所 24,225
長崎芝居 177,250
長崎奉行 23,148,204～208,210,211,213～223,225,253
中津 126,174,176,177,185,250
仲間 61,109,114,116,143,144,148,159,162,163,179
中村座 154,156,160
名代 20,115,160,162～167
楢林宗建＊ 129,130
西川如見＊ 202,203,212
日本史 27,31,34,37,38,40,41
丹羽桃渓＊ 57,59
人形浄瑠璃 153,154,156,160,164,177,179,182,185～188,194,196
抜荷 216,218,219

●は 行

博多 126,174～176,181
幕府 11,15～18,20～22,24,26,44,67～69,116,139,140,154,162,163,165,200,204,205,207～209,211,213～225,231～233,236,238,253
場所性 78
花角力 73,76,88
浜之市 177
版元（板元） 45,54,171,242,243
秘伝化 119,122
日野鼎哉＊ 130
ビュルゲル＊ 145
ファブリカ 127,128
武衛 35,36
フェートン号 222
武家地 16,17
双蝶蝶曲輪日記 186,194,252
扶持米 232
葺屋町 156
文化・学問の「担い手」 241,247
文人 67,70,95,112,117,137,138,147,150,152,246
平安京 17～19,27～29,41

シーボルト*　145〜147,253
シーボルト事件　222
ジェンナー*　129
寺社地　16,214
四条道場　165,167
自然　61,62,64,67,78,81,83,85,244,246
自然の商品化　241,244,246
志筑忠雄*　201
十返舎一九*　53,55〜57,241
シドッチ*　219
芝居　52,72,73,89,106,153,156〜164,167,169〜172,175,177〜179,185,196
芝居主　160,162,163,165,167
芝居町　154〜156,160,162,165
地本問屋　243
下京　30〜32,35,45,166
社会＝文化構造　11〜15,27,43,59,101,118,241,242,244,247,248,250,255
社会構造史　11,13,14,255
地役人　215,223,224
拾遺都名所図会　48
出版業　148,241,243
種痘　129〜133,224,247,249
城下町　16,17,22〜25,97,174,230,240
将軍　16〜18,21,29,41,82,136,144,148,204,206,208,216,217,246
定高貿易法　219
正徳新例　200,219〜221
浄瑠璃　53,153,158,159,164,167,179〜181,186,187,189,192,193,196
女性芸能者　181
素人浄瑠璃　169,179〜181
申維翰*　136〜138,147
信仰　35,69,76,101〜103,105,113,114,116〜118,247,248
（信仰の）商品化　102
新作浄瑠璃　183,187,196
壬辰・丁酉倭乱　138
新地　160〜163,175,199,214
ステュルレル*　145
住友家（泉屋）　108,112,114,117,140,143
相撲　252
駿府　21〜26,53,241,242
制作年代　30,36
西洋医学　119,128,129
清凉寺　104,106,108,113,114,116,117,248
説教讃語　163,164
説教讃語座　164
説教者　164,178
摂津名所図会　48,57〜59
蝉丸宮　164,178
続膝栗毛　54,55,242

●た　行

大徳寺　35,39
大名庭園　83
平清盛*　37
竹原信繁*　45,47,56,58,59
俵物　221
地域社会　12,13,133,169,178
知恩院　35
知恩寺（百万遍）　35,36
池泉式回遊庭園　83
茶屋　66,73,106,113,145
中国　22〜24,28,63,87,129,136,143,147,149〜151,208,209,249,250
町共同体　61
（朝鮮）通信使　135〜140,142〜144,152
朝廷　16,18,27〜29,119
町人地　16,17,19
直轄都市　11,15,20〜22,26,254
釣り　72

歌舞伎 13,76,77,88,153,154,156,158～164,167,176,177,179,181,185～187,195,196,251
上京 30,31,33,35,45,166
唐物 223
勧化 103
勘定奉行 21,220,221
観臓 119,123～126,133,247,248
寛文大火 214
漢訳洋書 249
祇園社（八坂神社） 35
喜田川守貞* 52
義太夫節 153,179,180,186
杵築 173
奇品 81～86,89,98,99,244,246
木村蒹葭堂* 135,150,151
牛痘種痘 119,128～130,249
京雀 44
京都 11,14～22,27～31,34～41,43～46,48～55,58,59,62,63,94,97,102～105,107,120,123～126,129,130,135,148,153,154,165～168,203,243,247,251,253
京都藩邸 18
京童 44
曲亭（滝沢）馬琴* 49～52,242
清水寺 35,103
キリシタン 213,217,219,223,228,239
キリシタン禁制 204～207,209,217,219,228,229,253
羇旅漫録 43,49～52,60
金閣寺（鹿苑寺） 35,37,39～41,50,51,55
勤番武士 61,71,72,74
熊谷直恭* 131
蔵屋敷 20,21,135,140,141,214,215
黒田日出男* 30,36
軍法 234
景観年代 30,36
経験知 94
啓迪院 119～122
芸能文化 153,154,157,169,176,178,179,182,183,186,187,196,241,250
下馬見物 72
ケンペル* 201,202,212
小石元俊* 124,126
興行権 154,162,163,165,178
講中 101,109,113～116,118,248
甲府 22～26
国立歴史民俗博物館のくらしの植物苑 98
後白河上皇* 37
滑稽本 53,242,243
後藤艮山* 123
鼓銅図録 146
木挽町 156,158
乞胸 158,159,164
小山肆成* 129

●さ 行

斎藤月岑* 48,106
祭礼市 169,177,178,250
堺町 156
鎖国 199,201～204,207,210,212
鎖国＝海禁 135,136,247,249
薩摩座 156
座本（座元） 160,162,163,165,167,172,174,175
猿若町 73,76,77,156,157
三座 154,156,157,159,160
三十三間堂（蓮華王院） 35,37～39,41,45～47,51
三都 11,14～16,21～23,26,43,52,102,103,106,118,153,154,167,169～176,179,243,247,250
三府 15

索引

●配列は五十音順，＊は人名を示す。

●あ 行

秋里籬島＊ 45,47,48,59

浅井了意＊ 44

朝顔図譜 95〜98,245

足利義輝＊ 34〜36

足利義満＊ 39

嵐来芝＊ 174,175

イエズス会 23,31,34

医学史 119,120,248

医書 119,121,123,125,148,149

泉屋（住友家）「住友家」を見よ

市川團十郎＊ 157,175,251

一枚摺 170

市村座 154,156

伊藤若冲＊ 94

糸島半島 174〜176,180,185

糸割符制度 205

井上政重＊ 217

医療環境 119,122,133

医療倫理 119,121,122

引接寺（千本えんま堂） 35

植木市 84,88

植木売 84,85

植木鉢 82,83,245

植木屋 64,81〜83,86,97,137,244〜246

ヴェサリウス＊ 127,128

上杉本 27,29〜31,33,35,36

写し 63,207

采女ヶ原 158〜160

回向院 101,106〜110,112,113,115,116

江戸 11,14〜18,21,22,24,44,48〜50,52〜55,61〜64,67〜71,73,77,78,81〜83,86,87,95,97,98,106〜109,111,115,118,124〜126,135,136,139,144,153〜155,157〜160,162〜165,168,171,175,179,209,213,216,217,221,224,234,241〜247,250〜253

江戸城 17,25,72,76,82,187,188,193,209

江戸上り（琉球使節） 136

江戸名所図会 48,63,73,76,84,107,156,158

園芸植物 82,83,87〜89,99

園芸文化 81,82,98

大坂 11,14〜17,19〜22,45,49,50,52〜55,58,59,63,95,97,107,114,118,125,126,129,135〜141,143〜146,148〜150,152〜154,160〜165,168,171〜175,180,241〜243,247,249,252,253

大田南畝＊ 95,112,146

大槻玄沢＊ 151

おもちゃ絵 84

オランダ 22〜24,86,136,143,209,210,222,225

オランダ商館 129,201,215

オランダ商館長 135,144,146,209,249

オランダ東インド会社 24,199,210,211,215,222

遠国奉行 11,21,22

●か 行

絵画技法 119,126

解体新書 124〜126,128

開帳 61,70,78,101,104〜117,179,248

解剖学 119,126〜128

顔役 169,178,179

笠原良策＊ 130

貸本屋 63,243,248

仮名手本忠臣蔵（忠臣蔵） 183〜188,193,194,251,252

狩野永徳＊ 30

分担執筆者紹介

（執筆の章順）

岩淵　令治（いわぶち・れいじ）

◎執筆章→4・5・15

一九六六年　東京都に生まれる
一九八九年　学習院大学文学部卒業
一九九六年　東京大学大学院人文科学研究科博士課程単位取得退学
現　在　学習院女子大学教授
主な著書　『江戸武家地の研究』（塙書房、二〇〇四年）
『史跡で読む日本の歴史9　江戸の都市と文化』（編著・吉川弘文館、二〇一〇年）
『週刊朝日百科　週刊新発見！日本の歴史30　江戸・大坂・京の三都物語』（責任編集・朝日新聞出版、二〇一四年）

海原　亮（うみはら・りょう）

◎執筆章→6・7・8・15

一九七二年　大阪府に生まれる
一九九五年　東京大学文学部卒業
二〇〇三年　東京大学大学院人文社会系研究科博士課程単位取得退学
現　在　住友史料館主席研究員
主な著書　『近世医療の社会史』（吉川弘文館、二〇〇七年）
『江戸時代の医師修業』（吉川弘文館、二〇一四年）
『住友の歴史（上・下）』（共著・思文閣出版、二〇一三・一四年）

神田　由築（かんだ・ゆつき）

◎執筆章→9・10・11・15

一九六五年　東京都に生まれる
一九八九年　東京大学文学部卒業
一九九五年　東京大学大学院人文科学研究科博士課程単位取得退学
現　在　お茶の水女子大学教授
主な著書　『近世の芸能興行と地域社会』（東京大学出版会、一九九九年）
『江戸の浄瑠璃文化』（山川出版社、二〇〇九年）
『シリーズ三都　大坂巻』（共著・東京大学出版会、二〇一九年）

木村　直樹（きむら・なおき）

◎執筆章→12・13・14・15

一九七一年　東京都に生まれる
一九九五年　東京大学文学部卒業
二〇〇〇年　東京大学大学院人文社会系研究科博士課程中退
現　在　長崎大学教授
主な著書　『幕藩制国家と東アジア世界』（吉川弘文館、二〇〇九年）
『「通訳」たちの幕末維新』（吉川弘文館、二〇一二年）
『長崎奉行の歴史―苦悩する官僚エリート』（KADOKAWA、二〇一六年）
『一七世紀日本の秩序形成』（共編著・吉川弘文館、二〇一八年）

編著者紹介

杉森　哲也（すぎもり・てつや）

◎執筆章→1・2・3・15

一九五七年　大阪府に生まれる
一九八二年　東京大学文学部卒業
一九九〇年　東京大学大学院人文科学研究科博士課程単位取得退学
現　在　放送大学教授

主な著書　『近世京都の都市と社会』（東京大学出版会、二〇〇八年）
『日本史史料論』（共編著・放送大学教育振興会、二〇一五年）
『大学の日本史―教養から考える歴史へ―3　近世』（編著・山川出版社、二〇一六年）
『シリーズ三都　京都巻』（編著・東京大学出版会、二〇一九年）

放送大学教材　1555103-1-2011（ラジオ）

日本の近世

発　行　　2020年3月20日　第1刷
編著者　　杉森哲也
発行所　　一般財団法人　放送大学教育振興会
〒105-0001　東京都港区虎ノ門1-14-1　郵政福祉琴平ビル
電話　03（3502）2750

市販用は放送大学教材と同じ内容です。定価はカバーに表示してあります。
落丁本・乱丁本はお取り替えいたします。

Printed in Japan　ISBN978-4-595-32190-0　C1321